Amelie Funcke

Vorstellbar

managerSeminare Verlags GmbH, Bonn

Amelie Funcke
Vorstellbar
Methoden von Schauspielern und Regisseuren
für den ganz normalen Trainer

© 2006 managerSeminare Verlags GmbH
Endenicher Str. 282, D-53121 Bonn
Tel: 0228 / 9 77 91-0, Fax: 0228 / 9 77 91-99
e-Mail: shop@managerseminare.de
www.managerseminare.de/shop

ISBN 10: 3-936075-44-1
ISBN 13: 978-3-936075-44-1

Lektorat: Jürgen Graf
Cover und grafische Gestaltung: Silke Kowalewski
Druck: Kösel GmbH & Co. KG, Krugzell

Amelie Funcke ...

... war lange im Theaterbereich engagiert, realisierte Bühnen-projekte, entwickelte theaterpädagogische Fortbildungen und hatte vier Jahre einen Lehrauftrag für Theater. Sie trat selbst jahrelang als Clown auf. Heute begleitet sie Unternehmensprozesse als Moderato-rin, Beraterin und Trainerin. Ihre Schwerpunkte sind lebendig und kreativ gestaltete Personalentwicklungsmaßnahmen und -konzepte für Fach- und Führungskräfte. In gemeinsamer Arbeit mit Axel Ra-chow entstand das in der Szene sehr bekannt gewordene „Rezeptbuch für lebendiges Training". 2004 veröffentlichte sie in Kooperation mit Maria Havermann-Feye den Know-how-Guide „Training mit Theater", der eine wunderbare Ergänzung zur vorliegenden Methodensammlung „Vorstellbar" darstellt.

Vorstellbar? Ist das wirklich „vorstellbar"?

Die Antwort ist dreimal ja!

▶ Denn einmal ist dies wirklich die „Vorstellbar", denn so haben wir diese Methodensammlung genannt.

▶ Zum Zweiten ist „vorstellbar", was Sie in dieser Sammlung finden. Es sind interessante, wirksame und unverbrauchte Methoden, die sich sehen lassen können und die es verdienen, vorgestellt zu werden. Ein Großteil der Übungen braucht weder viel Material noch eine besonders intensive Vorbereitung. Es lohnt sich durchaus, neugierig zu sein und sie auf die eigene Trainingspraxis hin zu beleuchten.

▶ „Vorstellbar" ist es drittens auch, die Methoden gezielt und wirkungsvoll in Seminaren anzuwenden. Bei der Vorstellung der einzelnen Methoden wird auf diesen Aspekt viel Wert gelegt. Es sind meist mehrere Varianten beschrieben, es werden Einsatz- und Anwendungsbeispiele benannt, damit Sie sich die Bandbreite der Möglichkeiten gut vorstellen können.

Und nicht zuletzt spielt der Name „Vorstellbar" auf die Welt an, aus der diese Methoden kommen. Es ist die Welt der Vorstellungen – der Schauspielerei, der Darstellungen, der Bühne.

Denn die vor Ihnen liegende Methodensammlung stammt aus dem Repertoire von Schauspielern, Regisseuren und Theaterpädagogen. Die Übungen wurden im Laufe der Jahre nach und nach von mir gesammelt, notiert und schließlich angepasst, weiter entwickelt und somit für „ganz normale Trainings" nutzbar gemacht. Für fast alle Trainingsthemen lässt sich etwas finden.

Wie immer gilt aber auch hier: Der Fantasie für Anpassungen, Veränderungen, Weiterentwicklungen, Variationen sind keine Grenzen gesetzt – wer weiß, was noch alles möglich ist? Wer weiß, was Ihnen noch alles einfällt?

Handhabung

Zur einfachen Handhabung sind die Methoden nach Genres sortiert und innerhalb dieser nach Alphabet geordnet. Die Übersichten am Anfang und am Ende des Buches geben zusätzlich Orientierung und helfen Ihnen, schnell und gezielt das zu finden, wonach Sie suchen. Naturgemäß lassen sich Überschneidungen nicht vermeiden – je nachdem wie Sie die Übungen einsetzen oder variieren. Es empfiehlt sich also bei der Suche auch, in den Nachbar-Genres nachzuschauen.

Abkürzungen

Der Einfachheit halber werden in den Beschreibungen häufig Abkürzungen verwendet. SL heißt immer Seminarleitung, TN bedeutet Teilnehmer/in.

Zu den Genres

Es wurden bewusst Genres gesucht und gewählt, die für Trainerinnen und Trainer in der Seminararbeit nachvollziehbar und interessant sind. Das ersparte der Autorin keineswegs die teilweise recht schwierige Entscheidung: Welche Methode kommt wohin? Denn einige Übungen passen durchaus in mehrere Kategorien, während andere nirgends so richtig hinzugehören scheinen …

Dazu kommt, dass die vielen in den einzelnen Anleitungen beschriebenen Varianten wieder ganz neue Szenarien eröffnen und eine Methode völlig verändern können … Und dann kommen auch noch Sie mit Ihren eigenen Ideen und Weiterentwicklungen …!

Sie merken schon, wo das hinführt: Die Genres sind nicht die alleinige Wahrheit, sondern eine subjektiv getroffene Entscheidung, um etwas Ordnung und Orientierung zu schaffen.

Es bleibt Ihnen aber nicht erspart, beim Stöbern in der Sammlung über den Tellerrand zu schauen – vielleicht verbirgt sich ja doch **die** Methode dort, wo Sie sie gar nicht vermutet hätten …?

Genre 1: Kennen lernen und Kontakt aufnehmen

Einige ungewöhnliche Alternativen zu den verbreiteten langweiligen Vorstellungsrunden. Meist ist Darstellung, Bewegung (auch geistiger Art), Kreativität oder eine besondere Fähigkeit (z.B. ganz genaues Hinhören) gefragt. Besonders geeignet für Seminare, bei denen TN-Aktivität gefordert ist – mit solchen Einstiegsmethoden können Sie gleich mit der Tür ins Haus fallen: Sie brauchen eben die Aktivität der TN von der ersten Minute an …

Genre 2: Aktivieren und bewegen – Körper und Geist erwärmen

Kleine Übungen verschiedenster Art, die aufwärmen, lockern oder irgendwie in Bewegung bringen – bis hin zur Inszenierung. Auf jeden Fall lassen sie den Körper oder zumindest die Lachmuskeln spüren. Immer gut zur Vorbereitung auf szenisches Spiel – aber auch zur Motivierung und Steigerung des Wohlbefindens nach Pausen oder zur Aktivierung vernachlässigter Sinne in kopflastigen Trainings … Besonders schön, wenn sie in der Anmoderation mit dem Seminarthema oder der Trainingssituation verknüpft werden …

Genre 3: Ausdruck trainieren – Potenziale erkennen und ausbauen

Reine Körperbeherrschung? Nicht nur, aber auch. Vor allem geht es – aus wechselnden Perspektiven – um Erfahrungen mit den unterschiedlichen Möglichkeiten, die der Körper bzw. die Körpersprache bieten. Ob äußere Haltung und Bewegung oder innere Emotion, die Methoden helfen Ressourcen zu entdecken, Möglichkeiten zu erweitern und zu verstehen. So werden z.B. Zusammenhänge deutlich zwischen äußerer und innerer Haltung, zwischen Körperausdruck und Energie.

Genre 4: Auftreten, sich gekonnt präsentieren – Eindruck machen, Sicherheit gewinnen

Die Bandbreite reicht von der Auftrittsübung über die Stehgreifrede bis zur Mini-Inszenierung. In der Regel ohne Material oder Requisiten, ist der darstellende TN auf sich selbst zurückgeworfen – und/oder wird mit sich selbst konfrontiert. Video-Einsatz kann den Nutzen dieser Methoden noch unterstützen, ein gehaltvolles Feedback bietet sich an – und natürlich ist der Applaus für jeden einzelnen Auftritt Ehrensache!

Genre 5: Überzeugend klingen – Atem und Stimme einsetzen

„Ein Vortrag ist dann gelungen, wenn er überzeugend geklungen hat" – ist der Leitspruch, der hinter diesen Übungen steht. Eine leicht nachvollziehbare kleine Auswahl aus der Flut der Sprech-, Stimm- und Atemübungen. Die TN erkennen und erleben die Bedeutung der Atmung, des Zwerchfells, Zusammenhänge zwischen Ton und Haltung und den „vollen Klang".

Genre 6: Spontan reden und handeln – Intuition und Schlagfertigkeit fördern

Verschiedene Methoden, für die Mut zum Improvisieren gebraucht wird. Dabei geht es immer aktiv und vorwiegend spielerisch zu. Die spontane Reaktion „aus dem Bauch" ist die Herausforderung – und damit verbunden das Loslassen und das Sicheinlassen. Zuviel Kopfarbeit ist eher hinderlich.

Genre 7: Darstellen und beobachten – Situationen zeigen, Beobachtung schärfen

Eine Mischung von Übungen, bei denen es weniger auf gekonnte Darstellung, sondern vielmehr auf das ankommt, was rüberkommt. Was nehmen die Zuschauenden wahr? Welche Schlüsse ziehen sie daraus? Wie reagieren sie? Und was hat das mit dem richtigen Leben zu tun? Eine Fundgrube, zum Teil für den ernsthaften Gebrauch, zum Teil aber auch just for fun ...

Genre 8: Kreativität einüben – quer denken, Grenzen überschreiten

Wieder ist Loslassen gefragt, diesmal im Kopf. Das Ideen-sprudeln-lassen, das flüssige, flexible, über den üblichen Rahmen hinaus gerichtete Denken sind wichtige Schritte auf dem Weg zur Lösungsfindung. Es finden sich hier aber auch kreative Techniken sowie Spiele und Aufgaben, die geeignet sind, ein von Kreativität und Freude geprägtes Lernklima zu schaffen.

Genre 9: Vorstellungskraft anregen – Imagination und Einfühlung fördern

Mal geht es darum, in die Schuhe des Anderen treten, mal um Raumempfinden oder Fantasie für Imaginäres oder Unsichtbares Immer also – auf ganz unterschiedliche Art und Weise – um Vorstellungskraft und Einfühlung. Perspektive und Fokus sind jedoch bei jeder Übung anders ...

Genre 10: Inszenieren und bearbeiten – Aufgaben bewältigen, Prozesse auswerten

Spannende Methoden mit großer Intensität – geeignet, um Themen zu bearbeiten, Aufgaben zu bewältigen, Lösungen zu finden und im Team zu kooperieren. Die meisten dieser Übungen brauchen eine sorgfältige Auswertung – wobei je nach Ziel und Situation Prozess und Ergebnis oder Prozess oder Ergebnis und/oder der Selbsterfahrungsaspekt in den Mittelpunkt der Reflexion gestellt werden können.

Genre 11: Szenisch experimentieren – Typen finden, Szenen entwickeln

Einige Vorgehensweisen, wie Typen und Charaktere gefunden sowie schnell und unkompliziert Szenen oder Stücke entwickelt werden können.

Fundus

Drei nützliche Zusammenstellungen, die Sie für die Vorbereitung und den Einsatz der einen oder anderen Übung sicher gut gebrauchen können. Die Listen ersparen Ihnen zwar nicht das ganze Vordenken, aber doch einiges Nachdenken. Natürlich sind sie nicht vollständig, sondern jederzeit ergänzbar.

Soweit, so gut – nun sind Sie dran! Mögen die Methoden aus der „Vorstellbar" auch für Sie vorstellbar sein!

Viele Anregungen, viel Vergnügen wünscht Ihnen:

Amelie Funcke

Inhaltsverzeichnis

11 Lieblingsmethoden

Die folgende Übersicht soll Ihnen als weitere Orientierungshilfe dienen und Ihnen den Zugriff auf die Methoden erleichtern. Zusammengestellt sind jeweils meine 11 Lieblingsmethoden für die angesprochenen Lernanlässe oder Seminarsituationen.

Aber Achtung: Nicht immer tauchen die Anwendungsmöglichkeiten in den Methodenbeschreibungen direkt auf. Manchmal handelt es sich auch um Variationen und Weiterentwicklungen.

Die 11 wirkungsvollsten Methoden, um schnell Energie zu bekommen

Die 11 sichersten Gute-Laune-Methoden

Die 11 besten Methoden, die Sie zur kreativen Bearbeitung eines Seminarthemas/-inhalts nutzen können

Die 11 stärksten Methoden, um das Einfühlungsvermögen durch Perspektivwechsel zu fördern

Die 11 wirksamsten Methoden, um genaues Zuhören/Hinhören einzuüben

**Die 11 besten Methoden,
um die genaue Beobachtung zu schulen**

**Die 11 wirkungsvollsten Methoden,
um Haltung / Gestik / Mimik zu fördern**

**Die 11 spannendsten Methoden,
um eine ungewöhnliche Erfahrung zu
vermitteln**

**Die 11 interessantesten Methoden,
um Seminar-Feedback mal anders zu
gestalten**

**Die 11 wirkungsvollsten Methoden
zum Training von Sprache / Aussprache /
lebendigen Sprechausdruck**

**Die 11 interessantesten Methoden,
um das Aufeinandereingehen und
Aufeinandereinstellen zu erleben**

Die 11 besten Methoden, um Präsenz zu zeigen und sich selbst überzeugend zu präsentieren

Die 11 schönsten Methoden, um Regeln der Zusammenarbeit oder Kreativitätsregeln einzuüben

Die 11 einfachsten Methoden, um Inhalte (z.B. Fachbegriffe) zu wiederholen

Die 11 besten Methoden zum Produzieren und Umsetzen von Ideen

Die 11 Lieblingsmethoden von Amelie Funcke

Die 10 Methoden, die den Lektor am stärksten neugierig gemacht haben

Übersicht nach Rubriken

Genre 1 ▶ Kennen lernen und Kontakt aufnehmen

Methode	Setting	Material	Vorbereitungs-Aufwand	Zeit (Min.)	TN-Zahl	Seite
Blind vorstellen	alle im Sitzkreis	–	keiner	5-15′	4-12 TN	29
Der Club der toten Dichter	Partner- oder Kleingruppenarbeit	Papier, Stifte	wenig	15-45′	6-20 TN	31
Fremde Vorstellung	alle im Sitzkreis	–	keiner	15-30′	6-15 TN	33
Holladrihiholladriho	alle im Kreis	–	keiner	5-10′	8-15 TN	35
Name und Ausdruck	alle im Kreis	–	keiner	5-20′	4-15 TN	37
Name und Bewegung	alle im Kreis	–	keiner	5-10′	6-20 TN	39
Namenjonglage	alle im Kreis	Bälle und andere Wurfgegenstände	keiner	10-15′	6-20 TN	41
Namensduell	zwei Gruppen gegeneinander	großes Tuch	keiner	5-10′	8-20 TN	43
Namensszenerie	alle im Sitzkreis oder Kleingruppen	–	keiner	5-20′	4-15 TN	45

Methode	Setting	Material	Vorbereitungs-Aufwand	Zeit (Min.)	TN-Zahl	Seite
Abklopfen	Partnerarbeit	–	keiner	10-20'	ab 2 TN	49
Aufdrehen	alle im Kreis	–	keiner	5'	ab 2 TN	51
Großer Meister	alle frei im Raum	Musik, Hut	wenig	5-10'	6-25 TN	53
Karriereleiter	alle frei im Raum	Plakat	wenig	5-15'	ab 8 TN	55
Marionette im Schrank	alle frei im Raum	–	keiner	5'	4-12 TN	57
Menschen-Memory	alle frei im Raum	–	keiner	10-20'	10-30 TN	59
Mitmach-Theater	alle, Raum und Bühne	Theaterstück, Requisiten, Rollenkarten	hoch (wg. Stück)	10-20'	ab 10 TN	61
Stabil	Partnerarbeit	–	keiner	5-15'	ab 2 TN	65
Steine durch den Körper schütteln	alle im Kreis oder frei im Raum	–	keiner	5-10'	ab 2 TN	67
Verjüngungskur	alle frei im Raum	–	keiner	10'	ab 8 TN	69
Viererkanon	alle im Raum, je 4 präsentieren	4 Stühle	keiner	5-15'	ab 8 TN	71
Zug und Gegendruck	Partnerarbeit	–	keiner	5-10'	ab 4 TN	73

Genre 3 ▶ Ausdruck trainieren – Potenziale erkennen und ausbauen

Methode	Setting	Material	Vorbereitungs-Aufwand	Zeit (Min.)	TN-Zahl	Seite
ABC-Aerobic	Partnerarbeit	kopierte Bögen	keiner	5-10′	ab 2	77
Alle benehmen sich wie …	alle frei im Raum	Anweisungen	wenig	5-15′	ab 6	79
Bücher balancieren	alle frei im Raum	pro TN ein Buch	wenig	15′	2-25 TN	81
Das Kind, der Held, der Bourgoise und die Alte	alle frei im Raum	–	keiner	5-15′	ab 2 TN	83
Das Kreuz mit dem Kreis	alle im Kreis	–	keiner	5′	ab 2 TN	85
Die Entdeckung der Langsamkeit	alle frei im Raum	Musik	wenig	10-20′	ab 2 TN	87
Dirigieren	Einzelarbeit im Raum	Musik	wenig	5-10′	ab 1 TN	89
Gefühle zeigen	Kleingruppen	–	keiner	15-30′	4-20 TN	91
Haltung und Emotion	Einzelarbeit im Raum	Musik	wenig	15-20′	ab 4 TN	93
Miene-Grimasse-Miene	alle im Kreis	–	keiner	5-15′	ab 6 TN	95
Tempowechsel oder: der Weg zum Chef	Einzelarbeit im Raum	–	keiner	10-20′	4-20 TN	97
Vergrößerungskreis	alle im Kreis	–	keiner	5-20′	8-30 TN	99
Vier Grundgefühle	alle im Raum, Kreis, einzeln oder in Gruppen	–	keiner	10-25′	1-30 TN	101

Genre 4 ▶ Auftreten, sich gekonnt präsentieren – Eindruck machen, Sicherheit gewinnen

Methode	Setting	Material	Vorbereitungs-Aufwand	Zeit (Min.)	TN-Zahl	Seite
Auftrittsvarianten	alle/einzelne im Raum	Tische, Stühle, Medien	wenig	15-30'	6-20 TN	105
Dastehen und ansehen	alle im Raum, Einzelne präsentieren	–	keiner	10-45'	4-15 TN	109
Der Clown tritt auf	alle im Raum, Einzelne präsentieren	ggf. Requisiten	keiner	45-90'	4-10 TN	111
Einfach dasitzen	alle im Raum, Einzelne präsentieren	–	keiner	10-30'	4-15 TN	113
Erzähltheater	alle im Raum, Einzelne präsentieren	Inhalte, Texte	mittel (wg. Texte finden)	30-90'	4-15 TN	115
Gänge tauschen	Partnerarbeit	–	keiner	20-30'	ab 2 TN	117
Laberkönig	alle im Raum, Kleingruppe präsentiert	Inhalt	keiner	10-20'	6-20 TN	119
Lebendige Spiegel	alle im Raum, Einzelne präsentieren	Notizzettel, Stifte	keiner	5-25'	2-16 TN	121
Spontan und genial	alle im Raum, Einzelne oder Kleingruppen präsentieren	Karten, Stifte	keiner	10-20'	4-15 TN	123
Stolz auf ...	alle im Raum, Einzelne präsentieren	Karten mit Aufträgen	wenig	45-90'	6-20 TN	125
Texte rezitieren	alle im Raum, Einzelne präsentieren	Texte, Gedichte	wenig	15-30'	6-15 TN	127
Was Sprache verrät	alle im Raum, Einzelne präsentieren	Texte, Gedichte	wenig	10-20'	2-12 TN	131

Genre 5 ▶ Überzeugend klingen – Atem und Stimme einsetzen

Methode	Setting	Material	Vorbereitungs-Aufwand	Zeit (Min.)	TN-Zahl	Seite
Atmen im Stehen	jede/r für sich im Raum oder im Kreis	–	keiner	5-20'	ab 2 TN	135
Aus der Zeitung lesen	jede/r für sich im Raum	pro Person ein Text	keiner	5' ohne Ausw.	1-30 TN	137
Der Ton macht die Musik	Partner präsentieren	vorbereitete Sätze	wenig	20-45'	6-12 TN	139
Hast Du Töne	jede/r für sich im Raum oder im Kreis	–	keiner	5-10'	ab 1 TN	141
Kerze ausblasen	jede/r für sich im Raum oder im Kreis	–	keiner	10'	ab 1 TN	143
Kirschkern spucken	alle im Raum, Partnerarbeit	–	keiner	5-20'	ab 2 TN	145
Korkensprechen	jede/r für sich im Raum	pro Person ein Korken, ein Text	wenig	5-10'	ab 4 TN	147
Lassoschwung	jede/r für sich im Raum	pro Person ein Seil	wenig	5'	ab 1 TN	149
Muoai	als Gruppe im Raum	–	keiner	5'	ab 6 TN	151
Stimme und Position	alle im Raum, Einzelne präsentieren	pro Person ein Satz oder Spruch	wenig	5-20'	2-12 TN	153
Zungenbrecher	Sitzkreis oder Kleingruppe	verschiedene Schnellsprechsätze	keiner	10-30'	2-20 TN	155

Genre 6 ▶ Spontan reden und handeln – Intuition und Schlagfertigkeit fördern

Methode	Setting	Material	Vorbereitungs-Aufwand	Zeit (Min.)	TN-Zahl	Seite
Bewegung fortsetzen	Partnerarbeit im Raum	–	–	10-15'	ab 2 TN	159
Filmmusik raten und spielen	alle frei im Raum	Bekannte Filmmusiken	hoch, 1x Musik zu-sammenstellen	10-20'	ab 6 TN	161
Improvisieren in der Schillerstraße	Kleingruppen präsentieren	Schilder, Stifte, ggf. Requisiten	mittel	15-30'	8-15 TN	163
Kopfsalat	Dreiergruppen im Raum	–	keiner	10-15'	ab 3 TN	165
Menschen im Hotel	alle im Raum	Rollen, ggf. Musik	wenig	15-20'	ab 6 TN	167
Mimische Kette	in Gruppen hintereinander	Karten mit Gefühlen	keiner	10-15'	4-30 TN	169
Regalspiel	im Kreis oder jede/r für sich im Raum	–	keiner	5-15'	ab 4 TN	171
Simultantheater	alle frei im Raum	Stichworte für Situationen, ggf. Musik	wenig	10-20'	6-20 TN	173
Unsinnsgespräch	Sitzkreis oder Kleingruppen	–	keiner	5-15'	ab 2 TN	175
Wettpantomime	Kleingruppen im Raum	Karten mit Figuren und Begriffen	1x Karten zu-sammenstellen	10-15'	ab 8 TN	177
Zeit einschätzen	alle im Raum	Stoppuhr, ggf. pro Person ein Luftballon und eine Nadel	keiner	5-20'	2-20 TN	179
Zuschauerpantomime	alle im Raum	Plakate mit Begriffen	wenig	5-15'	ab 6 TN	181

Genre 7 ▶ Darstellen und beobachten – Situationen zeigen, Beobachtung (Blick) schärfen

Methode	Setting	Material	Vorbereitungs-Aufwand	Zeit (Min.)	TN-Zahl	Seite
5-Stühle-Rotation	Innen- und Außenkreis	Karten mit Zuhör-Aufträgen	keiner	30-60'	ab 4 TN	185
Audienz beim Papst	alle im Raum, 2 TN agieren	Karten mit Stimmungen	1x Karten erstellen	5-30'	4-15 TN	187
Briefe lesen	alle im Raum oder in Kleingruppen, Einzelne präsentieren	pro TN ein Brief	hoch (1x Briefe erstellen)	2-5' pro TN	2-12 TN	189
Der vergessene Stuhl	alle im Raum, Einzelne präsentieren	Stühle, Karten mit Infos	1x Karten erstellen	15-45'	4-15 TN	191
Die doppelte Botschaft	Kleingruppen präsentieren	–	keiner	10-20'	6-20 TN	193
Geflügelte Worte	Kleingruppen präsentieren	Karten mit Sprichworten o.ä.	keiner	10-20'	4-40 TN	197
Körpersprache Listenspiel	alle im Raum, Einzelne präsentieren	pro TN 1 Nummer, 1 Liste, 1 Karte mit Stimmung	wenig	10-20' ohne Auswertung	6-20 TN	199
Körpersprachespiel	zwei Gruppen gegenüber	Plakate mit Begriffen	1x Plakate erstellen	5-15'	6-20 TN	203
Orte ohne Worte	alle im Raum, Kleingruppen präsentieren	Karten mit Orten	1x Karten erstellen	10-20'	6-30 TN	205
Von hinten durch die Brust ins Auge	alle im Raum, Kleingruppen präsentieren	Karten mit Anweisungen	1x Karten erstellen	15-30' ohne Auswertung	ab 6 TN	207
Wörter darstellen	alle im Raum, Kleingruppen präsentieren	Karten mit Wörtern	wenig (Karten erstellen)	15-30'	6-20 TN	209
Zeigen, was im Off ist	alle im Raum, Einzelne präsentieren	Karten mit Infos	wenig (Infos erstellen)	5-45'	4-20 TN	211
Zwei Seelen	alle im Raum, Einzelne präsentieren	Karten mit Anweisungen	1x Karten erstellen	10-20'	4-10 TN	213

Genre 8 ▸ Kreativität einüben – quer denken, Grenzen überschreiten

Methode	Setting	Material	Vorbereitungs-Aufwand	Zeit (Min.)	TN-Zahl	Seite
3 x Gedanken schärfen	alle im Raum	pro TN ein Arbeitsblatt	1x Arbeitsblatt erstellen	5-20'	ab 1 TN	217
Erzählfaden	Sitzkreis	Knäuel mit unterschiedlich langen einzelnen bunten Fäden	1x Knäuel erstellen	5-20'	6-20 TN	221
Gemeinsamkeiten finden	Kleingruppen im Raum	Stifte, Papier, 2 Worte, Gegenstände oder Bilder	keiner	5-15'	ab 3 TN	223
Schlagzeilen	Kleingruppen im Raum	4-6 Bilder oder Poster	keiner	15-20'	4-30 TN	225
Stiftung Warentest	Kleingruppen im Raum	Stifte, Papier, pro Gruppe ein Gegenstand	keiner	10-45'	5-25 TN	227
Tabu	zwei Gruppen gegeneinander	Spiel Tabu oder selbst erstellte Karten	wenig/keiner	10-20'	6-30 TN	229
Tempo 30	alle im Raum, Einzelarbeit	Stifte, Papier	keiner	1'	ab 1 TN	231
„Umnutzen"	alle im Raum, evtl. Kleingruppen	Flipchart, Faserschreiber, Papier, Stifte	keiner	10-20'	ab 1 TN	233
Unsinnsätze	Sitzkreis	–	keiner	5-10'	4-10 TN	235
Verrücktheiten	alle im Raum, Kleingruppen präsentieren	Karten mit Aufgaben, Flipchartbögen, Faserschreiber	1x Karten erstellen	20-30'	6-20 TN	237
Walt-Disney-Rollenwechsel	Einzelarbeit im Raum oder verteilt	Flipchart mit Handlungs- anweisung, ggf. Gegenstände	keiner	60-90'	bis 20 TN	239
Warum heißt das Pferd „Pferd"?	Sitzkreis	Ball	keiner	5-15'	4-15 TN	241
Wörterkette	Sitzkreis	–	keiner	5-10'	6-15 TN	243

Genre 10 ▶ Inszenieren und bearbeiten – Aufgaben bewältigen, Prozesse auswerten

Methode	Setting	Material	Vorbereitungs-Aufwand	Zeit (Min.)	TN-Zahl	Seite
Der Film geht ab	Kleingruppen in verschiedenen Räumen	Story, Rollenbeschreibungen, Raumplan, Arbeitsmaterialien für die Rolleninhaber	hoch	4-8 Std.	10-20 TN	271
Die Gruppe im Bilde	alle im Raum	–	keiner (für die SL)	60-120'	8-12 TN	279
Die Ordensverleihung	Kleingruppen in verschiedenen Räumen	Musik	mittel	4 Std.	6-15 TN	281
Forumtheater	alle im Raum	–	keiner	45-90'	8-20 TN	285
Frühstücksfernsehen	Kleingruppen präsentieren	ggf. Musik, Deko	keiner	20-90'	6-20 TN	289
Ideensport	Kleingruppen präsentieren	–	keiner	10-20'	6-12 TN	291
Schattenprojekt	Kleingruppen in verschiedenen Räumen	Starker Pappkarton, Folie, Tacker, Kreppband, zwei Lampen, Pappe, Scheren, Führungsdrähte	hoch	60-120'	6-25 TN	293
Seminartheater	Kleingruppen präsentieren	–	keiner	60-120'	6-20 TN	297
Standbilder	Kleingruppen präsentieren	–	keiner	10-30'	4-30 TN	301
Statuentheater	alle im Raum	–	keiner	30-90'	6-12 TN	305
Symbolisches Theater	Kleingruppen präsentieren	evtl. einige Requisiten, Kostüme, Schminke, Musik (nicht zwingend)	wenig	60-90'	6-20 TN	309
TZT – Themenzentriertes Theater	Kleingruppen präsentieren	evtl. einige Requisiten, Kostüme, Schminke, Musik (nicht zwingend)	hoch (Vor-überlegungen)	30-120'	6-20 TN	313
Verändern und anpassen	Einzelaktion	Verbandmaterial, Augenbinden, Kreppband,...	wenig	1/2 bis ein Tag	6-15 TN	315

Amelie Funcke: Vorstellbar

Genre 11 ▶ Szenisch experimentieren – Typen finden und Szenen entwickeln

Methode	Setting	Material	Vorbereitungs-Aufwand	Zeit (Min.)	TN-Zahl	Seite
Fernsehstars	alle im Raum	–	keiner	15-60'	6-20 TN	319
Filmriss	Kleingruppen präsentieren	Postkarten, Bilder, Fotos o.ä.	wenig	20-60'	2-24 TN	321
Fotoalbum	Kleingruppen präsentieren	Postkarten, Bilder, Fotos o.ä.	wenig	30-120'	6-20 TN	323
In fremden Mokassins	alle im Raum	ggf. Kostüme, Requisiten etc.	keiner bis mittel	30-60'	5-10 TN	325
Reizworttheater	Kleingruppen präsentieren	Stifte, Papier, ggf. Gegenstände	keiner	15-60'	4-25 TN	327
Rund um's Rad	Kleingruppen präsentieren	TMS-Rad, Papier, Stifte	keiner	30-90'	1-12 TN	329

Genre 1

Kennen lernen und Kontakt aufnehmen

Blind vorstellen

Sich mit geschlossenen Augen vorstellen

Ziele

Kennen lernen auf ungewöhnliche und interessante Art und Weise, für Stimmen sensibilisieren.

Handlung

Die Gruppe sitzt im Kreis. Alle schließen die Augen. Jede Person stellt sich nun nacheinander den jeweils anderen Gruppenmitgliedern vor. Niemand sieht etwas, man kann sich nur auf die Stimmen konzentrieren.

Variationen

▶ Stühle nach außen ausrichten.

▶ Nach der Vorstellungsrunde raten lassen, wer wer ist.

▶ Namen vorher anonym sammeln, alle Namen vorlesen, ohne sie der zugehörigen Person zuzuordnen. Blinde Vorstellungsrunde durchführen. Danach die Namen zusortieren lassen.

▶ Bei Gruppen, deren Mitglieder sich untereinander schon kennen, können Sie jeder Person noch ein Gefühl zuordnen: Die Vorstellung erfolgt dann in dem betreffenden Gefühl, z.B. schüchtern, genervt, eilig, hochnäsig, schuldbewusst usw. Diese Gefühle werden (am besten direkt im Anschluss an die Vorstellung) geraten.

Regie-Hinweise

Bei dieser Übung lassen sich gut die Sachebene (über den Inhalt) und die Beziehungsebene (über Stimme und Tonfall) voneinander trennen.

Auswertung

Eventuell:

▶ Was ist hängen geblieben?

▶ Was ist auf der Sach-, was auf der Beziehungsebene „rübergekommen"?

Genre 9 ▸ Vorstellungskraft anregen – Imagination und Einfühlung fördern

Methode	Setting	Material	Vorbereitungs-Aufwand	Zeit (Min.)	TN-Zahl	Seite
Augen zu und durch	alle im Raum oder draußen	–	keiner	10-30'	10-30 TN	247
Die andere Version	Sitzkreis	–	keiner	10-20'	4-10 TN	249
Die Kostümkiste	alle für sich im Raum	Liste mit Anweisungen	keiner	15-25'	4-20 TN	251
Focus Spiegel	Paare im Raum	–	keiner	5-15'	ab 4 TN	253
Folge dem Ton	Paare im Raum	–	keiner	10-20'	ab 2 TN	255
Geräusche-Szenerie	Kleingruppen präsentieren	ggf. Geräusche-CD	wenig	20-40'	6-20 TN	257
Haltungsecho	Partner oder Dreigruppen im Raum	–	keiner	10-30'	ab 6 TN	259
Ich mach' mit	Sitzkreis	–	keiner	5-15'	6-20 TN	261
Magische Bälle	Partner oder Kreis im Raum	–	keiner	5-20'	ab 2 TN	263
Partner-Inspektion	Dreiergruppen im Raum	–	keiner	10-20'	ab 3 TN	265
Wo ist die Feder?	alle im Raum, Einzelne agieren	Feder oder anderer Gegenstand	keiner	5-30'	4-12 TN	267

Blind vorstellen

Einsatzmöglichkeiten

Beispiele:

▶ Ungewöhnlicher Einstieg in ein beliebiges Seminar.

▶ Ausdruckstraining: Gefühle über Stimme und Tonfall transportieren, z.B. im Präsentations- oder Rhetorikseminar.

▶ Zuhören trainieren, z.B. im Gesprächsführungs- oder Verkaufstraining.

Technische Hinweise

Gruppierung:	4 bis 12 Personen im Kreis
Material:	–
Dauer:	5 bis 15 Minuten
Vorbereitung:	ggf. Zettel und Stifte bereithalten

Setting
► Partner- oder
  Kleingruppenarbeit

Genre 1
► Kennen lernen und
  Kontakt aufnehmen

Der Club der toten Dichter

In Gedichtform Menschen, Geschichten oder Themen vorstellen

Ziele

Sich auf ungewöhnliche und interessante Weise kennen lernen, kreativ Inhalte darstellen oder bearbeiten, gemeinsam Spaß haben.

Handlung

Die Spielleitung begrüßt die Gruppe als Berufsdichter/innen. Sie wurden engagiert, damit sie ihre Auftraggeber/innen mit einem Gedicht ehren. Um sich kennen zu lernen, findet jeweils zu zweit zunächst ganz diskret ein Vorgespräch von etwa zehn Minuten Dauer statt. In dieser Zeit interviewen jeweils zwei Personen sich gegenseitig und machen sich ein paar Notizen. Anschließend haben alle fünf Minuten Zeit, um einen Vierzeiler über den Interview-Partner zu schreiben (ohne Namensnennung!). Die Kunstwerke werden von der Spielleitung eingesammelt und neu verteilt. Nun findet eine Dichterlesung statt: Nacheinander tragen alle feierlich ihre Gedichte vor. Anschließend wird erörtert oder erraten, über wen das jeweilige Gedicht berichtet und wer es wohl geschrieben hat ...

Variationen

► Statt zu Personen werden zu Seminar-Inhalten oder vorformulierten Thesen Gedichte verfasst. Das geschieht in Kleingruppen á 2-3 TN. Sie formulieren einen Achtzeiler zu einem Thema oder zu Teilaspekten des Themas. Anschließend wird der Text einer berühmten Dichter-Persönlichkeit zugeordnet.

► Nun folgt das Poetentreffen: In der dem Anlass angemessenen Form (Redepult, erwartungsvolles Publikum, würdevoller Auftritt des Poeten) werden die Gedichte vorgetragen.

► Alle Texte können in einem Tagungsprotokoll zusammengefasst oder als Plakate im Raum aufgehängt werden.

► Die Gedichte über den Tag verteilt, z.B. als Auftakt oder Abschluss von Arbeitseinheiten, vortragen lassen.

► Gedichte zur Tages- oder Seminarauswertung einsetzen.

► Als Teamaufgabe anwenden und Beobachter einsetzen.

Genre 1
► Kennen lernen und
   Kontakt aufnehmen

Setting
► Partner- oder
   Kleingruppenarbeit

Der Club der toten Dichter

Regie-Hinweise

Die in Reimform vorgetragenen Thesen oder Meinungen bleiben gut im Gedächtnis.

Auswertung

Je nach Einsatz. Bei beobachteter Teamaufgabe Prozess und Ergebnis reflektieren.

Einsatzmöglichkeiten

Beispiele:

► Ungewöhnlicher Einstieg in ein Seminar, bei dem es um Sprache, Präsentation oder Kreativität geht.

► Darstellung, Bearbeitung oder Verarbeitung von Inhalten in jedem beliebigen Seminar.

► Teamaufgabe mit Beobachtung im Kreativitätstraining (z.B. zur Anwendung der Kreativitätsregeln) oder in der Teamentwicklung.

Technische Hinweise

Gruppierung:	6 bis 20 Personen
Material:	Papier und Stifte
Dauer:	15 bis 45 Minuten
Vorbereitung:	ggf. Thema strukturieren (vgl. Variationen)

Fremde Vorstellung

Sich aus fremder Perspektive vorstellen

Ziele

Kennen lernen auf ungewöhnliche Art, sich öffnen, Fantasie und Spontaneität fördern, andere wahrnehmen.

Handlung

Die Gruppe sitzt in einem nicht ganz geschlossenen Kreis. An der offenen Seite stehen zwei leere Stühle. Ein TN (A) beginnt und nimmt auf einem der beiden Stühle Platz.

A beginnt nun, sich der Gruppe vorzustellen. Dabei nimmt er die Rolle einer ihm bekannten Person ein (z.B.: Nachbarin, Schwester, Kollegin, Sohn). Mit Blick auf den leeren Stuhl (auf dem imaginär A selbst sitzt) erzählt er nun aus der Sicht der anderen Person über sich selbst.

Variationen

► Eventuell Rückfragen zulassen.

► Statt aus der Sicht anderer Personen kann auch aus der Sicht von Gegenständen gesprochen werden, z.B.: mein Auto, mein Kühlschrank, mein Schlüsselbund, etc.

Regie-Hinweise

Eine interessante und spannende Variante der üblichen Kennenlernrunde. Der Rollentausch ermöglicht interessante Perspektiven und witzige Situationen, manchem TN fällt so die Vorstellung sogar leichter. Die Informationen bleiben hängen und sind sehr einprägsam.

Auswertung

keine

Einsatzmöglichkeiten

► Ungewöhnlicher Einstieg in ein beliebiges Seminar.

► Förderung von Fantasie, Kreativität und Spontaneität, z.B. im Kreativitäts-, Rhetorik- oder Präsentationstraining.

► Lockere Vorübung zur dissoziierten Position, z.B. im Konfliktmanagement- oder Mediationstraining.

Fremde Vorstellung

Technische Hinweise

Gruppierung:	6 bis 15 Personen im Kreis
Material:	zwei Stühle
Dauer:	15 bis 30 Minuten
Vorbereitung:	keine

Holladrihiholladriho

Heiteres, schnelles Namensspiel mit Zungenbrecher

Ziele

Konzentrieren, Aussprache verbessern, deutliche, klare, prägnante Artikulation trainieren, gemeinsam Spaß haben, locker werden, nach einer Pause motivieren.

Handlung

Alle sitzen oder stehen im Kreis, die SL beginnt und stellt sich in die Mitte. Sie zeigt mit der Hand auf eine beliebige Person (A) und sagt z.B.: „Rechts – holladrihiholladriho." Nun muss A blitzschnell den Namen des rechten Nachbarn nennen – und zwar bevor die SL es geschafft hat, das Wort „holladrihiholladriho" zu Ende zu bringen. Kann A den Namen rechtzeitig nennen, muss die SL in der Mitte bleiben und weiter machen. Sie zeigt nun auf irgendeine andere Person (B) und sagt z.B.: „Links – holladrihiholladriho." Nun muss B wiederum schneller sein als die SL und den Namen des linken Nachbarn nennen usw. Ist B zu langsam oder sagt sie den falschen Namen, muss sie die SL in der Kreismitte ablösen. Wer im Zentrum steht, darf den Kreis jederzeit neu durchmischen.

Variationen

► Statt „Holladrihiholladriho" können auch (kürzere) Zungenbrecher oder Teile daraus verwendet werden, z.B: „Fetter Speck schmeckt der Schnecke schlecht", „Brautkleid bleibt Brautkleid" o.ä.

► vgl. auch „Zungenbrecher" auf S. 155.

Regie-Hinweise

Ein witziges, turbulentes Spiel. Es ist gar nicht so einfach, die Schrecksekunde zu überwinden und rechtzeitig den richtigen Namen zu sagen. Ebenfalls ist es nicht einfach, den Zungenbrecher „holladrihiholladriho" fehlerfrei und schnell zu sagen, ohne über die eigene Zunge zu stolpern.

Auswertung

keine

Holladrihiholladriho

Einsatzmöglichkeiten

Beispiele:

▶ Namensspiel zur Wiederholung und zum Einprägen der Namen in jeder beliebigen Veranstaltung.

▶ Heiteres Warming-up als Auftakt, z.B. zum Thema Verständlichkeit im Kommunikationsseminar.

▶ Übung für deutliche, klare und prägnante Aussprache im Redetraining.

Technische Hinweise

Gruppierung:	8 bis 15 Personen
Material:	–
Dauer:	5 bis 10 Minuten
Vorbereitung:	keine

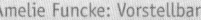

Name und Ausdruck

Genau hinhören und nachsprechen

[handschriftliche Notiz:] Name nennen & mit Gestik, Tonfall benennen ⤷ Gefühlsausdruck & die anderen ahmen nach

Ziele

Kennen lernen, konzentriert und genau hinhören, Nuancen wahrnehmen und ausdrücken.

Handlung

Die Gruppe sitzt im Kreis. Eine Person beginnt und nennt ihren Namen, z.B. „Werner". Alle anderen hören genau hin, um Aussprache, Tonfall und Schwingungen wahrzunehmen. Dann wiederholen alle den Namen im Chor und ahmen genau nach, was sie gehört haben. Werner achtet darauf, dass alles stimmt und korrigiert ggf. Die nächste Person setzt die Übung fort usw.

Variationen

▶ Die Namen werden nicht im Chor, sondern von Einzelnen wiederholt.

▶ Nicht Namen, sondern Sätze werden gesprochen, wie z.B. ein Lieblingsspruch, Lebensmotto o.ä. der einzelnen TN.

Regie-Hinweise

Die Übung ist gar nicht so einfach. Sie verlangt genauestes Hinhören und ein gutes Gespür bei der Nachahmung.

Auswertung

keine

Einsatzmöglichkeiten

Beispiele:

▶ Einstieg in eine Veranstaltung, z.B. Rhetorik, Gesprächsführungs- oder Präsentationsseminar.

▶ Einstieg in das Thema Zuhören.

▶ Kennen lernen in der Vorbereitung eines gemeinsamen Projektes.

Name und Ausdruck

Technische Hinweise

Gruppierung:	4 bis 15 Personen
Material:	–
Dauer:	5 bis 20 Minuten
Vorbereitung:	keine

Name und Bewegung

Sich mit einer passenden Bewegung vorstellen

Ziele

Kennen lernen, Scheu vor der Darstellung abbauen.

Handlung

Die Gruppe steht im Kreis. Eine Person beginnt, nennt ihren Namen und macht dazu eine passende Bewegung. Name und Bewegung werden von der ganzen Gruppe auf die vorgegebene Art und Weise wiederholt. Alle sind nacheinander an der Reihe.

Variationen

▶ Statt der Bewegung ein Geräusch machen.

▶ Bewegung und Geräusch kombinieren.

▶ Zum Namen einen Gegenstand nennen, der den glei-chen Anfangsbuchstaben hat. Diesen mit den Händen darstellen und ein dazu passendes Geräusch machen.

▶ Zum Namen einen passenden Rhythmus klatschen.

Regie-Hinweise

keine

Auswertung

keine

Einsatzmöglichkeiten

Beispiele:

▶ Einstieg in eine Veranstaltung, z.B. Rhetorik- oder Präsentationsseminar.

▶ Kennen lernen in der Vorbereitung auf ein gemeinsames Projekt.

Technische Hinweise

Gruppierung:	6 bis 20 Personen
Material:	–
Dauer:	5 bis 10 Minuten
Vorbereitung:	keine

Namenjonglage

In fester Reihenfolge werden Bälle oder Wurfgegenstände im Kreis zugeworfen

Ziele

Kennen lernen, auflockern und motivieren, aufmerksam und achtsam handeln, kooperieren.

Handlung

Die Gruppe steht im Kreis. Die SL wirft einer beliebigen Person einen Ball zu und nennt dabei laut deren Namen. Auf diese Weise wird der Ball zu allen weiteren Personen weiterbefördert, bis er wieder bei der SL ankommt. Das Ganze wird mehrmals wiederholt, wobei nach und nach immer mehr Wurfgegenstände ins Spiel kommen.

Variationen

▶ Rückwärts spielen, mehrere Bälle ins Spiel bringen, alle laufen wild durcheinander und spielen trotzdem ihre jeweiligen Partner an, Namen unterschiedlich betonen (böse, einschmeichelnd, ängstlich ...), bei Ballannahme „Danke" sagen ...

▶ „Lichtgeschwindigkeit": Das Ganze wird auf Zeit gespielt. Die Gruppe überlegt und probiert mehrmals, wie sie ihr Zeitergebnis verbessern kann.

▶ Mehrere unterschiedliche Wurfgegenstände mit verschiedenen Bedeutungen belegen, um z.B. Arbeitsabläufe zu verdeutlichen: Koosh-Bälle für die Routine, Stachelbälle für die kleinen Nervereien, Tennisbälle für die ekeligen Sachen (Mobbing etc.), ein mit Wasser gefülltes Glas als wichtigste Aufgabe. Routine und Nervereien werden in der gewohnten Reihenfolge geworfen, mit Ekeligem darf man irgendwas machen, die wichtigste Aufgabe muss vorsichtig im Kreis herumgegeben werden.

Regie-Hinweise

Ein lebhaftes, lustiges Spiel, das auch davon lebt, dass ungewöhnliche Wurfgegenstände ins Spiel gebracht werden.

Bei großen Gruppen in zwei oder mehreren Kreisen spielen.

Auswertung

keine

Namenjonglage

Einsatzmöglichkeiten

Beispiele:

▶ Einstieg in eine Veranstaltung.

▶ Metapher für Arbeitsabläufe, z.B. in einem Projekt.

Technische Hinweise

Gruppierung:	6 bis 20 Personen im Kreis
Material:	mehrere verschiedene Bälle oder andere Wurfgegenstände
Dauer:	10 bis 15 Minuten
Vorbereitung:	ggf. gefülltes Wasserglas organisieren

Amelie Funcke: Vorstellbar

Namensduell

Teams messen sich im schnellen Namennennen

Ziele

Kennen lernen, auflockern und motivieren, gemeinsam Spaß haben.

Handlung

Es werden zwei Kleingruppen gebildet. Zwei Personen (SL) halten ein großes Tuch hoch. Auf beiden Seiten des Tuchs nimmt eine Gruppe so Platz, dass die jeweils anderen Spielerinnen und Spieler nicht gesehen werden können.

Jede Gruppe sucht nun eine Person aus, die sich mit dem Gesicht zum Tuch gewandt direkt davor stellt. Auf ein vereinbartes Zeichen wird das Tuch fallengelassen und die beiden müssen so schnell wie möglich den Namen ihres Gegenübers nennen. Wer dies zuerst schafft, darf die andere Person in die eigene Gruppe mitnehmen. Nun stellen sich die nächsten beiden TN vor dem wieder hochgehaltenen Tuch in Positur usw.

Variationen

keine

Regie-Hinweise

Ein sehr witziges Spiel – aber Vorsicht: Nicht tot spielen! Falls noch nicht von selbst beendet, nach ca. zehn Minuten – oder wenn es am Schönsten ist – abbrechen und durchzählen, welche Gruppe gewonnen hat.

Auswertung

keine

Einsatzmöglichkeiten

Beispiele:
▶ Motivierung nach Pausen in beliebigen Veranstaltungen.
▶ Namen wiederholen.

Technische Hinweise

Gruppierung:	8 bis 20 Personen
Material:	ein großes Tuch
Dauer:	5 bis 10 Minuten
Vorbereitung:	keine

Setting
▶ alle im Sitzkreis oder
  Kleingruppen

Genre 1
▶ Kennen lernen und
  Kontakt aufnehmen

Namens-Szenerie

Passend zum Namen eine kurze Szene oder Geschichte erzählen

Ziele

Kennen lernen auf ungewöhnliche und interessante Art,
Fantasie und Spontaneität fördern.

Handlung

Alle sitzen im Kreis und haben kurz Zeit, sich an eine
kleine Szene oder Geschichte mit ihrem Namen zu erinnern. Jemand beginnt, erzählt kurz seine Erinnerung, die
nächste Person fährt fort usw.

Variationen

▶ Die Namen und Geschichten werden anonym aufgeschrieben und vorgelesen. Anschließend wird geraten,
  wer dahinter steckt.

▶ Kleingruppen entwickeln aus den Geschichten kurze
  zusammenhängende Szenen und stellen sie dar.

Regie-Hinweise

Erfahrungsgemäß kennt jede/r eine kleine Szene oder Geschichte, die sich mit dem Namen verbindet. Wem nichts
einfällt, denkt sich etwas aus.

Auswertung

keine

Einsatzmöglichkeiten

Beispiele:
▶ Einstieg in eine beliebige Veranstaltung.
▶ Förderung von Fantasie und Kreativität,
  z.B. im Kreativitätsseminar.
▶ Vorbereitung auf ein gemeinsames Projekt.

Genre 1
▶ Kennen lernen und
   Kontakt aufnehmen

Setting
▶ alle im Sitzkreis oder
   Kleingruppen

Namens-Szenerie

Technische Hinweise

Gruppierung:	4 bis 15 Personen
Material:	–
Dauer:	5 bis 20 Minuten
Vorbereitung:	keine

Genre 2

Aktivieren und bewegen – Körper und Geist erwärmen

Abklopfen

Sich gegenseitig mit der flachen Hand abklopfen

Ziele

Körper lockern, loslassen, wärmen und wahrnehmen, motivieren, Aufmerksamkeit erneuern und schärfen.

Handlung

Es werden Paare gebildet. Person A steht fest mit den Füßen auf dem Boden, die Beine hüftbreit auseinander, und lässt Kopf und Oberkörper nach vorne hängen. Die Knie sind dabei leicht gebeugt, die Arme hängen und schwingen locker. Nun klopft Person B mit der flachen Hand und festen kleinen Schlägen an der Wirbelsäule entlang (niemals **auf** der Wirbelsäule!) den Körper ab. Auch Arme und Beine können seitlich abgeklopft werden. Dann tastet sich Person B von unten nach oben von Wirbelkopf zu Wirbelkopf und massiert jeden einzelnen kurz. Person A versucht, sich genau an dem Wirbel Stück für Stück aufzurichten, an dem B gerade massiert.

Variationen

▶ **Wetterklopfen:** Die Hälfte der Gruppe sitzt auf Stühlen im Kreis, die anderen stehen jeweils hinter einer sitzenden Person. Die SL erzählt eine Geschichte vom Wetter und zeigt parallel dazu, was – je nach Wetterlage – getan werden soll. Beispiele:
- *Wolken:* kreisende, große Bewegungen auf Schultern und Rücken.
- *Regen:* zartes bis heftiges Klopfen mit den Fingerkuppen auf Schultern, Nacken und Rücken.
- *Schneesturm:* schleifende Bewegungen mit den Händen.
- usw.

▶ **Ballmassage:** Die Gruppe steht im Kreis, alle drehen sich nach rechts, so dass alle einen Rücken vor sich haben. Mit einem Massageball massieren sich nun alle gleichzeitig den Rücken und die Schultern.

Regie-Hinweise

Durch das schnelle Abklopfen, bzw. die Massageformen, entsteht ein gutes körperliches Wohlbefinden.

Vorsicht bei Rücken-/Bandscheibenproblemen – dann lieber auf eine der Varianten zurückgreifen.

Auswertung

keine

Abklopfen

Einsatzmöglichkeiten

Beispiele:

▶ Motivierung, Anregung vernachlässigter Sinne, z.B. nach einer Pause in jedem beliebigen Seminar.

▶ Körper lockern, wärmen und wahrnehmen als Vorbereitung auf Darstellungen oder Präsentationen.

▶ Metapher für die Wettervorhersage.

Technische Hinweise

Gruppierung:	2 bis beliebig viele Personen
Material:	ggf. Massagebälle
Dauer:	10 bis 20 Minuten
Vorbereitung:	keine

Amelie Funcke: Vorstellbar

Aufdrehen

Im Kreis beschleunigen und Energie aufladen

Ziele

Wach werden, Energie bekommen, Körper aufwärmen.

Handlung

Die Gruppe steht entspannt und konzentriert in einem großzügigen Kreis. Die SL macht mit und bestimmt das Tempo und die Bewegungen: Gemeinsam fangen alle langsam an, auf der Stelle zu gehen, zunächst in Zeitlupe, steigern das Tempo zum normalen Gehen, zum Trippeln, beschleunigen immer mehr, bis es nicht mehr schneller geht, starten auf dem Höhepunkt ein bis zwei Schritte durch in die Kreismitte, nehmen dort sofort das Tempo zurück, ziehen sich rückwärts wieder auf den Ausgangsplatz zurück, verlangsamen dort zum Trippeln, zum Auf-der-Stelle-gehen, über die Zeitlupe zum Stillstand. Die Übung mehrere Male durchführen.

Variationen

keine

Regie-Hinweise

Sehr guter Energizer bei Müdigkeit und wenn die Power fehlt.

Zu Beginn muss der Kreis recht groß sein, damit genug Platz zum Durchstarten bleibt. **Wichtig:** Alle orientieren sich an der SL, sie bestimmt das Tempo und gibt die Impulse. Durch die Übung gewinnt nicht nur der Einzelne an Power, sondern es entsteht auch eine Gruppenenergie.

Auswertung

keine

Einsatzmöglichkeiten

Beispiele:

► Wach werden, neue Energie gewinnen, z.B. vor Beginn einer neuen Arbeitseinheit in jeder beliebigen Veranstaltung.

► Aufwärmen des Körpers, z.B. in der Vorbereitung auf Darstellungen, Auftritte oder Präsentationen.

Aufdrehen

Technische Hinweise

Gruppierung:	2 bis beliebig viele Personen
Material:	–
Dauer:	5 Minuten
Vorbereitung:	keine

Amelie Funcke: Vorstellbar

Großer Meister

Eine Person macht etwas vor, alle anderen machen es nach

[handschriftliche Notiz:] - Variation: TN suchen sich eine Person hinter der sie herlaufen, bis diese sich umdreht & den hinter sich herlaufenden "ertappt"

Ziele

Auflockern und motivieren, Aufmerksamkeit erneuern bzw. schärfen, in Bewegung kommen, mit Körperausdruck experimentieren, Mut zur Übertreibung fördern, gemeinsam Spaß haben.

Handlung

Die SL wählt eine Person aus, die „Großer Meister" wird. Als Erkennungszeichen bekommt sie einen Hut. Der große Meister geht/bewegt sich durch den Raum. Dazu wird Musik gespielt. Alle anderen achten genau auf den Gang, die Gestik, die Haltung und die Bewegungen und kopieren sie möglichst genau. Nach einer Weile wird der Hut weitergegeben und jemand anders wird „Großer Meister". Die Übung endet mit dem Ende oder Ausblenden der Musik.

Variationen

▶ Die Bewegungen des „Großen Meisters" sollen nicht kopiert, sondern maßlos übertrieben werden.

▶ Es wird kein Meister festgelegt, sondern die Gruppe findet selbst einen. Dazu beginnt jede/r irgendeine andere Person nachzuahmen, beobachtet aber gleichzeitig und wechselt, je nachdem was die anderen in der Gruppe tun. Nach und nach kristallisiert sich ein (**der**) „Große(r) Meister" heraus …

▶ Alle gehen zur Musik durch den Raum. Jede Person sucht sich selbst eine andere aus, die sie heimlich nachahmt. Die SL stoppt zwischendurch die Musik. Der Stopp ist das Zeichen: Alle stürzen sich mit lautem Gebrüll auf ihre „Opfer"…

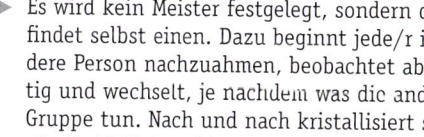

Regie-Hinweise

Es hilft dem TN in der Rolle des „Großen Meisters", wenn Sie abwechslungsreiche Musik einsetzen, die die (Bewegungs-)Fantasie anregt. Geeignet sind z.B. Ausschnitte aus bekannten Filmmusiken, z.B. Charlie Chaplin.

Auswertung

keine

Großer Meister

Einsatzmöglichkeiten

Beispiele:

▶ Motivierung, in Bewegung kommen, Anregung vernachlässigter Sinne, z.B. nach einer Pause im Kommunikations- oder Präsentationstraining.

▶ Körperlockerung als Vorbereitung auf ein Theaterspiel.

▶ Metapher für Lernen oder „traditionelle Karriereplanung".

Technische Hinweise

Gruppierung:	6 bis 25 Personen
Material:	ein Hut, Musik
Dauer:	5 bis 10 Minuten
Vorbereitung:	keine

Amelie Funcke: Vorstellbar

Karriereleiter – oder: Stein-Schere-Papier

Durch ein Spiel, das jeder kennt, auf der Karriereleiter rauf- oder runterfallen

Ziele

Sich bewegen, lockern und anwärmen, gemeinsam Spaß haben, Lernklima fördern.

Handlung

Die SL stellt der Gruppe die fünf Stufen auf der Karriereleiter vor. Zu jeder Stufe gibt es ein Erkennungszeichen: (1) Schüler (melden sich), (2) Student (gähnen), (3) Angestellter (trägt imaginären Aktenberg), (4) Abteilungsleiter (trägt imaginäre Aktentasche), (5) Vorstand (stolziert in hochnäsiger Pose). Alle beginnen auf der Stufe der Schüler, bewegen sich durch den Raum und zeigen dabei das Erkennungszeichen. Nun sucht sich jede Person einen Partner, um sich zu messen. Dies geschieht durch eine Runde des bekannten Spiels „Stein-Schere-Papier". Dabei zählen die Partner gleichzeitig bis drei. Bei drei zeigen Sie gleichzeitig das Zeichen für eines der drei Symbole: Stein (geballte Faust) – Schere (mit Zeige- und Mittelfinger Schere andeuten) – Papier (flache Hand). Stein schlägt Schere, Schere schlägt Papier und Papier schlägt Stein. Der Sieger aus dieser Runde kommt auf der

Karriereleiter eine Stufe nach oben, der Verlierer bleibt auf seiner erreichten Stufe bzw. fällt wieder eine Stufe herunter. Mit dem neuen Erkennungszeichen gehen wieder beide durch den Raum und machen sich auf die Suche nach einem Partner, der sich auf der gleichen Stufe befindet. Mit diesem gibt es wieder eine Runde „Stein-Schere-Papier". Sieger und Verlierer machen sich mit den neuen Erkennungszeichen wieder auf die Suche nach einem gleichrangigen Partner usw. Wer als erstes im Vorstand angekommen ist, hat gewonnen.

Variationen

▶ Andere Varianten für die Stufen bzw. andere Erkennungszeichen wählen, z.B. statt von Karriereleiter von Evolution sprechen und Zeichen für Tiere ausdenken.

▶ Sie können auch fünf Fachbegriffe, Ablaufschritte oder Gesprächsphasen in eine Hierarchie bringen und verwenden (z.B. Telefonieren: (1) Einstimmung – (2) Bedarf analysieren – (3) Lösung anbieten – (4) Vereinbarung treffen – (5) Liebeserklärung).

Karriereleiter – oder: Stein-Schere-Papier

Regie-Hinweise

Ein sehr witziges Spiel, das eine ausgelassene Stimmung bewirkt. Besonders lustig ist es, wenn Stufen und Erkennungszeichen gut gewählt sind: passend zur Gruppe, zum Seminarthema, zum Unternehmen, immer mit einem guten Schuss Humor. Hilfreich ist ein erklärendes Plakat mit den Stufen und Erkennungszeichen, an denen sich die Teilnehmenden dann immer wieder orientieren können.

Auswertung

keine

Einsatzmöglichkeiten

Beispiele:

▶ Motivierung nach einer Pause in jedem beliebigen Seminar.

▶ Locker werden, Mut gewinnen, sich bewegen und Angst abbauen, z.B. vor Präsentationen oder Darstellungen.

▶ Informationsverarbeitung und Wiederholung von Fachinhalten im Fach- oder Verhaltenstraining.

Technische Hinweise

Gruppierung:	8 bis beliebig viele Personen
Material:	Plakat mit den Stufen und Erkennungszeichen
Dauer:	5 bis 15 Minuten
Vorbereitung:	Plakat vorbereiten

Marionette im Schrank

Leicht laufen, dabei Bewegungen nachmachen

Ziele

Körper aufwärmen und auflockern, Fantasie anregen.

Handlung

Alle laufen mit leichten, lockeren, nicht anstrengenden Trippelschritten hintereinander im großen Kreis. Die SL läuft mit, erzählt dabei in etwa folgende Geschichte und macht alles vor. Alle Bewegungen werden im Laufen ausgeführt:

„Stellen Sie sich vor, Sie sind eine alte Marionette und hängen in einem Schrank (Arme während des Laufens hängen und baumeln lassen). *Eines Tages kommt ein Marionettenmeister zu diesem Schrank, findet Sie und denkt sich: Was für eine schöne alte Marionette! Ich will doch mal sehen, ob sie noch gut funktioniert! Und er zieht an den Fäden vorne an den Zehen* (im Trippeln Beine nach vorne werfen), *dann an den Fäden an den Hacken* (Unterschenkel nach hinten werfen), *an den Knien* (Knie hochziehen), *am Po* (Po nach oben bringen, Oberkörper dabei nach vorne), *am Bauch* (Bauch nach vorne strecken, Oberkörper

zurücknehmen), *an den Schultern* (Schultern hoch und runter nehmen) *und am Kopf* (hoch in die Luft springen). *Ach, denkt sich der Marionettenmeister, die Puppe ist zwar noch ganz gut in Schuss, aber ich habe auch bessere. So nimmt er eine Schere und schneidet alle Fäden ab* (stehen bleiben, in die Knie gehen, alles hängen lassen oder sogar langsam zu Boden fallen). "

Variationen

▶ Die Übung kann auch etwas ruhiger und, statt im Kreis zu laufen, sich auf der Stelle bewegend durchgeführt werden.

Regie-Hinweise

Eine Übung, die gut warm macht und lockert, die aber eine große freie Fläche (Ausnahme: Variation) und bei den TN ein bisschen Fitness voraussetzt. Kann schweißtreibend sein. Die TN sollten bequeme Kleidung und Schuhe tragen. Bei Unsicherheit über die körperliche Verfassung der TN lieber sehr reduziert durchführen.

Marionette im Schrank

Auswertung

keine

Einsatzmöglichkeiten

Beispiele:

▶ Warming-up vor Körper- oder Ausdrucksübungen, Variante in jedem beliebigen, vor allem kopflastigen Training.

▶ Auflockerung in Seminaren, in denen lange gesessen wurde.

Technische Hinweise

Gruppierung:	4 bis 12 Personen
Material:	–
Dauer:	5 Minuten
Vorbereitung:	keine

Menschen-Memory

Paare mit gleichen Bewegungen müssen gefunden werden

Ziele

Motivierung nach einer Pause, gemeinsam Spaß haben, locker werden, Spielfreude entwickeln.

Handlung

Zwei Personen (Spieler) verlassen den Raum. Die Zurückgebliebenen bilden Memory-Paare (,Karten'), jedes Paar denkt sich eine witzige Bewegung aus. Dann verteilen sich alle wild durcheinander im Raum (Spielfeld) und erstarren zu Statuen. Die Paare dürfen nicht erkennbar sein.

Die beiden Spieler (A und B) werden hereingeholt. Genau wie beim echten Memory geht es nun weiter: Jede/r der Spieler/innen muss versuchen, möglichst viele der Paare ,aufzudecken' und für sich zu gewinnen. Und das geht so: Spielerin A beginnt und ,deckt zwei Karten auf', indem sie auf zwei der Personen zeigt. Diese zeigen kurz ihre Bewegung. Handelt es sich um verschiedene ,Karten', so erstarren beide sofort wieder. In diesem Fall ist Spielerin B an der Reihe. Wurde jedoch ein Paar mit der gleichen Bewegung gefunden, so geht es vom Spielfeld und grup-

piert sich zu A, die es aufgedeckt hat. A darf dann so lange weiter machen, bis sie zwei verschiedene ,Karten' aufdeckt. Zum Schluss werden die Paare gezählt. Die Spielerin mit den meisten Paaren hat gewonnen.

Variationen

► Statt Bewegungen Statuen bilden. Sehr reizvoll, wenn diese angelehnt werden an Vorbilder aus Kultur, Kunst und Geschichte (Denker, Venus von Milo, David, Diskuswerfer, Cäsar, Superman, ...). Die SL verteilt dann entsprechende Fotos, Postkarten o.ä. an die Paare, diese prägen sich die Statue ein und ahmen sie möglichst genau nach.

► Andere mögliche Zeichen: Mimik, Geräusche, Gesten, gesummte Liedanfänge, Zweizeiler, Fachbegriffe usw. Der Fantasie sind kaum Grenzen gesetzt.

► Vorgaben können von der SL gemacht oder von der Gruppe erdacht werden.

► Durch einen Platzwechsel nach jedem Aufdeckvorgang lässt sich das Spiel erschweren.

► Bei Großveranstaltungen bilden immer vier Personen (2/2) oder Kleingruppen ein ,Kartenpaar'.

Menschen-Memory

Regie-Hinweise

Eine witziges Spiel, das auch von der Originalität der gewählten Zeichen und der Darstellungsfreude der Teilnehmenden lebt. Daher nicht zu Beginn einer Veranstaltung einsetzen, sondern erst im weiteren Verlauf – wenn die Anfangsscheu abgebaut ist.

Die Übung braucht ein bisschen ‚Masse'. Je mehr Personen darstellend beteiligt sind, desto mehr Stimmung und Energie entsteht.

Auswertung

keine

Einsatzmöglichkeiten

Beispiele:

▶ Auflockerer nach einer Pause.

▶ Einstimmung in die Kunst der Darstellung, z.B. beim Rhetorik- oder Präsentationstraining.

▶ Einführung in eine Thematik oder Wiederholung von Fachbegriffen im Fachtraining.

Technische Hinweise

Gruppierung:	10 bis 30 Personen
Material:	ggf. Bilder mit Statuen
Dauer:	10 bis 20 Minuten
Vorbereitung:	keine

Mitmachtheater

Spontan ein Stück inszenieren, bei dem alle mitmachen

Ziele

Lockere Atmosphäre schaffen, gemeinsam Spaß haben.

Handlung

1. Die SL verteilt an einige Personen Karten, auf denen eine Rolle notiert ist, und ggf. Requisiten. Sie weist den Rolleninhabern ihre Plätze zu. Alle Teilnehmenden, die keine Rollenkarte erhalten haben, sind Publikum.

2. Zuschauern und Rolleninhabern wird kurz erläutert, wie das Mitmachtheater funktioniert: Mitmachtheaterstücke sind so gestaltet, dass alle Anwesenden aktiv mit einbezogen werden, indem sie selbst in eine Rolle schlüpfen und so spontan zu Akteuren werden. Streng genommen gibt es kein Publikum, denn auch das Publikum ist eine Rolle. Oder anders herum: Alle sind gleichzeitig Akteure und Zuschauer.

3. Das Theaterstück (das außer der SL noch niemand kennt) wird nun von der SL vorgelesen. Parallel zum Text führen Rolleninhaber und Publikum ihre Aktionen aus.

Variationen

keine

Regie-Hinweise

Das Mitmachtheater ist eine schöne, recht unaufwändige Methode, um z.B. in ein Programm oder eine Veranstaltung einzustimmen oder um den Trainingstag mit einem abendlichen „Mini-Event" ausklingen zu lassen. Es eignet sich vorwiegend zur Belustigung, als ein nettes, amüsantes Gruppenerlebnis. Es lebt von einer witzigen, passgenauen Story, bei der etwas passiert – und zwar auch im Publikum, denn dieses muss beschäftigt werden. Die unterschiedlichsten Geschichten sind denkbar. Passen Sie das Mitmachtheaterstück aber auf jeden Fall thematisch an die Veranstaltung, die Situation bzw. das Unternehmen an.

Auswertung

keine

Mitmachtheater

Einsatzmöglichkeiten

Beispiele:

▶ (Thematische) Einstimmung in eine Veranstaltung oder Situation.

▶ Mini-Event zum Ausklang eines Trainings.

Technische Hinweise

Gruppierung:	10 bis beliebig viele Personen
Material:	Requisiten je nach Story, Text, Rollenkarten
Dauer:	10 bis 20 Minuten
Vorbereitung:	aufwändig durch das Entwickeln des Theaterstücks

Mitmachtheater

Beispielhafter Auszug aus einem Mitmachtheater

(...) Der Saal ist brechend voll und das Programm schon fortgeschritten, man wartet gespannt auf die Laudatio. Vorne in der ersten Reihe sind Plätze frei. Für wen werden Sie freigehalten?

Da hört man Schritte – alle Zuschauer drehen sich nach hinten – und Schirmherrin Angela Merkel betritt an der Seite von Uschi Glas den Saal. Die beiden Damen sind flüsternd in ein Gespräch vertieft. Man hört ein leises Gemurmel im Publikum.

Mit festen Schritten durchqueren die beiden Frauen die Reihen, das Publikum applaudiert, die Damen nehmen Platz. Dann – ein Raunen geht durch den Saal. Denn nun betritt mit frauenbewegter Miene Alice Schwarzer den Saal, begibt sich mit dynamischen Schritten zur Bühne und geht zum Rednerpult. Es wird andächtig still. Dort ein Hüsteln in der letzten Reihe. Hier ein Grunzen, da verhaltenes Gekicher.

Alice Schwarzer blickt auf, lächelt und nickt nach allen Seiten – greift sich dann das Mikrofon.

Sie atmet tief ein, öffnet den Mund, um etwas zu sagen. Doch plötzlich hält sie die Luft an, sucht aufgeregt nach einem Taschentuch – und niiiiiiiest!

Dabei müssen ihr die Kontaktlinsen rausgefallen sein, denn sie wird ganz nervös und sucht auf dem Boden rum – auf einmal hat sie auch was gefunden, was sie triumphierend in die Höhe hält – und da klatscht das Publikum.

Und weil das Publikum klatscht, denkt Sabine Christiansen, sie sei dran, die Laudatio zu halten. Sie kommt herein, während Alice Schwarzer entgeistert dasteht, und stellt sich in seriöse Pose. Im Publikum, besonders auf der rechten Seite, entsteht Unruhe. Von links hört man ungehaltene Schschscht-schschscht-Rufe.

Plötzlich merkt Sabine Christiansen, dass etwas nicht stimmt. Sie sieht Alice Schwarzer, die etwas hilflos dreinschaut – jetzt merkt sie, dass sie zu früh gekommen ist und steht starr vor Schreck. Sofort fängt sie sich, rettet die Situation mit einer witzigen Bewegung, wirft den Kopf in den Nacken und zieht sich mit elegantem Hüftschwung zurück.

Das Publikum johlt.

Alice Schwarzer ist dies etwas peinlich, aber sie behält die Fassung, rückt ihre Frisur zurecht und greift abermals nach dem Mikro. Sie holt Luft, spricht eine Begrüßung und stellt fest, dass das Mikro nicht geht. (...)

Stabil

Sich gegenseitig stabilisieren

Ziele

Sich sensibel aufeinander einstellen, Vertrauen gewinnen, Wahrnehmung und Körpergefühl fördern.

Handlung

Jeweils zwei körperlich etwa gleiche Partner/innen tun sich zusammen. Zunächst probieren alle einzeln für sich aus, wie weit sie sich vornüber lehnen können, ohne umzufallen. Dann stellen sich die Partner gegenüber und stützen sich gegenseitig. Anschließend beginnen sie langsam, rückwärts auseinander zu gehen. Sobald das Team spürt, dass der kritische Punkt erreicht wurde, beginnt es, sich wieder vorwärts zu bewegen.

Ein zweiter Versuch kann sich anschließen.

Variationen

► Bei der Übung die Augen schließen.
► Weitere Versuche mit anderen, z.B. körperlich ungleichen Partnern/innen durchführen.

Regie-Hinweise

Bei der Übung kommt es auf die individuelle Leistung der Paare an. Es gibt keine Lösung und kein zu erreichendes Ergebnis. Es empfiehlt sich, vor dem Spiel auf Sicherheitsaspekte hinzuweisen: Bodenbeschaffenheit, Schuhe, Kleidung. Dabei auch die körperlichen Eigenschaften der TN berücksichtigen.

Auswertung

ggf. Erfahrungen auswerten.

Einsatzmöglichkeiten

Beispiele:

► Aufeinander eingehen und sich aufeinander einstellen in einer Teamentwicklung.
► Warming-up sowie Aktivierung vernachlässigter Sinne in kopflastigen Veranstaltungen.

Stabil

Technische Hinweise

Gruppierung:	2 bis beliebig viele Personen
Material:	–
Dauer:	5 bis 15 Minuten
Vorbereitung:	keine

Setting
▶ alle im Kreis oder
  frei im Raum

Genre 2
▶ Aktivieren und bewegen

Steine durch den Körper schütteln

Einen imaginären Stein durch den Körper wandern lassen

Ziele

Auflockern und motivieren, Aufmerksamkeit erneuern bzw. schärfen, Körper wärmen und wahrnehmen, loslassen, in äußere und innere Bewegung kommen, Fantasie anregen.

Handlung

Alle TN stehen im Kreis. Die SL hebt einen kleinen (imaginären) Stein vom Boden auf und fordert die TN auf, es ihr gleichzutun. Aufgabe ist es nun, den Stein in den Mund zu stecken, herunterzuschlucken und ihn dann durch den ganzen Körper hindurch zu schütteln, bis er zum rechten Bein wieder hinausfällt. Dabei stellen sich die TN vor, wie der Stein langsam durch den Körper wandert, mal glatt rutscht, auch mal stecken bleibt, so dass etwas stärker geschüttelt werden muss. Ist der Stein einmal durchgeschüttelt, wird er abermals aufgehoben, in den Mund gesteckt, herunter geschluckt und zum linken Bein herausgeschüttelt, dann zum rechten Arm, dann zum linken Arm.

Variationen

keine

Regie-Hinweise

Eine einfache Übung, die den Köper wärmt, in Bewegung bringt und gleichzeitig die Fantasie etwas anregt.

Auswertung

keine

Einsatzmöglichkeiten

Beispiele:

▶ Motivierung, in Bewegung kommen, Anregung vernachlässigter Sinne, z.B. nach einer Pause in jedem beliebigen Seminar.

▶ Körperlockerung als Vorbereitung auf Darstellungen, Präsentationen oder ein Theaterspiel.

▶ Metapher für das Abschütteln von alten Mustern oder negativen Gedanken oder Müdigkeit oder Glaubenssätzen oder …

Genre 2
► Aktivieren und bewegen

Setting
► alle im Kreis oder
frei im Raum

Steine durch den Körper schütteln

Technische Hinweise

Gruppierung:	4 bis beliebig viele Teilnehmende
Material:	–
Dauer:	5 bis 10 Minuten
Vorbereitung:	keine

Verjüngungskur

Sich altersgerecht begrüßen

Ziele

Locker werden, sich kennen lernen, in Kontakt kommen, gemeinsam Spaß haben.

Handlung

Alle gehen für sich auf der Spielfläche umher und sollen sich vorstellen, dass sie schon ziemlich alt sind und eine Verjüngungskur gebucht haben. Auf dem Kurgelände trifft man nun weitere Gäste, die die gleiche Kur machen. Nach Anleitung der SL begrüßt man sich höflich – weil alle aber bereits 80 Jahre sind, können sie sich nur ganz vorsichtig mit dem Kopf zunicken. Im weiteren Verlauf werden die Kurgäste immer jünger – und begrüßen sich, jeweils nach Kommando der SL, entsprechend anders:

▶ **70 Jahre:**
Rechte Hand vorsichtig anheben und winken.

▶ **60 Jahre:**
Sich fröhlich zuwinken.

▶ **50 Jahre:**
Jeder Person, der man begegnet, werden beide Hände geschüttelt.

▶ **40 Jahre:**
Jedem wird förmlich die Hand geschüttelt.

▶ **30 Jahre:**
Jeder Person wird anerkennend auf die Schulter geklopft.

▶ **20 Jahre:**
Mit jeder Person, der man begegnet, diesen Dreischritt machen: A schlägt von oben auf B's geöffnete Hand, dann umgekehrt, dann schlagen beide senkrecht ihre Hände gegeneinander.

▶ **10 Jahre:**
Jemanden heimlich nachmachen, aber so, dass die Person nichts merkt …

Variationen

keine

Regie-Hinweise

Lebendiges Warming-up, das die TN auf dezente Weise in Kontakt und auf Tuchfühlung bringt.

Verjüngungskur

Auswertung

keine

Einsatzmöglichkeiten

Beispiele:

► Warming-up nach einer Pause, um die TN in Bewegung zu bringen.

► Auflockernde Vorbereitung auf Präsentationen, Darstellungen oder Rollenspiele.

Technische Hinweise

Gruppierung:	8 bis beliebig viele Personen
Material:	–
Dauer:	10 Minuten
Vorbereitung:	keine

Setting
▶ alle im Raum,
  je vier präsentieren

Genre 2
▶ Aktivieren und bewegen

Viererkanon

Vier Personen variieren eine Folge von berühmten Statuen

Ziele

Locker werden, Sinne anregen, Denken und Bewegungen koordinieren, gemeinsam Spaß haben.

Handlung

Die SL stellt vier Stühle parallel nebeneinander auf eine Bühnenfläche. Vier Freiwillige setzen sich auf die Stühle. Nun werden vier verschiedene Standbilder einstudiert:

1. Denker: Man steht gebückt vor dem Stuhl, stützt den rechten(!) Ellbogen auf das linke Knie, die rechte Hand wird unters Kinn gestützt, die Finger zeigen dabei Richtung Hals. (Vorbild: Statue „Der Denker" von Auguste Rodin)

2. Dornauszieher: Hinsetzen, dabei in der Bewegung das linke Bein heben, mit der linken Hand den Fuß greifen und das Bein mit dem Knie nach außen angewinkelt auf dem rechten Knie ablegen (Knöchel), sich vorbeugen und mit der rechten Hand einen imaginären Dorn aus dem großen Zeh des linken Beines ziehen. (Vorbild: „Der Dornauszieher", Bronzestatue, augusteische Zeit, 1. Jh. v./1. Jh. n. Chr.)

3. Speerwerfer: Aufstehen, dabei mit dem linken Bein einen Schritt nach vorn machen, gerade aufrichten, aus der Bewegung mit dem rechten Arm weit ausholen, um einen imaginären Speer zu werfen. (Vorbild: eine Speerwerfer-Abbildung oder -Figur).

4. Venus von Milo: Linkes Bein heranziehen, Knie bleibt leicht gebeugt, Gewicht auf dem rechten Bein, Arme hinter den Rücken, Kopf leicht nach links drehen, Blick leicht senken. (Vorbild: „Die Venus von Milo", um 130/120 v. Chr., Louvre, Paris).

Die SL zählt den Rhythmus („1 – 2 – 3 – 4 – 1 – 2 – 3 – 4 – 1 – ..."), dazu werden die Bewegungen gemeinsam durchgeführt, immer in derselben Reihenfolge. Anschließend folgt das Ganze im Kanon. Das heißt, die erste Person beginnt bei 1 mit dem Denker, die zweite Person bei 2 usw.

Variationen

▶ Statuen variieren:
  1. Verliebt: sitzen, beide Hände aufs Herz, entzücktes Gesicht machen.
  2. Entsetzt: auf dem Stuhl zurücklehnen, beide Arme und Beine entsetzt nach vorne strecken, Hände in Abwehrstellung.

Genre 2
▶ Aktivieren und bewegen

Setting
▶ alle im Raum,
je vier präsentieren

Viererkanon

3. Wütend: die Hände zu Fäusten ballen, wütend aufspringen.
4. Schüchtern: auf die Stuhlkante setzen, die Knie zusammen, die rechte Hand schüchtern zum Mund.

▶ Die Statuen bleiben wie oben beschrieben, dazu kommt aber jeweils ein Ton:
  1. Verliebt: ein entzücktes „Aaah".
  2. Entsetzt: ein kreischendes „Iiiiih".
  3. Wütend: ein grollendes „Uuuuh".
  4. Schüchtern: ein dahin gehauchtes „Ooooh".

Regie-Hinweise

Eine sehr witzig anzusehende Übung, sowohl Zuschauende als auch Durchführende amüsieren sich in der Regel köstlich. Was die Zuschauer oft nicht wissen: Diejenigen, die sich für die erste Runde freiwillig melden, haben noch Glück, denn in den nächsten Runden wird es noch lustiger (siehe Variationen) …

Der Bewegungsablauf in allen Variationen läuft rund. Gelesen wirkt er vielleicht zuerst kompliziert, wenn Sie es aber einmal ausprobieren, merken Sie, dass es gar nicht so schwer ist.

Tipp: Sie können die Statuen als Fotos im Internet betrachten und ggf. herunterladen. Stichworte für die Suchmaschine (Bilder): Denker Rodin / Dornauszieher / Speerwerfer / Venus von Milo.

Auswertung

keine

Einsatzmöglichkeiten

Beispiele:

▶ Heiteres Wachmachen und erneutes Konzentrieren nach einer Pause.

▶ Anregung vernachlässigter Sinne in jeder beliebigen Veranstaltung.

▶ Metapher für einen reibungslosen Projektablauf.

Technische Hinweise

Gruppierung:	8 bis beliebig viele Personen
Material:	4 Stühle
Dauer:	5 bis 15 Minuten
Vorbereitung:	keine

Zug und Gegendruck

Partner messen ihre (imaginäre) Kraft

Ziele

Warm und locker werden, Körper wahrnehmen und beherrschen, (imaginäre) Kraft spüren, in Kontakt kommen.

Handlung

Jeweils zwei körperlich etwa gleich große bzw. starke Partner tun sich zusammen und stellen sich so gegenüber, dass ihre Fußspitzen sich ungefähr 20 cm voneinander entfernt befinden. Die Partner legen die Handflächen aneinander. Durch geschicktes Drücken und Nachgeben versuchen nun beide, den jeweils anderen aus dem Gleichgewicht zu bringen. Es dürfen sich keine weiteren Körperteile berühren. Während des Gerangels beobachten alle genau die Körperhaltung, die sie einnehmen, damit sich die Kraft am besten entfalten kann.

Nach einiger Zeit werden die Partner gewechselt. Nun ändert sich die Aufgabe: Es soll nicht mehr mit echter Kraft gedrückt werden, sondern der Druck wird vorgetäuscht. Das Optimum ist erreicht, wenn von außen nicht sichtbar ist, ob echte oder imaginäre Kraft eingesetzt wird. Damit das gelingt, nehmen die Partner die (am Ernstfall) beobachtete Körperhaltung ein, spannen Bauch und Muskeln stark an, ohne allerdings den Druck nach vorne zu geben.

Es folgt ein nochmaliger Partnerwechsel. Die beiden TN fassen sich nun im Sicherheitsgriff, d.h., man greift sich nicht an den Händen, sondern mit festem Griff an den Unterarmen. Aufgabe ist nun, sich gegenseitig wegzuziehen. Dabei achten die Partner wieder genau auf die Körperhaltung, die sie einnehmen, um möglichst viel Kraft zu entfalten. Im nächsten Schritt geht es wieder darum, den Einsatz der Kraft vorzutäuschen (siehe oben).

Variationen

▶ Nach einer Übungszeit können kurze Präsentationen stattfinden. Das Publikum soll versuchen zu sehen, ob mit echter oder imaginärer Kraft gearbeitet wird.

▶ Weitere Aufgaben einbauen: Imaginäre Mauern umwerfen, etwas am Seil hereinziehen, einen imaginären schweren Koffer tragen etc.

▶ Teams bilden, ähnliche Anweisungen auf Zettel schreiben, die die TN ziehen. Aufgabe ist es, auf der Grundlage der Anweisung eine kleine Kurz-Geschichte zu entwickeln und pantomimisch vorzuspielen.

Zug und Gegendruck

Regie-Hinweise

Ob echte oder imaginäre Kraft eingesetzt wird –
die Anstrengung ist die gleiche.

Auswertung

keine

Einsatzmöglichkeiten

Beispiele:

▶ Warming-up bzw. Körpereinsatz nach langem Sitzen.
▶ Übung für die Körperwahrnehmung und den Körperausdruck, z.B. als Vorbereitung auf das Theaterspiel.

Technische Hinweise

Gruppierung:	4 bis beliebig viele Personen
Material:	–
Dauer:	5 bis 10 Minuten
Vorbereitung:	keine

Genre 3
Ausdruck trainieren – Potenziale erkennen und ausbauen

ABC-Aerobic

Sprache und Gestik koordinieren

Ziele

Gestik einüben, Mut zur Übertreibung fördern,
Denken und Bewegung koordinieren.

Handlung

Alle bekommen einen ABC-Aerobic-Bogen, immer zwei
TN stellen sich als Paare gegenüber. TN A hält für B den
Bogen so, dass B ihn lesen kann. B muss nun das ABC
aufsagen und dabei gleichzeitig die Bewegungen machen,
die unter dem jeweiligem Buchstaben angezeigt sind,
A kontrolliert das Ganze.

Bedeutung der Zeichen:

▶ L: linken Arm heben,

▶ R: rechten Arm heben,

▶ Z: beide Arme zusammen heben.

Variationen

Mehrmals abwechseln, Schnelligkeit steigern,
um die Wette spielen.

ABC-Aerobic-Bogen:

```
A B C D E
L R Z R Z

F G H I J
L L R Z R

K L M N O
L R Z L R

P Q R S T
Z R L R Z

U V W X Y Z
Z R L R Z Z
```

ABC-Aerobic

Regie-Hinweise

Lustiges Auflockerungsspiel, denn für Ungeübte ist es gar nicht so einfach, die Sprache mit der Bewegung zu koordinieren. Bei mehreren Durchgängen ist aber recht schnell ein Lernerfolg erkennbar.

Auswertung

keine

Einsatzmöglichkeiten

Beispiele:

▶ Motivierung und Anregung des Gehirns nach einer Pause in jedem beliebigen Training.

▶ Rhetorik- oder Präsentationstraining im Zusammenhang mit dem Thema Gestik.

▶ Vorbereitung auf das Theaterspiel, z.B. beim Mitarbeiter-Theater.

▶ Lockerung nach langem Sitzen.

Technische Hinweise

Gruppierung:	2 bis beliebig viele Personen, Paare
Material:	ABC-Bögen
Dauer:	5 bis 10 Minuten
Vorbereitung:	Bögen herstellen

Alle benehmen sich wie ...

Spontan kleine Stegreifrollen übernehmen

Ziele

Ausdruck trainieren, gemeinsam Spaß haben, mit Körperausdruck experimentieren, Darstellungsrepertoire erweitern.

Handlung

Die SL sammelt die Teilnehmenden im Raum auf einer freien Spielfläche und erläutert die Übung: Solange Musik gespielt wird, gehen alle durcheinander und ohne Kontakt mit anderen aufzunehmen durch den Raum. Bei Musikstopp aber ist Aufmerksamkeit gefordert: Die SL sagt an (oder zeigt), wie sich jetzt sofort alle benehmen sollen. Die Teilnehmenden versetzen sich in die genannte Rolle oder Situation und stellen dar, was ihnen einfällt. Dabei können untereinander auch kleine Stegreifszenen entstehen. Es wird solange gespielt, bis die Musik wieder einsetzt. Nun bewegen sich alle wieder normal durch den Raum – bis zum nächsten Musikstopp, bei dem die SL etwas Neues ankündigt.

Beispiel 1: Alle benehmen sich...

...erfolgsorientiert, ...wütend, ...sorgenvoll, ...beflissen, etc.

Beispiel 2: Alle benehmen sich wie...

...Männer, ...Pfarrer, ...Lehrer, ...Metzger, ...Penner, ...Elefanten im Porzellanladen, ...vornehme Leute, ...der Chef auf dem Betriebsfest, ...Betrunkene, die sich besonders gut benehmen wollen, ...ältere Herrschaften in der Techno-Disco, ...Leute, die voller Entdeckergeist sind, ...Leute, die eher ängstlich sind, ...gelangweilte Seminarteilnehmer, ...Hungrige am noch nicht eröffneten Buffet, ...Verkäufer, die gerade einen tollen Abschluss gemacht haben, ...Angestellter mit schlechtem/gutem Gewissen auf dem Weg zum Chef, ...Männer, die Frauen gefallen wollen, ...Frauen, die Männern gefallen wollen etc.

Variationen

▶ Die Gruppe wird aufgeteilt in eine Darsteller- und eine Beobachtergruppe. Die Beobachter sehen genau zu und analysieren Haltung, Mimik, Gestik, Blick, Bewegungen der unterschiedlichen Darstellungen.

▶ Die Teilnehmenden selbst liefern die Darstellungsideen.

▶ Gruppe teilen, Begegnungen zwischen den unterschiedlichen Rollen initiieren.

▶ Zettel mit Rollen werden an TN verteilt, gleiche Rollen müssen sich finden.

Alle benehmen sich wie ...

Regie-Hinweise

Ein großer Raum mit freier Spielfläche ist optimal. Ist dieser nicht vorhanden, können Sie die Darstellungsaufgaben an den räumlichen Begebenheiten orientieren, z.B.: Alle setzen sich wie ...

Auswertung

keine oder – je nach Einsatz:

▶ Welche Erfahrungen wurden gemacht? Wo war Sympathie? Wo wurde Widerstand gespürt? Hemmungen? Lust?

▶ Wenn Beobachter eingesetzt wurden: Wie ist die Haltung? Wie sind Gestik und Mimik? Wohin geht der Blick? Wie ist der Kontakt? Die Kommunikation?

Einsatzmöglichkeiten

Beispiele:

▶ Ausdruckstraining, z.B. im Körpersprache-, Rhetorik- oder Präsentationsseminar.

▶ Einstieg oder Vorübung zum Thema Körpersprache.

▶ Darstellende Übung im Rahmen des (intensiveren) Kennenlernens, z.B bei einem Mitarbeitertheater.

▶ Förderung von Spontaneität, Fantasie, Kreativität, z.B. im Kreativitätsseminar.

Technische Hinweise

Gruppierung:	6 bis beliebig viele Personen
Material:	Musik, Musikanlage
Dauer:	5 bis 15 Minuten
Vorbereitung:	Musik vorbereiten

Bücher balancieren

Im Gehen ein schweres Buch auf dem Kopf balancieren

Ziele

Körperhaltung im Gehen verbessern.

Handlung

Alle bekommen ein schweres Buch, legen sich dieses auf den Kopf und gehen durch den Raum. Das Buch soll dabei so auf dem Kopf balanciert werden, dass es nicht herunterfällt.

Variationen

Sie können diese Haltungsübung mit einer Sprechübung verbinden, um den Zusammenhang zwischen Körperhaltung sowie Stimmklang und -volumen erfahrbar zu machen:

1. Die Teilnehmenden sprechen einen Testsatz.
2. Nun balancieren alle ihr Buch auf dem Kopf und gehen dabei. Der Testsatz wird während des Gehens wiederholt, der Klang verglichen.

Weitere Varianten:

▶ Die Haltung bewusst verschlechtern: Hohlkreuz, Hüfte schief stellen, Nacken einknicken.

▶ Aufgaben lösen: Begrüßung, nach dem Weg zum Bahnhof fragen, jemandem einen Witz erzählen, die Knöpfe an der Kleidung des Gegenübers zählen usw.

▶ Ein Spiel daraus machen: Wer sein Buch verliert, ist „gefroren", erstarrt zur Statue und darf erst weiter gehen, wenn jemand anders ihm sein Buch wieder auf den Kopf gesetzt hat. Oder: Paare oder Dreier-/Vierergruppen gehen zusammen. Wenn nur eine Person ihr Buch verliert, sind alle gefroren ...

Regie-Hinweise

Durch das Buch auf dem Kopf stellt sich wie automatisch eine gerade, für den Atemfluss günstige Kopf- und Körperhaltung ein. Als weitere Hilfe können Sie den Teilnehmenden Bildanker anbieten (Beispiel für Frauen: eine schwarze Frau, die einen Wasserkrug auf dem Kopf balanciert).

Bücher balancieren

Auswertung

Nach den Erfahrungen fragen.

Kriterien: Atmung, Körper- und Muskelspannung, Wohlbefinden, Selbstbewusstsein, Ausstrahlung.

Einsatzmöglichkeiten

Beispiele:

▶ Übung zur Haltungsverbesserung, z.B. im Rhetorik oder Präsentationstraining.

▶ Auseinandersetzung mit innerer und äußerer Haltung, z.B. im Selbst- und Stressmanagement.

Technische Hinweise

Gruppierung:	2 bis 25 Personen
Material:	je TN ein schweres Buch, evtl. Musik
Dauer:	ca. 15 Minuten
Vorbereitung:	Bücher bereitlegen, Musik vorbereiten

Das Kind, der Held, der Bourgoise und die Alte

Mit dem Körper Grundhaltungen einnehmen und eine Wellenbewegung ausführen

Ziele

Körper lockern, wahrnehmen, Ausdruck trainieren, Ausdrucksrepertoire erweitern.

Handlung

Die Gruppe bewegt sich im Raum. Nach Anleitung der Spielleitung nehmen alle in der Bewegung nacheinander die folgenden Haltungen ein:

Kind: Oberkörper nach vorne, Arme baumeln lassen, Kopf nach vorn gestreckt, neugierig die Welt entdecken.

Held: Oberkörper aufrichten, Brust raus.

Bourgoise: Der Oberkörper hält sich gerade, der Bauch kommt vorne raus.

Alte: Schultern fallen nach vorn, Kopf auch.

Kind: Becken nach hinten schieben, alles andere passiert von selbst. Mehrmals wiederholen.

Variationen

In den unterschiedlichen Haltungen untereinander Kontakt aufnehmen, sich begrüßen, über das Wetter reden, die schlechten Zeiten bejammern etc.

Regie-Hinweise

Der Effekt beim Wechsel von „Alte" zu „Kind" ist überraschend: Nur durch die Verschiebung des Beckens nach hinten, entsteht wie von selbst wieder das „Kind". Probieren Sie die Haltungen vorher selbst vor dem Spiegel aus. Machen Sie die Übung unbedingt selbst mit! Durch ausschmückende Worte bei der Beschreibung der Haltungen können Sie viel Spaß übertragen.

Auswertung

keine

Das Kind, der Held, der Bourgoise und die Alte

Einsatzmöglichkeiten

Beispiele:

▶ Ausdruckstraining, z.B. im Körpersprache-, Rhetorik- oder Präsentationsseminar.

▶ Körpereinsatz in besonders kopflastigen Seminaren.

▶ Vorbereitung auf das Theaterspiel, z.B. beim Mitarbeitertheater.

Technische Hinweise

Gruppierung:	2 bis beliebig viele Personen
Material:	–
Dauer:	5 bis 15 Minuten
Vorbereitung:	keine

Das Kreuz mit dem Kreis

Zwei unterschiedliche Bewegungen miteinander koordinieren

Ziele

Verschiedene/gegenläufige Bewegungen gleichzeitig ausführen können, Körperteile isolieren, Anregung der Sinne und des Geistes.

Handlung

Die Teilnehmenden sitzen oder stehen im Kreis. Aufgabe ist es zunächst, mit der rechten Hand einen Kreis beliebiger Größe in die Luft zu malen. Das ist einfach. Danach soll mit der linken Hand ebenfalls in die Luft ein großes Kreuz gezeichnet werden, was ebenfalls nicht schwer fällt. Dann aber wird's schwierig, denn im dritten Schritt geht es darum, beide Bewegungen gleichzeitig und dabei möglichst akkurat auszuführen …

Variationen

► Mit dem rechten Fuß einen Kreis zeichnen, gleichzeitig mit der rechten Hand den Vornamen in die Luft schreiben. Das Gleiche diagonal (das ist einfacher).

► Mit den Armen eine Bewegung im Vierertakt machen, dazu zählen: 1 = Arme hoch, 2 = Arme zur Seite, 3 = Arme nach vorne, 4 = Arme nach unten. Dann mit den Füßen einen Dreiertakt beschreiben: 1 = Fuß nach vorn strecken, 2 = Fuß zur Seite strecken, 3 = Fuß heranziehen. Nun kommt die Herausforderung: Fuß- und Armbewegungen sollen gleichzeitig durchgeführt werden …

Regie-Hinweise

Beide Bewegungen für sich und isoliert sind sehr einfach auszuführen. Nicht jedoch zusammen – das ist überraschend schwierig und erfordert eine immense Konzentration. Mit etwas Übung können aber recht schnell Fortschritte erzielt werden. Wenn Sie keinen Leistungsdruck wollen, sagen Sie den TN, dass es am Anfang so gut wie unmöglich ist, diese Aufgabe „richtig" zu machen …

Die Übung braucht wenig Zeit und kann immer wieder zwischendurch wiederholt werden. Das regt den Geist an, schult die Fähigkeit zur Koordination und: nach und nach wird ein Lernerfolg sichtbar.

Auswertung

keine

Das Kreuz mit dem Kreis

Einsatzmöglichkeiten

Beispiele:

▶ Wachmachen und Konzentrieren nach einer Pause.

▶ Anregung vernachlässigter Sinne in jeder beliebigen Veranstaltung.

▶ Metapher für das Wirken von zwei unkoordinierten Abteilungen im Unternehmen.

Technische Hinweise

Gruppierung:	beliebig viele Personen
Material:	–
Dauer:	5 Minuten
Vorbereitung:	keine

Die Entdeckung der Langsamkeit

Sich in Zeitlupe bewegen

Ziele

Bewegungsablauf zerlegen, Körper bewusst wahrnehmen und beherrschen, konzentrieren, in einen (gemeinsamen) Rhythmus kommen.

Handlung

Alle Teilnehmenden sind im ganzen Raum verteilt. Die SL leitet die Gruppe zunächst an, durcheinander zu gehen, sich nur auf sich selbst zu konzentrieren und genau auf ihren Körper zu achten. Der Bewegungsablauf des Gehens soll zu einer nicht zu kleinen, „runden" Bewegung werden. Wichtig dabei sind das Auf und Ab des Körpers, die Elastizität in den Knien und das Abrollen der Füße. Die Arme bewegen sich gegengleich zu den Beinen. Jede/r prägt sich seinen Gang gut ein. Begleitet von sehr ruhiger Musik verlangsamen nun alle nach und nach ihre Bewegungen – bis zur Zeitlupe. Achtung! Der Bewegungsablauf soll nur verlangsamt, nicht verkleinert werden. Der Zeitlupengang endet mit dem Ende der Musik.

Variationen

▶ Zeitlupenkampf: Im Verlauf der Zeitlupenbewegung stellen sich die Teilnehmenden gegenseitig zum Kampf. Weites Ausholen zu Schlägen oder Tritten, Boxhiebe usw. – alles ist erlaubt, allerdings ohne Körperberührung und natürlich in Zeitlupe. Wer angegriffen oder getroffen wird, reagiert entsprechend. Bekommt z.B. jemand einen (imaginären) Tritt in den Bauch, weicht er an dieser Stelle zurück, geht evtl. zu Boden usw. – ebenfalls alles in Zeitlupe.

▶ Parallelbewegung: Immer zwei Personen gehen genau gleich nebeneinander. Alle Bewegungen finden exakt parallel statt. Dabei kommt es darauf an, sich optimal aufeinander einzustellen, in einen gemeinsamen Rhythmus zu kommen und diesen auch eine Zeit lang durchzuhalten.

Die Entdeckung der Langsamkeit

Regie-Hinweise

Es wird viel Platz gebraucht – ein großer Raum mit einer großen freien Fläche. Die Übung erfordert viel Konzentration auf den Körper. Sie macht Spaß, häufig möchten Teilnehmer sie wiederholen, weil sie eine Weile brauchen, um in einen guten „Zeitlupenfluss" zu kommen. Ein guter Musikzugriff empfiehlt sich deshalb.

Achten Sie darauf, dass den Teilnehmenden bei der Verlangsamung die Bewegungen nicht automatisch kleiner geraten. Das geschieht häufig, ist aber nicht der Sinn der Sache! Der eigentliche Reiz der Übung und auch die Herausforderung an die Körperbeherrschung liegen in der Größe der Bewegungen.

Auswertung

Mögliche Fragen:

▶ Wie waren die Erfahrungen? Was fiel leicht, was war schwierig?

▶ Gab es einen Prozess? Wie verlief er?

Je nach Einsatz kann auch auf eine Auswertung verzichtet werden.

Einsatzmöglichkeiten

Beispiele:

▶ Körperwahrnehmung, Anregung vernachlässigter Sinne, „aus dem Kopf rauskommen" in jedem beliebigen Seminar.

▶ Vorbereitung auf das Theaterspiel, z.B. beim Mitarbeitertheater.

▶ Teamentwicklung – aufeinander einstellen (Variante Kampf und Parallelbewegungen).

Technische Hinweise

Gruppierung:	2 bis beliebig viele Personen
Material:	Musikanlage, sehr langsame Musik, z.B. Vangelis Ignacio
Dauer:	10 bis 20 Minuten
Vorbereitung:	keine

Amelie Funcke: Vorstellbar

Dirigieren

Dirigierend werden große Gesten eingeübt

Ziele

Gestik üben, Mut zur Übertreibung fordern.

Handlung

Alle TN nehmen die Grundstellung ein: Füße hüftbreit auseinander fest auf den Boden setzen, Knie sind weich und federnd, evtl. leichte Schrittstellung. Die SL legt klassische Musik auf. Nun dirigieren die TN mit großen, übertriebenen Gesten ein Musikstück.

Variationen

Langsames und schnelles Stück abwechseln

Regie-Hinweise

Das Aktionsfeld der Arme sollte vorzugsweise von der Gürtellinie bis zur Schulterhöhe und, so weit es geht, in die Breite gehen. Nicht mit dem Ellbogen absacken!

Zur humorvollen Einstimmung dieser Übung könnten die Loriot-Sketche „Hustensymphonie" oder „Die Biene" gezeigt werden.

Auswertung

evtl. nach Erfahrungen fragen.

Einsatzmöglichkeiten

Beispiele:

▶ Ausdruckstraining, z.B. im Körpersprache-, Rhetorik- oder Präsentationsseminar.

▶ Vorbereitung auf Darstellungen, Präsentationen oder ein Theaterspiel.

▶ Lockerung nach langem Sitzen.

Technische Hinweise

Gruppierung:	eine bis beliebig viele Personen
Material:	Musik, Rekorder
Dauer:	5 bis 10 Minuten
Vorbereitung:	geeignete/s Musikstück/e auswählen

Gefühle zeigen

Als Gruppe Reaktionen auf Situationen darstellen

Ziele

Mit Körperausdruck experimentieren, Ausdrucksrepertoire erweitern, sich mit Gefühlen auseinander setzen, Wahrnehmung und Beobachtung schärfen.

Handlung

Teams à 3-4 Personen einigen sich auf ein grundlegendes Gefühl, z.B. Hass, Neid, Liebe, Angst oder Ärger. Auf einen Zettel schreibt jedes Gruppenmitglied eine Situation, die bei ihm das verabredete Gefühl auslösen könnte, z.B. bei Angst: nachts Geräusche im Haus oder Terrorwarnung. Dann kommen die Zettel aller Teams verdeckt in die Mitte. Jede Gruppe zieht einen Zettel, stimmt sich kurz ab und stellt dann die Situation dar. Dabei zeigt jedes Teammitglied seine individuellen Gefühlsregungen und Reaktionen. Die Zuschauenden beobachten das Geschehen und stellen Mutmaßungen über die gespielte Situation an.

Variationen

▶ Erweitern: eine Vorgeschichte dazu ausdenken. Die Gruppe präsentiert dann eine kurze Szene, die mit der darzustellenden Situation endet.

▶ Die Situationen auf den beruflichen Kontext beschränken.

Regie-Hinweise

Die Körperhaltungen zu grundlegenden Gefühlen können vorher gemeinsam erarbeitet werden (siehe die vier Grundgefühle).

In den Szenen kann auch deutlich werden, dass Menschen auf die gleiche Situation durchaus mit unterschiedlichen Gefühlen reagieren.

Gefühle zeigen

Auswertung

Je nach Einsatz:

▶ Erfahrungen, Beobachtungen, Wahrnehmungen austauschen.

▶ Innere und äußere Haltung zum Thema machen.

▶ Was ist einfach, was schwierig darzustellen und warum?

▶ Was wurde den Zuschauenden besonders deutlich und wodurch?

▶ Gab es individuell unterschiedliche Gefühlsreaktionen auf die gleiche Situation? Welche und warum?

▶ Wie lassen sich diese Erkenntnisse auf Berufs-, Führungs-, Gesprächssituationen etc. übertragen?

Einsatzmöglichkeiten

▶ Ausdruckstraining, z.B. im Körpersprache-, Rhetorik- oder Präsentationsseminar.

▶ Auseinandersetzung mit Gefühlen, z.B. bei Themen wie Selbstmanagement, Persönlichkeits- oder Teamentwicklung, Gesprächsführung, Konfliktmanagement.

▶ Vorbereitung auf das Theaterspiel, z.B. beim Mitarbeitertheater.

Technische Hinweise

Gruppierung:	4 bis 20 Personen
Material:	–
Dauer:	15 bis 30 Minuten
Vorbereitung:	keine

Haltung und Emotion

Über die Körperhaltung Energien steuern

Ziele

Den Einfluss der Körperhaltung auf Gefühl und Energie erleben.

Handlung

Die Teilnehmenden bekommen von der SL die folgenden Anweisungen:

Erste Runde: Jede/r für sich soll fünf Minuten lang selbstbewusst, aufrecht und zielsicher zu rhythmischer Musik gehen. Anschließend sucht man sich eine/n Gesprächspartner/in zum kurzen reflexiven Austausch: Wie ist es mir ergangen? Welche Gefühle wurden wach? Welche Energien waren spürbar?

Zweite Runde: Nun sollen sich alle (jede/r wieder für sich) fünf Minuten gelangweilt in die Ecke setzen und dabei Kopf und Körper schlapp hängen lassen. Anschließend folgt ein erneuter Austausch mit dem Partner: Was ist passiert? Wie veränderten sich Energie und Dynamik?

Variationen

In umgekehrter Reihenfolge einsetzen.

Regie-Hinweise

Hinter dieser Übung steckt die Idee, dass Körperhaltungen, Emotionen und Energien untrennbar miteinander verbunden sind. Bestimmte Körperhaltungen wecken bestimmte Gefühle, Energie entfaltet sich oder stirbt ab. „Nicht Du tust etwas, sondern bringe den Körper in eine Lage, dann geschieht es von ganz alleine", sagt dazu der Pantomime Werner Müller. Was er meint ist dies: Emotion, Blick, Klang der Stimme, Gangart usw., die zum jeweiligen Körperschwerpunkt „passen", stellen sich wie von selbst ein.

Auswertung

Erfahrungsaustausch anregen.

Haltung und Emotion

Einsatzmöglichkeiten

Beispiele:

▶ Umgang mit Lampenfieber, z.B. im Präsentations-training.

▶ Vorbereitung auf Darstellungen, Präsentationen oder ein Mitarbeitertheater.

▶ Übung zum Wachwerden und erneuter Konzentration nach einer Mittagspause (s. Variation).

Technische Hinweise

Gruppierung:	4 bis beliebig viele Personen
Material:	rhythmische Musik
Dauer:	15 bis 20 Minuten
Vorbereitung:	keine

Miene – Grimasse – Miene

Gesichtsausdrücke zeigen, übertreiben, zurücknehmen

Ziele

Mit Körperausdruck experimentieren, gemeinsam Spaß haben, Mut zur Übertreibung fördern, Ausdruck einüben, sich selbst und andere wahrnehmen und beobachten.

Handlung

Alle Teilnehmenden gehen für sich im Raum umher. Die SL gibt als Stichwort ein Gefühl, einen Zustand oder eine Eigenschaft vor, wie z.B. „genervt". Im Umhergehen setzen die Teilnehmenden dies in einen Gesichtsausdruck um, übersteigern diesen langsam zur Grimasse und finden dann wieder zurück zur „normalen" Miene.

Variationen

▶ Nicht nur das Gesicht, sondern den ganzen Körper mit seinen Ausdrucksmöglichkeiten einbeziehen.

▶ Die ganze Gruppe erzeugt eine gemeinsame Stimmung: Man führt sich vor, wie groß die Zahnschmerzen sind, wie unbezwingbar die Wut, man steckt sich gegenseitig in Hoffnung oder Neugierde an, man schwimmt und schwelgt gemeinsam im Erfolg usw.

▶ Zwei Personen oder zwei Gruppen führen sich gegenseitig nacheinander „Gesichter" vor. Das jeweilige Publikum muss raten, um welches Gefühl es sich handelt.

Regie-Hinweise

Es wird ein großer Raum mit freier Spielfläche gebraucht.

Anregungen für Ihre Stichworte finden Sie auf der Liste Gefühle/Zustände/Eigenschaften (siehe S. 334).

Auswertung

Je nach Einsatz, z.B.:

▶ Was fiel leicht, was schwer? Gab es eine Entwicklung?

▶ Selbst- und Fremdwahrnehmung.

▶ Umgang mit heftigen Gefühlen
– bei sich selbst,
– bei anderen,
z.B.: Wie komme ich in Kontakt? Was brauche ich, was braucht der andere im jeweiligen „Zustand"?

Miene – Grimasse – Miene

Einsatzmöglichkeiten

Beispiele:

▶ Übung im Clowntraining oder als Vorbereitung auf das Theaterspiel.

▶ Warming-up oder Übung für Gestik und Stimme in Trainings, in denen Körperausdruck eine Rolle spielt (Rhetorik, Präsentation).

▶ Thematisierung / Wahrnehmung / Beobachtung von Körperausdruck, z.B. im Gesprächsführungs- oder Konfliktmanagementseminar.

Technische Hinweise

Gruppierung:	6 bis beliebig viele Personen
Material:	–
Dauer:	5 bis 15 Minuten
Vorbereitung:	keine

Tempowechsel oder: der Weg zum Chef

Eine Strecke bewältigen oder eine Tätigkeit ausführen, dabei das Tempo wechseln

Ziele

Spannung erzeugen durch Verzögerung, mit Tempowechseln experimentieren.

Handlung

Ein 8 bis 12 Meter langer Weg durch den Raum wird gekennzeichnet, in dessen Mitte sich die Bürotür zum Chef und an dessen Ende sich der Schreibtisch des Chefs befindet. Die SL weist die Teilnehmenden an, sich in die folgende Situation hineinzudenken und damit zu experimentieren:

„Sie möchten eine Gehaltserhöhung. Sie können ungehindert bis vor den Schreibtisch des Chefs vordringen, an dem Ihr Chef tief schläft. Der Weg, den Sie ohne Worte nehmen, soll auf folgende Weise eingeteilt sein:

Auf die Bürotür zugehen – zögern (soll ich wirklich weiter gehen?), weiter gehen – zögern (darf ich so einfach durch die Tür gehen?), eintreten – zögern (wie nahe darf ich an den Schreibtisch ran?), noch ein paar Schritte weiter gehen – zögern (darf ich den Chef ansprechen?), sich räuspern – zögern (darf ich nachdrücklicher werden?), entscheiden sich zurückzuziehen – zögern (soll ich nicht doch?), es blei-

ben lassen und das Büro verlassen – zögern (war es richtig, den Chef nicht zu wecken?) – entscheiden nach Hause zu gehen."

Eine Person beginnt, die anderen gucken zu. Dann startet die nächste Person usw.

Variationen

▶ Die Übung kann auch von zwei bis vier Personen parallel oder sogar von allen gleichzeitig ausgeführt werden.

▶ Eine Zeitvorgabe geben, dass z.B. die Szene genau drei Minuten dauern darf/muss.

▶ Eine andere Geschichte wählen, z.B.: Ein Spieler kehrt mit dem Besen die Spielfläche. Irgendjemand hat dort einige 10-Cent-Stücke verloren. Der Fegende fegt allerdings zunächst achtlos am Geldstück vorüber, erst Sekunden später dämmert ihm, was da liegt. Das passiert bei jedem einzelnen Geldstück. So entsteht ein Wechsel aus Fegen und Stutzen – um sich dann auf unterschiedliche Weise um das Geldstück zu kümmern (sich draufstürzen, sich anschleichen, Fuß drauf, damit es niemand sieht etc.).

Tempowechsel oder: der Weg zum Chef

▶ Aufgabe variieren: Ein Darsteller bekommt zwei verschiedene Tätigkeiten aufgetragen. Eine davon soll langsam (z.B. das Haar ordnen), die andere schnell ausgeführt werden (z.B. in den Taschen nach Kleingeld suchen). Tätigkeiten immer wechseln, beliebige Pausen einlegen …

Regie-Hinweise

Bei mehr als sechs Personen empfiehlt sich die Variante, mehrere Personen gleichzeitig agieren zu lassen.

Auswertung

Je nach Einsatz:

▶ Was an der Übung fiel schwer? Was leicht? Wie war die Entwicklung?

▶ Für die Beobachter: Wann und wodurch wurde es spannend? Welche Rolle spielen Zeit und Tempiwechsel dabei?

▶ Selbst-/Zeitmanagement: Woher kenne ich dieses Muster? Wie lassen sich die Erfahrungen auf das Thema Umgang mit Zeit im (Berufs-)Alltag übersetzen?

Einsatzmöglichkeiten

Beispiele:

▶ Ungewöhnlicher Einstieg in das Thema Umgang mit Zeit und Zeiteinteilung im Zeitmanagementseminar oder Train-the-trainer.

▶ Übung/Erfahrung zum Thema Selbstmanagement.

▶ Vorübung auf das Theaterspiel, z.B. bei einem Mitarbeitertheater.

Technische Hinweise

Gruppierung:	4 bis 20 Personen
Material:	–
Dauer:	10 bis 20 Minuten
Vorbereitung:	keine

Vergrößerungskreis

Bewegung und Geräusch im Kreis weitergeben, dabei von Person zu Person steigern

Ziele

Mut zur Übertreibung fördern, mit Körperausdruck experimentieren, Gestik einüben, Ausdrucksrepertoire erweitern, gemeinsam Spaß haben.

Handlung

Alle stehen im Kreis. Die SL beginnt und macht eine kleine Bewegung vor mit einem dazu passenden leisen Geräusch. Rechts im Kreis herum werden Bewegung und Geräusch nun weitergegeben und dabei von Person zu Person leicht gesteigert, bis eine riesige Bewegung und ein lautes Geräusch wieder bei der SL ankommen. Nun gibt die nächste Person etwas vor, das ebenfalls sich steigernd im Kreis herumgeht usw. Das Spiel endet, wenn es am schönsten ist oder jeder Teilnehmende einmal mit etwas Neuem begonnen hat.

Variationen

► Mittendrin schon mit neuer Bewegung anfangen, wenn dem Teilnehmer keine Steigerung mehr einfällt.

► Umgekehrt spielen: mit riesiger Bewegung anfangen, von Person zu Person verkleinern, bis eine klitzekleine Bewegung und ein winziges Geräusch wieder bei der Ausgangsperson ankommen ...

► Bei mehr als 20 Personen mehrere Kreise bilden.

► Mehrere Bewegungen und Geräusche versetzt lossenden oder zwei Bewegungen in unterschiedliche Richtungen schicken.

Regie-Hinweise

Ein schönes, lustiges Warming-up, das Mut macht, Körper und Stimme einzusetzen.

Auswertung

keine

Vergrößerungskreis

Einsatzmöglichkeiten

Beispiele:

▶ Auflockerung im Rhetorik- oder Präsentationstraining.

▶ Übung für Gestik und Stimme.

▶ Vorbereitung auf das Theater- oder Clownspiel.

Technische Hinweise

Gruppierung:	8 bis 30 Personen
Material:	–
Dauer:	5 bis 20 Minuten
Vorbereitung:	keine

Amelie Funcke: Vorstellbar

Vier Grundgefühle

Die Gefühle Freude, Trauer, Zorn und Angst werden als Statuen erarbeitet

Ziele

Mit Körperausdruck experimentieren. Zusammenhang von innerer und äußerer Haltung erleben, über theatralische Übertreibung Möglichkeiten bewusst machen, eingeengten Fokus erweitern.

Handlung

Die Gruppe steht im Kreis und nimmt die Grundhaltung ein: Füße hüftbreit auseinander fest auf den Boden setzen, Knie weich und federnd, Kopf und Oberkörper nach vorn beugen, Arme locker hängen lassen. Mit dem Gefühl der „Freude" beginnen: Auf ein Klatschzeichen des Trainers richten sich alle mit Schwung auf und nehmen spontan die passende Haltung ein. Die Haltung sofort einfrieren und halten, dabei beobachten, wie andere das Gefühl ausdrücken. Erneut die Grundhaltung einnehmen und Übung wiederholen. Entsprechend die Gefühle „Trauer", „Wut" und „Angst" erarbeiten.

Variationen

▶ Zwei Gruppenstatuen reagieren aufeinander. Dazu zwei Gruppen bilden, die sich gegenüber stellen und die Grundhaltung einnehmen. Die Seminarleitung gibt die Signale:

– Signal 1: Gruppe 1 – Trauer

– Signal 2: Gruppe 2 – Freude

– Signal 3: Gruppe 1 – Wut

– Signal 4: Gruppe 2 – Angst

▶ In Dreiergruppen werden die Gefühle in drei Stufen entwickelt, z.B. unbehaglich – ängstlich – panisch; ärgerlich – zornig – rasend; bekümmert – traurig – verzweifelt usw.

Regie-Hinweise

Hinter der Übung steht der Gedanke, dass es sich bei den vier Emotionen um die Grundgefühle handelt, aus denen sich alle anderen Gefühle ableiten lassen. So ist z.B. „Ärger" eine abgeschwächte Variante des Zorn, „Unbehagen" die schwächere, „Panik" die stärkere Form der Angst.

Genre 3
▶ Ausdruck trainieren

Setting
▶ alle im Raum oder Kreis,
einzeln oder in Gruppen

Vier Grundgefühle

Mit den folgenden Tipps erleichtern Sie den Teilnehmenden die Übung und das Finden eines stimmigen Ausdrucks:

▶ Beim Gefühl „Freude" mit einem Jubelschrei aufrichten.

▶ Bei den Gefühlen „Wut" und „Angst" etwas in die Mitte des Kreises legen, das Gegenstand der Wut oder Angst sein könnte.

▶ Die Gruppe anregen, sich vorzustellen, in ihrem Körpermittelpunkt, etwa auf Höhe des Bauchnabels, befinde sich ein Gummiball, der hauptsächlich vier Bewegungen ausführt:

- Freude: Er dehnt sich aus, wird unendlich groß, hebt in die Höhe ...

- Trauer: Er zieht sich zusammen und wird klein, als wolle er sich verkriechen und den ganzen Körper mit sich ziehen ...

- Wut: Er wirft sich aggressiv nach vorn ...

- Angst: Er bewegt sich waagerecht nach hinten, wie ein am Rücken befestigtes Seil, das nach hinten zieht ...

Auswertung

Nach den Erfahrungen fragen.

Einsatzmöglichkeiten

Beispiele:

▶ Ausdruckstraining, z.B. im Körpersprache-, Rhetorik- oder Präsentationsseminar.

▶ Auseinandersetzung mit Gefühlen, z.B. bei Themen wie Selbstmanagement, Persönlichkeits- oder Teamentwicklung.

▶ Vorbereitung auf das Theaterspiel, z.B. beim Mitarbeitertheater.

Technische Hinweise

Gruppierung:	eine bis 30 Personen, bei Trainer-Team auch mehr
Material:	–
Dauer:	je nach Vorgehen 10 bis 25 Minuten ohne Auswertung
Vorbereitung:	keine

Genre 4

**Auftreten, sich gekonnt präsentieren –
Eindruck machen, Sicherheit gewinnen**

Auftrittsvarianten

Den gleichen Text an verschiedenen Orten sprechen

Ziele

Auftrittswirkung (Selbst- und Fremdwahrnehmung) erkennen, beobachten und erleben, für gezielte Raumnutzung sensibilisieren.

Handlung

Ein immer gleicher Text (z.B. die Begrüßung der Seminarteilnehmer ganz zu Beginn der Veranstaltung) wird an verschiedenen Standorten bzw. im Rahmen verschiedener Settings gesprochen und anschließend auf seine Wirkung hin untersucht, z.B.:

▶ auf der Bühne, im statischen Mittelpunkt (siehe Zeichnung, S. 107),

▶ auf der Bühne, im dynamischen Mittelpunkt (siehe Zeichnung, S. 107),

▶ im Kreis, in der Mitte stehend,

▶ im Kreis, mit im Kreis stehend,

▶ im Plenum (Reihenbestuhlung / U-Form mit Tischen / Kreis-Setting), sitzend,

▶ im Plenum (Reihenbestuhlung / U-Form mit Tischen / Kreis-Setting), stehend,

▶ im Plenum (Reihenbestuhlung / U-Form mit Tischen / Kreis-Setting), erhöht stehend,

▶ weitere Varianten,

▶ ohne Requisiten, mit Requisiten

▶ usw.

Variationen

▶ Mit unterschiedlichen Standorten für Flipchart und Pinnwand experimentieren. Welche Wirkung erziele ich, wenn ich Flipchart oder Pinnwand in den statischen Mittelpunkt stelle und mich selbst daneben? Zum Vergleich: Wie ist es umgekehrt?

▶ Bei viel Platz im Raum: unterschiedliche Gänge bzw. Bewegungsrichtungen ausprobieren. Wie wirkt ein paralleles Auf- und Abgehen vor der Gruppe? Wie ein Gang senkrecht von hinten nach vorne? Ein Gang in der Diagonale von hinten nach vorne? usw.

Auftrittsvarianten

Regie-Hinweise

Durch das Spiel mit Standort, Bewegung im Raum und Setting können sehr unterschiedliche, interessante Wirkungen erzielt und erlebt werden.

Auswertung

▶ Wie ist es Ihnen in den unterschiedlichen Positionen ergangen?

▶ Was haben die Teilnehmenden/Zuschauenden wahrgenommen? Welche Wirkungen wurden erzielt? Was passte gut? Was nicht?

▶ Welches Setting bzw. welchen Standort würden Sie für welche Situation wählen?

Einsatzmöglichkeiten

Experimentieren mit Auftrittswirkung und Raumnutzungsvarianten, z.B. im Rhetorik-, Präsentations- oder Moderationstraining, oder im Train-the-Trainer.

Technische Hinweise

Gruppierung:	6 bis 20 Personen
Material:	ggf. Medien
Dauer:	15 bis 30 Minuten
Vorbereitung:	Raum geeignet vorbereiten

Auftrittsvarianten

Begriffserklärung: statischer und dynamischer Mittelpunkt

▶ **Statischer Mittelpunkt:** Dieser Punkt ist der optimale Ort, um Informationen zu „senden". Denn wer (oder was) hier steht, wirkt zwar statisch, zieht aber die volle Aufmerksamkeit der Gruppe auf sich, während der Raum dahinter kaum noch wahrgenommen wird (Ende der Aufmerksamkeit).

▶ **Dynamische Mittelpunkte:** Sie befinden sich etwa im goldenen Schnitt (= Verhältnis 2:1) links und rechts vom Bühnenrand. Von hier aus haben Sie die meiste Ausstrahlung und können zu den Teilnehmenden leicht Kontakt aufnehmen.

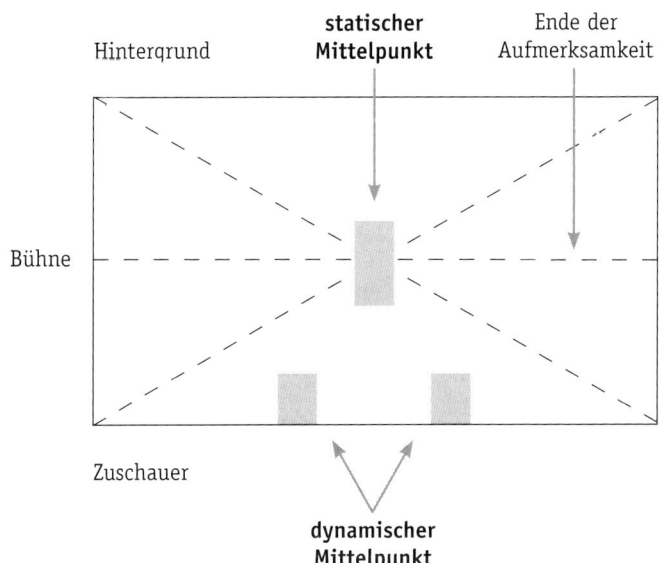

Setting
▶ alle im Raum,
Einzelne präsentieren

Genre 4
▶ Auftreten, sich gekonnt
präsentieren

Dastehen und ansehen

Auf der Bühne stehend das Publikum anblicken

Ziele

Auftrittswirkung (Selbst- und Fremdwahrnehmung) erkennen/erleben/einüben, Blicke und Aufmerksamkeit aushalten, Präsenz einüben und zeigen, Interesse wecken, wahrnehmen und beobachten.

Handlung

Die Teilnehmenden sitzen in einem Halbkreis. An der offenen Seite befindet sich eine Bühnenfläche. Ein Teilnehmer betritt die Bühne. Seine Aufgabe: 3-5 Minuten ruhig dastehen und nur ins Publikum blicken. Die Zuschauenden beobachten genau und nehmen wahr, was passiert. Wer angesehen wird, hebt die Hand. Wer nicht angesehen wird bzw. den Eindruck hat, dass der Blick „durch ihn hindurch" geht, senkt die Hand.

Variationen

▶ Ein Experiment: Die Zuschauenden schließen die Augen und versuchen wahrzunehmen, wann der Blick sie erreicht.

Regie-Hinweise

Achten Sie auf Applaus nach jedem Auftritt.
Eine gute Übung, die den Blickkontakt zu den Zuschauenden und seine Wirkung (als wichtiger Faktor der Phänomene „Ausstrahlung" und „Präsenz") in den Fokus nimmt. Vielen TN fällt es nicht leicht, sich selbstbewusst auf der Bühnenfläche zu halten, während sie alle Zuschaueraugen auf sich spüren. Wichtig ist es daher, dieses im Anschluss an die Übung kurz zu thematisieren, um den TN zu entlasten. Zur Unterstützung kann evtl. die Videokamera eingesetzt werden.

Auswertung

Die Phänomene Ausstrahlung und Präsenz im Zusammenhang mit dem Blickkontakt reflektieren und auf Berufssituationen übertragen.

▶ Wie ist es dem TN auf der Bühne ergangen? Was war einfach/schwer? Zu wem fiel der Kontakt leicht/schwer? Warum? Wie war die Entwicklung? usw.

▶ Was, welche Ausstrahlung kam rüber? Was bewirkt Blickkontakt bzw. fehlender Blickkontakt? Welche Arten von Blicken haben Sie wahrgenommen? Wann und wodurch wirkte der TN präsent? usw.

Genre 4
▶ Auftreten, sich gekonnt
   präsentieren

Setting
▶ alle im Raum,
   Einzelne präsentieren

Dastehen und ansehen

Einsatzmöglichkeiten

Beispiele:

▶ Übung zu den Themen „Ausstrahlung/Präsenz des
  Vortragenden" und „Aufmerksamkeit/Interesse der Zuhörenden" im Zusammenhang mit dem Augenkontakt,
  z.B. im Train-the-Trainer, Führungstraining, Präsentati-
  ons- oder Redetraining.

▶ Übung zur Kontaktaufnahme mit dem Publikum über
  den Augenkontakt, zum Verweilen auf einer Präsentationsfläche und zum Angstabbau, z.B. im Moderations-,
  Präsentations- oder Rhetorikseminar oder im Train-the-
  Trainer.

Technische Hinweise

Gruppierung:	4 bis 15 Personen
Material:	–
Dauer:	10 bis 45 Minuten (je nach TN-Zahl)
Vorbereitung:	keine

Setting
▶ alle im Raum,
 Einzelne präsentieren

Genre 4
▶ Auftreten, sich gekonnt
 präsentieren

Der Clown tritt auf

Ein Publikum gut unterhalten

Ziele

Sich selbst präsentieren, Auftritt einüben, Präsenz zeigen, Kreativität anregen, mit Stimme, Mimik, Gestik, Körperausdruck experimentieren, Spannung erzeugen, Interesse wecken und halten, Sicherheit gewinnen.

Handlung

Die TN bekommen 15 Minuten Zeit und den Auftrag, sich auf einen Soloauftritt vorzubereiten. Ziel des 5-Minuten-Auftritts ist es, auf beliebige Art und Weise das Interesse des Publikums zu wecken, es zum Lachen zu bringen, neugierig zu machen oder einfach eine Weile interessant zu unterhalten. Requisiten sind nicht erlaubt. Im Anschluss an jeden Einzelauftritt gibt es Applaus und es folgt eine kurze Reflexion.

Variationen

▶ Jeder TN darf bis zu drei Requisiten verwenden. Diese können selbst ausgewählt oder zugeteilt werden.

Regie-Hinweise

Fünf Minuten allein auf einer Bühne können ganz schön lang werden. Die Übung fordert daher viel Mut von den TN. Sie lässt sich, je nach Einsatz, unter verschiedenen Gesichtspunkten auswerten. Eventuell kann zur Unterstützung die Videokamera eingesetzt werden.

Auswertung

▶ Wie hat sich der Auftritt entwickelt? Wie verlief die Spannungskurve? Wodurch wurde Neugier und Interesse geweckt/verloren? Wie und wodurch wirkte der Schauspieler? Wo lagen seine Stärken? Wo und wodurch wirkte er/sie überzeugend, wo und wodurch weniger? Wo liegen die Entwicklungspotenziale?

▶ Wie ist es dem Schauspieler ergangen? Wie hat er sich vorbereitet? Umgang mit Lampenfieber? usw.

▶ Was sind Merkmale eines guten Auftritts?

Genre 4
▶ Auftreten, sich gekonnt
  präsentieren

Setting
▶ alle im Raum,
  Einzelne präsentieren

Der Clown tritt auf

Einsatzmöglichkeiten

Übung für die Selbstpräsentation sowie zur individuellen
Auftrittswirkung und Auftrittspräsenz mittels Mimik,
Gestik, Stimme und Bewegung, z.B. im Rhetorik-, Präsen-
tations- oder Moderationstraining, oder im Train-the-Trai-
ner-Seminar.

Technische Hinweise

Gruppierung:	4 bis 10 Personen
Material:	–
Dauer:	45 bis 90 Minuten
Vorbereitung:	keine

Setting
▶ alle im Raum,
Einzelne präsentieren

Genre 4
▶ Auftreten, sich gekonnt
präsentieren

Einfach dasitzen

Einfach nur dasitzend die Zuschauenden fesseln

Ziele

Auftrittswirkung (Selbst- und Fremdwahrnehmung) erkennen und erleben, Spannung erzeugen, Interesse wecken, Zeit dehnen, Blicke und Aufmerksamkeit aushalten, wahrnehmen und beobachten.

Handlung

Die Teilnehmenden sitzen in einem Halbkreis. An der offenen Seite steht auf einer Bühnenfläche ein einzelner Stuhl. Ein Teilnehmer nimmt darauf Platz. Seine Aufgabe: Fünf Minuten sitzen, Blickkontakt aufnehmen und nur Details seiner Sitzposition verändern. Dabei soll er das Sitzen dennoch so gestalten, dass die Zuschauer sich interessieren und ihnen nicht langweilig wird. Die Zuschauenden beobachten genau und achten auf ihre Wahrnehmungen und Gefühle. Wann und wodurch wird es interessant? Wann und wodurch langweilig?

Variationen

▶ Andere Tätigkeiten wählen, z.B. einen Apfel essen.

▶ Bei der Übung können, je nach Größe der Spielfläche, bis zu drei Teilnehmer parallel auf der Bühne agieren – dieses Vorgehen empfiehlt sich sogar: Denn es erleichtert den Teilnehmenden ihren Auftritt und spart Zeit. Bei größeren Gruppen können auf diese Weise mehr Personen zum Zuge kommen.

Regie-Hinweise

Achten Sie auf Applaus nach jedem Auftritt.

Eine Übung, bei der nicht zwangsläufig alle Teilnehmenden auf der Bühne agieren müssen.

Wann ist „einfach nur dasitzen" interessant? Zum Beispiel bei fühlbarer Präsenz, einem wahrnehmbaren Anliegen oder Engagement, wenn der Sitzende in etwas involviert oder ambitioniert wirkt. Wichtig ist, dass man dem Wartenden etwas abspürt und die Zuschauer-Fantasie losgehen kann. Die Beobachtungen und Wahrnehmungen

Genre 4
▶ Auftreten, sich gekonnt
präsentieren

Setting
▶ alle im Raum,
Einzelne präsentieren

Einfach dasitzen

lassen sich recht gut auf Präsentations- oder Redesituationen übertragen. Eventuell kann zur Unterstützung die Videokamera eingesetzt werden.

Für viele TN ist es nicht leicht, alle Blicke auf sich spürend, auf der Bühne auszuhalten. Es empfiehlt sich daher, das im Anschluss an die Übung kurz zu thematisieren, um den TN emotional zu entlasten.

Auswertung

Die Phänomene Ausstrahlung, Aufmerksamkeit, Neugier, Interesse und Langeweile reflektieren und auf Berufssituationen übertragen.

▶ Wie ist es den TN auf der Bühne ergangen?

▶ Welches sind die Dinge, die Interesse wecken?

▶ Wodurch entsteht Neugierde, Aufmerksamkeit, Langeweile?

▶ Wie lassen sich die Erkenntnisse übertragen?

Einsatzmöglichkeiten

▶ Zur Illustration und Untersuchung der Themen Aufmerksamkeit und Interesse der Zuhörenden, z.B. im Train-the-Trainer-, Präsentations- oder Redetraining.

▶ Übung für die Selbstpräsentation im Präsentations- oder Bewerbungstraining.

▶ Bei „Bühnenangst": Übung zum Verweilen auf einer Präsentationsfläche, zum Aushalten der Blicke und zur Kontaktaufnahme mit dem Publikum.

Technische Hinweise

Gruppierung:	4 bis 15 Personen
Material:	Stühle
Dauer:	10 bis 30 Minuten (je nach TN-Zahl)
Vorbereitung:	keine

Setting
▶ alle im Raum,
Einzelne präsentieren

Genre 4
▶ Auftreten, sich gekonnt
präsentieren

Erzähltheater

Eine Geschichte frei erzählen

Ziele

Kreativität anregen, mit Stimme, Mimik, Gestik, Körperausdruck experimentieren, Inhalte vermitteln, sich selbst präsentieren, Auftritt einüben, Sicherheit gewinnen.

Handlung

Jeder TN bekommt einen Text: z.B. eine Kurzgeschichte, ein aktuelles Ereignis, einen Zeitungsbericht, einen Seminarinhalt usw. Aufgabe ist es, diesen Text umzusetzen in ein interessantes, lebendiges Erzähltheater. Um dem Stück Charakter zu geben, dürfen nur der Körper mit Gestik, Mimik und Bewegung sowie die Stimme genutzt werden. Es sind keine weiteren Hilfsmittel oder Requisiten erlaubt. Nur durch sich selbst und ihre Vortragskunst sollen die TN versuchen, bei den Zuhörenden Interesse und innere Bilder zu wecken, in denen die zentralen Aussagen des Stückes/Textes/Inhaltes sichtbar und hörbar werden. Nach einer Vorbereitungszeit (20-30 Min.) tragen alle nacheinander ihre Geschichten frei erzählt vor und erhalten anschließend Feedback über ihre Wirkung.

Variationen

▶ Kleingruppen bekommen eine Geschichte, die sie dann einstudieren und anschließend vortragen. Das kann abwechselnd oder in wechselnden Rollen geschehen.

▶ Es sind drei Requisiten erlaubt.

Regie-Hinweise

Auf Grund der großen Bedeutung von Stimme, Mimik, Gestik und Bewegung eignet sich das Erzähltheater hervorragend als Übungsmethode im Rhetorik- oder Präsentationstraining. Das besondere Potenzial liegt dabei im „Zurückgeworfensein" auf sich selbst und die eigenen Ausdrucksmittel. Der „Auftritt", die Wirkung, die Ausdrucksfähigkeit und dabei die Stärken und Schwächen der Einzelnen lassen sich beobachten, auf Anforderungen in Berufssituationen übertragen und auswerten. Die Rückmeldungen geben Aufschluss über die Außenwirkung und -wahrnehmung und weisen auf individuelle Entwicklungsmöglichkeiten hin.

Interessant ist es auch, die Vorträge auf Video aufzunehmen und anschließend auszuwerten.

Genre 4
▶ Auftreten, sich gekonnt
   präsentieren

Setting
▶ alle im Raum,
   Einzelne präsentieren

Erzähltheater

Auswertung

Je nach Einsatz: Was sind Merkmale eines guten Vortrags? Wo lagen die persönlichen Stärken des Vortragenden? Wo und wodurch wirkte er/sie überzeugend, wo und wodurch weniger? Wo liegen die Entwicklungspotenziale des Vortragenden? usw.

Einsatzmöglichkeiten

Beispiele:

▶ Ausdrucksübung, Feedback über die individuelle Wirkung, z.B. im Rhetorikseminar.

▶ Übung für die Selbstpräsentation und den eigenen Auftritt, Training von Mimik, Gestik, Stimme und Bewegung im Präsentations- oder Bewerbungstraining.

▶ Lebendige Form der Inhaltserarbeitung und -vermittlung im Fachtraining.

▶ Freie Sprechübung im Sprachtraining.

Technische Hinweise

Gruppierung:	4 bis 15 Personen
Material:	Geschichten, Texte, Inhalte
Dauer:	30 bis 90 Minuten
Vorbereitung:	Texte auswählen

Gänge tauschen

Partner ahmen jeweils den Gang des anderen nach

Ziele

Wahrnehmen, sensibilisieren, sich in jemand anderen hineinversetzen, Feedback bekommen.

Handlung

Jeweils zwei Personen bilden ein Team. Person A ist zunächst Beobachter, während Person B durch den Raum geht. A beobachtet ganz genau und aus verschiedenen Perspektiven, wie B sich bewegt, geht dann eine Weile hinterher, bis sie sich in der Lage fühlt, den Gang von B zu kopieren. Nun übernimmt B den Gang von A, und A guckt genau zu. Anschließend Wechsel.

Variationen

▶ In einem zweiten Schritt können die Partner gemeinsam Wunschgänge erarbeiten.

▶ Typenentwicklung: Übernommenen Gang analysieren, die markantesten Anteile übertreiben, dann schauen, welcher Typ sich herauskristallisiert.

▶ Dito, daraus einen Typ/eine Rolle entwickeln.

Regie-Hinweise

Wenn die TN sich gut kennen und die Seminarsituation es erlaubt, kann die Übung sehr intensiv gestaltet werden. Diejenige Person, die den Gang des anderen übernommen hat, gibt dann anschließend ein Feedback über die Wirkung, die aufgekommenen Wahrnehmungen und Gefühle, die mit dem Gang und der Art der Bewegungen verbunden sind. Eine experimentelle (Wunschgang-)Phase und ein vertiefendes Reflexionsgespräch zwischen den Partnern schließt sich an.

Auswertung

Je nach Einsatz sind folgende Fragen möglich:

▶ Wie wirkt dieser Gang/diese Bewegung auf mich? Welche Befindlichkeiten/Gefühle kommen hoch? (aus der Innen- und Außensicht)

▶ Was könnten Gang und Bewegungen mit Persönlichkeit, Führungsstil, ... zu tun haben?

▶ Was möchte ich verändern? Wie könnte das geschehen?

Gänge tauschen

Einsatzmöglichkeiten

Beispiele:

▶ Körpersprache-Feedback im Rahmen von Seminaren, in
  denen die Wirkung von Körpersprache eine Rolle spielt.

▶ Thematisierung von Selbst- und Fremdbild,
  z.B. im Train-the-Trainer.

▶ Hilfe zur Selbstreflexion, z.B. im Führungstraining.

Technische Hinweise

Gruppierung:	4 bis beliebig viele Personen
Material:	–
Dauer:	20 bis 30 Minuten
Vorbereitung:	keine

Setting
▶ alle im Raum,
  Kleingruppe präsentiert

Genre 4
▶ Auftreten, sich gekonnt
  präsentieren

Laberkönig

Auf Kommando Reden erfinden oder fortsetzen

Ziele

Spontaneität und Improvisation üben, Flexibilität und Kreativität fördern, vor der Gruppe sprechen, Auftrittssicherheit gewinnen, Präsenz zeigen, überzeugend improvisieren, gemeinsam Spaß haben.

Handlung

Die Gruppe sitzt im Halbkreis. An der offenen Seite stehen vier Stühle, auf denen vier Teilnehmende als Erzähler Platz nehmen. Das Publikum nennt irgendein Thema. Die SL zeigt auf einen der Redner, der sofort beginnt, zu dem Thema eine Rede zu halten. Nach kurzer Zeit deutet die SL auf einen anderen aus der Erzählergruppe. Dieser muss sofort lückenlos und sehr überzeugend weiterreden. Zögern oder Verlegenheitslaute sind nicht erlaubt. Gelingt ihm das nicht, hat dieser Erzähler „ausgelabert" und setzt sich wieder in den Kreis. Übrig bleibt der/die Laberkönig/in.

Variationen

1. Das Setting verändern: Alle stehen im Kreis und in der Kreismitte erzählt eine Person. Oder die Redner bekommen ein Rednerpult.

2. Statt Reden zu halten werden Geschichten erzählt oder Reime improvisiert.

3. Die Namen der im Kreis Sitzenden einbauen: Wird jemand mit Vor- oder Nachnamen genannt, muss diese Person beim nächsten Wechsel die entsprechende Person vorne ablösen.

4. TN, die ausgelabert haben, werden sofort durch neue Erzähler ersetzt.

Regie-Hinweise

Eine witziges Spiel, angelehnt an Übungen aus dem Improvisationstheater. Es lebt von Situationskomik und dem Improvisationstalent einzelner TN.

Auswertung

keine

Genre 4
▶ Auftreten, sich gekonnt
  präsentieren

Setting
▶ alle im Raum,
  Kleingruppe präsentiert

Laberkönig

Einsatzmöglichkeiten

Beispiele:

▶ Übung zur Improvisation, freien Rede und
  Überzeugungskraft im Redetraining.

▶ Vorübung zur Ideenfindung oder zur Einleitung
  einer kreativen Phase im Seminar.

▶ Seminarinhalte wiederholen im Fach- oder
  Verhaltenstraining.

Technische Hinweise

Gruppierung:	6 bis 20 Personen
Material:	–
Dauer:	10 bis 20 Minuten
Vorbereitung:	keine

Setting
▶ alle im Raum,
Einzelne präsentieren

Genre 4
▶ Auftreten, sich gekonnt
präsentieren

Lebendige Spiegel

Den Auftritt einer Person genau beobachten und anschließend spiegeln

Ziele

Beobachtung schärfen, körpersprachliches Feedback geben und bekommen.

Handlung

Alle schreiben ihre Namen auf eine Karte. Diese werden gesammelt und anschließend neu verteilt. Zieht jemand dabei den eigenen Namen, wird die Karte noch einmal ausgetauscht.

Alle sind nun bei dieser Übung einmal Spieler und einmal Beobachter der gezogenen Person.

▶ Anweisung für die Spieler/innen: *„Gehen Sie zum Bühnenmittelpunkt und warten Sie, bis alle aufmerksam sind. Sagen Sie dann folgenden Text: ‚Guten Tag! Mein Name ist... Ich bin hier, weil... Auf Wiedersehen!'"*

Danach folgt eine Verbeugung und die darstellende Person geht ab.

▶ Anweisung für die Beobachter/innen: *„Sobald die Person, deren Namen Sie zuvor gezogen haben, die Bühne betritt, richten Sie ihre Aufmerksamkeit auf dessen Körpersignale wie Haltung, Mimik, Gestik und Stimme.*

Nachdem der Auftritt mit der Verbeugung geendet hat, betreten Sie die Bühne und wiederholen so exakt wie möglich das Beobachtete und Gehörte."

Nacheinander absolvieren die Teilnehmenden ihre Auftritte auf der Bühne, bis alle einmal Spieler und einmal Beobachter waren.

Variationen

▶ Statt Namenskarten können Memorykarten verteilt werden.

▶ Der vorgegebene Text der Darsteller/innen kann (sollte) je nach Seminarthema und Gruppe variiert werden.

▶ Die spiegelnden Personen verraten nicht, wen sie spiegeln. Dies soll vom Publikum herausgefunden werden.

▶ Es können auch einzelne Körpersignale, z.B. **nur** die Stimme oder **nur** der Gang beobachtet werden.

Regie-Hinweise

Achten Sie auf Applaus nach jedem Auftritt.

Die Übung sorgt besonders dann für Spaß und gute Stimmung, wenn Teilnehmern wirklich treffende Spiegelungen

Genre 4
▶ Auftreten, sich gekonnt
  präsentieren

Setting
▶ alle im Raum,
  Einzelne präsentieren

Lebendige Spiegel

gelingen. Das können Sie unterstützen, indem Sie die Teilnehmer ermutigen, ihre Beobachtungen durch Übertreibung bei der Spiegelung zuzuspitzen.

Auswertung

Keine Auswertung! Lassen Sie die Übung einfach für sich stehen. Diese Übung gehört zu denen, deren Charakter durch zuviel „drüber reden" eher Schaden nimmt.

Einsatzmöglichkeiten

Beispiele:

▶ Darstellende Übung im Rahmen des (intensiveren) Kennenlernens in einem Mitarbeitertheater.

▶ Warming-up nach dem Mittagessen in einem Präsentations- oder Rhetorikseminar.

▶ Körpersprache-Feedback in einem Verkaufstraining.

Technische Hinweise

Gruppierung:	2 bis 16
Material:	Karten mit Namen
Dauer:	ca. ein bis zwei Minuten pro Paar (Spieler/in und Beobachter/in)
Vorbereitung:	keine

Setting
▶ alle im Raum, Einzelne oder
Kleingruppen präsentieren

Genre 4
▶ Auftreten, sich gekonnt
präsentieren

Spontan und genial

Aus dem Stehgreif reden

Ziele

Kreativität anregen, Spontaneität und Schlagfertigkeit fördern, Auftrittspräsenz entwickeln, vor der Gruppe sprechen, gemeinsam Spaß haben.

Handlung

Die SL bittet alle TN, auf einen Zettel je drei Begriffe aufzuschreiben, die nichts miteinander zu tun haben (z.B. Monarchie, Maulwurf, Versandtasche). Anschließend zieht jede Person einen der Zettel und hält spontan eine kurze Rede, in der alle drei Wörter vorkommen müssen.

Es können zusätzlich ...

▶ Rollen vorgegeben werden, aus denen heraus die Spontanreden gehalten werden sollen, z.B. Zoodirektor bei der Eröffnungsrede im Zoo, Angeber am Tresen etc.

▶ verschiedene Zielgruppen bestimmt werden, z.B. Kinder, Handwerker, Vorstände, eine Reisegruppe etc.

Variationen

▶ Die Spontanrede wird zu einem vorgegebenen Thema oder zu einem Sprichwort gehalten.

▶ Statt einer Rede werden spontan Sätze gebildet. Jedes Wort muss mit dem gleichen Buchstaben beginnen.

▶ Die Gruppe sitzt im Kreis. Jemand fängt einen Satz an, nimmt Blickkontakt zu einer anderen Person auf, woraufhin diese Person den Satz spontan beenden muss. Die Satzanfänge können vorgegeben werden oder von den TN ausgedacht sein.

Beispiele für vorgegebene Sätze:

– „Es gibt zwei Typen von Menschen ..."

– „Wenn es mir schlecht geht, dann ..."

– „Als Frau alleine in einer Kneipe zu sitzen bedeutet hier in Deutschland ..."

– „Wenn Sie in eine Zahnarztpraxis gehen, sollten Sie ..."

– Fehler machen ist ...

– „In Zugabteilen kann es passieren, dass ..."

– „Heute bin ich klüger, weil ..."

– „Jede Führungskraft hat ..."

Genre 4
▶ Auftreten, sich gekonnt
präsentieren

Setting
▶ alle im Raum, Einzelne oder
Kleingruppen präsentieren

Spontan und genial

- „Ein guter Rat, den ich mal erhalten habe ..."
- „Bei einer Reifenpanne sollten Sie als erstes ..."
- „Achten Sie im Kino immer darauf ..."
- „Lesen ist wichtig, weil ..."
- usw.

Regie-Hinweise

Sorgen Sie nach jedem Auftritt für den Applaus.

Satzanfänge am Thema orientieren. Die letzte Variante kann auch zum vertieften Kennenlernen eingesetzt werden.

Auswertung

keine

Einsatzmöglichkeiten

Beispiele:

▶ Übung zum Sprechen und zur Auftrittspräsenz im Rhetorikseminar.

▶ Übung zum kreativen Denken im Kreativitäts- oder Präsentationstraining.

▶ Letzte Variante: Methode zum vertiefenden Kennenlernen in jedem beliebigen Training.

Technische Hinweise

Gruppierung:	4 bis 15 Personen
Material:	Karten, Stifte
Dauer:	10 bis 20 Minuten
Vorbereitung:	keine

Setting
▶ alle im Raum,
Einzelne präsentieren

Genre 4
▶ Auftreten, sich gekonnt
präsentieren

Stolz auf ...

Eine Rede halten, dabei eine Selbstbekundungs-Botschaft vermitteln

Ziele

Reden und vortragen trainieren, für unterschiedliche Botschaften sensibilisieren, über Sprache und Körpersprache ins Gespräch kommen, Wahrnehmung und Beobachtung schärfen, Vier Seiten einer Nachricht (Schulz von Thun) erkennen und erleben.

Handlung

Jeder TN hat die Aufgabe, eine kurze Rede vorzubereiten. Jede Person bekommt dazu von der SL eine Notiz mit einem der nachfolgenden Zusatzaufträge. Während sie ihre kurze Rede hält, soll sie z.B. ...

▶ **stolz sein auf:** ...ihr wunderschönes Haar, ...seine breiten Bodybuilder-Schultern, ...die blitzenden Zähne, ...den wohlgeformten Busen, ...die schöne Stimme, ...

▶ **sich schämen für:** ...ihre rauen Hände, ...ihre unreine Haut, ...seine schlechten Zähne, ...das Loch in der Hose, ...die verschiedenen Socken, ...

▶ **furchtbar aufgeregt sein:** ...weil die Verwandtschaft im Saal sitzt, ...weil der neue Freund im Publikum sitzt, ...weil die Feuerwehrleute hinter der Bühne den

Brand löschen, ...weil die Bewerbung für den neuen Job von dieser Rede abhängt, ...

Nacheinander halten die Teilnehmenden ihre Vorträge und versuchen dabei, ihren Zusatzauftrag mit zu transportieren. Dies kann übertrieben oder auch sehr zurückhaltend geschehen. Die Zuschauenden beobachten aufmerksam und mutmaßen anschließend, wie der Auftrag wohl lautete.

Variationen

▶ Verschärfte Regeln einführen: z.B. darf die jeweilige Botschaft nicht mit den Händen betont werden bzw. nur angedeutet und nicht übertrieben dargestellt werden.

▶ Zusatzaufträge variieren.

Regie-Hinweise

Eine spannende, recht witzige Übung, an der sich so manches bisher nicht vermutete Talent zeigen kann.

Bei mehr als acht Personen Kleingruppen bilden, damit die Vorträge nicht zuviel Zeit in Anspruch nehmen. Wenn Sie die Übung abkürzen wollen, können Sie auch den

Genre 4
► Auftreten, sich gekonnt
   präsentieren

Setting
► alle im Raum,
   Einzelne präsentieren

Stolz auf ...

Redetext vorgeben – so fällt die Vorbereitungszeit weg. Dieses Vorgehen empfiehlt sich auch, wenn der Fokus der Übung nicht auf der Rede selbst, sondern mehr auf den unterschiedlichen Botschaften liegt.

Eventuell kann Video eingesetzt werden.

Auswertung

Je nach Einsatz, z.B.:

► Was wurde wahrgenommen? Wie lautete der Zusatzauftrag?

► Welche unterschiedlichen Botschaften waren erkennbar? (Nach den vier Seiten einer Nachricht von Schulz
   von Thun.)

Für die Auswertung können Sie ggf. Beobachtungsaufträge verteilen. Jeweils ein Beobachter achtet auf die Sach-
botschaft, einer auf die Beziehungsbotschaft, einer auf
den Appell, alle anderen auf die Selbstbekundung.

Einsatzmöglichkeiten

Beispiele:

► Übung im Rhetorik- oder Präsentationstraining
   (Kombination von Rede / Wahrnehmung und Beobachtung / Sensibilisierung für unterschiedliche Botschaften)

► Experimentieren, wahrnehmen und beobachten im Zusammenhang mit dem Vier-Ohren-Modell (Schulz von
   Thun) im Kommunikationsseminar.

► Übung zur Auseinandersetzung mit den Themen
   Sprache und Körpersprache.

Technische Hinweise

Gruppierung:	6 bis 20 Personen
Material:	Notizzettel mit Aufträgen
Dauer:	45 bis 90 Minuten (mit Redevorbereitung)
Vorbereitung:	Notizzettel vorbereiten

(frei nach Werner Müller: Spielmann, Clown, Theater-
macher. Donauwörth 1994, S. 120)

Setting
▶ alle im Raum,
Einzelne präsentieren

Genre 4
▶ Auftreten, sich gekonnt
präsentieren

Texte rezitieren

Texte aus einer Rolle und Situation heraus vortragen

Ziele

Kreativität anregen, Stimme und Tonfall variieren, Inhalt und Betonung trennen, mit Mimik, Gestik, Körperausdruck experimentieren, Auftritt einüben, Sicherheit gewinnen, Präsenz entwickeln.

Handlung

Jede Person bekommt einen kurzen Text und eine Anweisung, in welcher Rolle und/oder Situation der Text gelesen werden soll. Nach einer Vorbereitungszeit von ca. 5-15 Minuten werden die Texte nacheinander nach allen Regeln der Kunst, mit der entsprechenden Mimik und Gestik, im passenden Tonfall rezitiert. Nach jeder einzelnen Lesung rät zunächst das Publikum, welche Rollen- bzw. Situationsanweisung die vortragende Person wohl erhalten hat.

Mögliche Anweisungen:

Polizist beim Vorlesen der Rechte, Pfarrer beim Predigen von der Kanzel oder am Grab bei einer Beerdigung, Vater/Mutter beim Vorlesen der Gute-Nacht-Geschichte, Nachrichtensprecher/in bei der Tagesschau, Sportreporter/in bei der Fußballübertragung, Bürgermeister/in bei der Eröffnung der neuen Stadthalle, Politiker/in im Wahlkampf, Richter beim Verkünden des Urteils, Mafiaboss beim Erteilen eines Auftrags, Chef beim Diktat, Hauseltern beim Rezitieren der Hausordnung, Yogalehrer bei der Anleitung zu einer Meditation usw.

Variationen

▶ Es gibt keine Situationsanweisung. Der Text soll einfach seiner Bedeutung entsprechend vorgetragen werden.

▶ Jeweils mehrere Personen bekommen den gleichen Text, aber unterschiedliche Situationsanweisungen.

▶ Kleingruppen erhalten einen Text (z.B. einen Dialog aus einem Theaterstück) und geben ihm selbst eine Bedeutung, d.h. sie denken sich Rollen und eine Situation aus, die zum Text passen. Das ist auch dann sehr interessant, wenn mehrere Gruppen den gleichen Text bekommen.

Genre 4
▶ Auftreten, sich gekonnt
   präsentieren

Setting
▶ alle im Raum,
   Einzelne präsentieren

Texte rezitieren

Regie-Hinweise

Beim Texterezitieren (vor allem in der Reinform, siehe Variationen) werden die Darsteller auf sich selbst und die eigenen Ausdrucksmittel zurückgeworfen. Der „Auftritt", die Wirkung, die Ausdrucksfähigkeit und dabei die Stärken und Schwächen der Einzelnen lassen sich beobachten, auf Anforderungen in Berufssituationen übertragen und auswerten. Die Rückmeldungen geben Aufschluss über die Außenwirkung und -wahrnehmung und weisen auf individuelle Entwicklungsmöglichkeiten hin.

Geeignet sind je nach Einsatzform möglichst einfache Texte, Bedienungsanleitungen, Wegbeschreibungen, Gesetzestexte, Aphorismen, humorvolle Vierzeiler oder kurze Gedichte, Dialoge aus Theaterstücken.

Auswertung

Je nach Einsatz: Woran wurden die Rollen/Situationen erkannt? Woran werden Rollenzuschreibungen festgemacht? Was macht einen guten Vortrag aus? Wo lagen die Stärken des Vortragenden? Wo und wodurch wirkte er/sie überzeugend, wo und wodurch weniger? usw.

Einsatzmöglichkeiten

Beispiele:

▶ Ausdrucksübung, Feedback über die individuelle Wirkung, z.B. im Rhetorikseminar.

▶ Übung für den Auftritt – Mimik, Gestik, Stimme und Bewegung im Präsentationstraining.

▶ Vorübung für das Theaterspiel, z.B. beim Mitarbeitertheater.

Technische Hinweise

Gruppierung:	6 bis 15 Personen
Material:	Texte, Gedichte o.ä.
Dauer:	15 bis 30 Minuten
Vorbereitung:	Texte auswählen und kopieren

Setting
▶ alle im Raum,
Einzelne präsentieren

Genre 4
▶ Auftreten, sich gekonnt
präsentieren

Texte rezitieren

Beispieltext 1

Im Delikatessenladen *(Ernst Jandl)*

bitte geben Sie mir eine maiwiesenkonserve
etwas höher gelegen, aber nicht zu abschüssig
so, dass man darauf sitzen kann

nun, dann vielleicht eine schneehalde, tiefgekühlt
ohne wintersportler, eine fichte schön beschneit
kann dabeisein

auch nicht, bliebe noch – hasen, sehe ich,
haben sie da hängen
zwei, drei werden genügen, und natürlich einen jäger,
wo hängen denn die jäger?

Beispieltext 2

Vom Leben *(Robert Gernhardt)*

Dein Leben ist dir nur geliehn –
du sollst nicht daraus Vorteil ziehn.

Du sollst es ganz dem Andren weihn –
und der kannst nicht Du selber sein.

Der Andre, das bin ich, mein Lieber –
nu komm schon mit den Kohlen rüber.

Genre 4
▶ Auftreten, sich gekonnt
  präsentieren

Setting
▶ alle im Raum,
  Einzelne präsentieren

Texte rezitieren

Beispieltext 3

Gerd Fröbe und in seiner Nachfolge Werner Müller re-
zitieren Christian Morgensterns Gedicht „Das Huhn"
aus verschiedenen Rollen heraus. Sie rezitieren es als
Vortragskünstler um die Jahrhundertwende (zum 20.
Jahrhundert) und aus der Sicht eines hungrigen „Otto
Normalverbrauchers".

Das Huhn *(Christian Morgenstern)*

In der Bahnhofhalle, nicht für es gebaut,

geht ein Huhn hin und her ...

Wo, wo ist der Herr Stationsvorsteh'r?

Wird dem Huhn

man nichts tun?

Hoffen wir es! Sagen wir es laut:

dass ihm unsre Sympathie gehört,

selbst an dieser Stätte, wo es – „stört"!

Amelie Funcke: Vorstellbar

Was Sprache verrät

Worte ihrem Inhalt gemäß aussprechen und betonen

Ziele

Betont und gefühlvoll sprechen, Inhalte mitklingen lassen, lebendigen Ausdruck einüben.

Handlung

Jede/r TN bekommt eine Liste mit einigen Worten, Redewendungen, Sätzen oder ein Gedicht. Zunächst üben alle für sich, den Text zu sprechen. Er soll so klingen, dass das hörbar wird, was inhaltlich in den Worten steckt. Es ist ausdrücklich erwünscht, dabei maßlos zu übertreiben. Nach ca. 5-10 Minuten Übungszeit folgt die Präsentation. Nacheinander tragen alle ihre Liste zweimal vor: zunächst mit vollem Talent, voll ausspielend, was darin steckt, danach sehr monoton. Der Vortrag kann auf Video aufgenommen und anschließend ausgewertet werden.

Mögliche Worte, Redewendungen, Sätze:

Sein oder Nichtsein, Tragisches Schicksal, Quälende Pein, Verächtliches Lachen, Heiterkeit, Sonnenstrahlen, Wunderbarer Tag, Wonnegefühl, Du darfst!, Hart wie Kruppstahl, Zäh wie Leder, Hier stehe ich – ich kann nicht anders, Wunderbar ist eine Kuh mit Pferdehaar, Sie sind alle herzlich willkommen!, Etwas ist faul im Staate Dänemark! usw.

Gedichte (oder Teile daraus):

Aber wehe, wehe, wehe,
wenn ich auf das Ende sehe!   *(Wilhelm Busch)*

Ach, der Tugend schöne Werke,
gerne möcht ich sie erwischen.
Doch ich merke, doch ich merke,
immer kommt mir was dazwischen!   *(Wilhelm Busch)*

Was die Sprache verrät

Vier Silben – hämmernd, unmenschlich, kalt:
Großstadtasphalt

Drei schwebende, lebende Silben nur:
Waldesflur

Zwei Silben – forschend, bedeutungsvoll, froh:
Hallo

Einsilbig, hochfahrend, jählings und knapp:
Schrapp   *(Robert Gernhardt)*

Genre 4
▶ Auftreten, sich gekonnt
präsentieren

Setting
▶ alle im Raum,
Einzelne präsentieren

Was Sprache verrät

Variationen

keine

Regie-Hinweise

Sind die Worte oder Texte erst einmal übertrieben lebendig vorgetragen worden, fällt der monotone Vortrag anschließend schwer.

Auswertung

Interessant: Videoaufnahme und -auswertung.

Einsatzmöglichkeiten

▶ Übung zu Stimme, Tonfall und zum lebendigen Sprachausdruck im Rhetorik- oder Präsentationstraining.

Technische Hinweise

Gruppierung:	2 bis 12 Personen
Material:	Texte
Dauer:	10 bis 20 Minuten
Vorbereitung:	keine

Genre 5

Überzeugend klingen – Atem und Stimme einsetzen

Setting
▶ jede/r für sich im Raum
oder im Kreis

Genre 5
▶ Überzeugend klingen

Atmen im Stehen

Sich in verschiedener Weise auf das Atmen konzentrieren

Ziele

Wahrnehmung für Vorgänge im Körper schärfen, den eigenen Atem spüren, das Steuern der Atmung üben.

Handlung

Alle stehen im Kreis oder suchen sich einen Platz im Raum. Die Beine stehen hüftbreit auseinander fest auf dem Boden, die Augen werden geschlossen.

▶ Eine Hand liegt oberhalb, die andere unterhalb des Bauchnabels. Beim Atmen hebt und senkt sich der Bauch, die Hände machen die Bewegung mit. Der Atem kommt und geht durch Nase und Mund.

▶ Der Atem wird durch Handauflegen in anderen Regionen erspürt (Nieren, Brust, Becken, Beine, Rücken ...)

Variationen

▶ Nach einer Weile können in das Ausatmen hinein Laute gesprochen werden.

Regie-Hinweise

▶ Das Stillstehen gelingt nicht, weil man mit dem Atmen hin- und herschwankt.

▶ Die Fähigkeit, den Atem in verschiedene Körperregionen zu lenken, ist eine Voraussetzung dafür, die Atmung als Entspannungstechnik einzusetzen.

▶ Vermutlich werden Ihnen bei dieser Übung immer wieder Menschen begegnen, denen es äußerst schwer fällt, den Atem zu lenken. Es gelingt ihnen schon nicht, in den Bauch bzw. das Zwerchfell zu atmen. Diese Fähigkeit, die jedes Baby beherrscht, wurde förmlich „verlernt". Ursachen können z.B. viele sitzende Tätigkeiten und ständige (innere) Anspannung sein. Geatmet wird zu weit oberhalb, im Brustbereich. Diese Teilnehmer können Sie durch eine Körperstellung unterstützen, bei der eine Brustatmung nur unter äußerster Anstrengung möglich ist: Der Teilnehmer sitzt auf dem Stuhl (die Füße stehen auf dem Boden) und beugt seinen Oberkörper nach vorne auf die Oberschenkel – Kopf und Arme hängen dabei entspannt herunter.

Atmen im Stehen

▶ In Gruppen, die Körperarbeit nicht gewohnt sind, kann diese Übung schon befremdlich wirken. Ein Kreis-Setting, bei dem alle sich sehen können, verstärkt dieses Gefühl. Bilden Sie in diesem Fall einen Kreis, bei dem alle nach außen gucken, oder lassen Sie die Teilnehmenden einen eigenen Platz im Raum wählen.

Auswertung

Nach den Erfahrungen fragen.

Einsatzmöglichkeiten

Umgang mit Lampenfieber und Stressbewältigung vor Redeauftritten oder Präsentationen.

Technische Hinweise

Gruppierung:	2 bis unendlich, je nach Platz
Material:	–
Dauer:	5 bis 20 Minuten
Vorbereitung:	Platz schaffen im Raum

Aus der Zeitung lesen

In angesagten Stimmungen laut aus der Zeitung vorlesen

Ziele

Stimme und Tonfall variieren, mit Körperausdruck experimentieren, Zusammenhang von Stimme und Haltung erleben.

Handlung

Alle gehen langsam umher und lesen dabei aus der Zeitung. Die Spielleitung sagt Stimmungen an, die TN greifen diese auf und lesen entsprechend weiter.

Mögliche Stimmungen: nervös, wütend, gewöhnlich, zärtlich, zackig, vornehm, sehr zerstreut, weinerlich, ironisch, stolz, zurückhaltend/schüchtern, müde, genervt, verzweifelt, hektisch, beleidigend, beleidigt, fragend, besorgt, gütig, verliebt, hasserfüllt, interessiert, schmeichelnd, rätselnd, ahnungsvoll, belehrend, beruhigend etc.

Variationen

▶ Statt Stimmungen Berufe ansagen, z.B. Richterin, Pfarrer, Nachtwächter, Manager, Hebamme, Ärztin, Polizist, Lehrerin, Räuber, ...

▶ Statt aus der Zeitung aus Büchern, aus den Unternehmensleitlinien, Gesetzestexten, Bedienungsanleitungen oder in einer fremden Sprache vorlesen.

▶ Statt eines Textes einen Satz oder ein Sprichwort sagen.

▶ TN einzeln aus der Zeitung vortragen lassen. Dazu bekommt jeder TN eine Anweisung, wie vorgelesen werden soll. Die Zuhörenden raten.

Regie-Hinweise

Durch das große Durcheinanderreden entsteht richtig Action. Die Übung bringt Stimmung, ist aber anstrengend. Nach ca. 5 Minuten abbrechen.

Aus der Zeitung lesen

Auswertung

Erfahrungen erfragen: Wie hängen Haltung und Stimme zusammen?

Einsatzmöglichkeiten

Beispiele:

► Ausdruckstraining, lebendiger Sprachausdruck, z.B. im Körpersprache-, Rhetorik- oder Präsentationsseminar.

► Leseübung im Fremdsprachentraining.

► Vorbereitung auf ein Mitarbeitertheater.

Technische Hinweise

Gruppierung:	eine bis 30 Personen
Material:	pro Person ein Text
Dauer:	ca. 5 Minuten ohne Auswertung
Vorbereitung:	Liste mit Stimmungen vorbereiten

Der Ton macht die Musik

Einen kurzen Satz variieren

Ziele

Mit Stimme und Tonfall experimentieren, Variationsmöglichkeiten erleben, wahrnehmen und beobachten.

Handlung

Die SL hat Karten mit kurzen Sätzen vorbereitet. Es werden Paare gebildet. Jedes Team bekommt einen Satz und die Aufgabe, sich drei verschiedene Situationen auszudenken, in denen dieser Satz gesagt werden könnte. Dazu sind 5-10 Minuten Zeit. Anschließend spielt jede Zweiergruppe ihre Szenen ohne genaue Information zu Ort und Situation vor. Das Publikum beobachtet genau und teilt dann mit, was gesehen, gehört und wahrgenommen wurde.

Beispiel: Der Satz „Lass mich das mal ansehen!"

▶ **erschrocken:** Mutter zum Kind, das sich am Knie verletzt hat.

▶ **ungehalten:** Frau will sich im Museum in Ruhe ein Bild ansehen, während ihr Mann zum Gehen drängt.

▶ **neugierig:** beim Auspacken eines Geschenkes.

Variationen

▶ Die Zuschauenden machen die Augen zu und schließen nur vom Gehörten auf die Situation.

Regie-Hinweise

Eine interessante, häufig heitere Übung, mit der sich eindrucksvoll erleben lässt, wie unterschiedlich ein Satz bei gleicher Wortwahl gehört werden – und auch gemeint sein kann. Es empfiehlt sich, einfache Aussagen auszuwählen. Die Akzeptanz der Übung bei den Teilnehmenden ist gut, wenn Sie (wenigstens einige) der Aussagen an das Seminarthema oder die -situation anpassen.

Mögliche Sätze:

▶ „Das ist ja typisch."

▶ „Ich bin drin!"

▶ „Das kann man so oder so sehen."

▶ „Kommen Sie doch mal her."

▶ „Wie spät ist es?"

▶ „Hast Du alles?"

▶ „Herzlichen Glückwunsch!" usw.

Der Ton macht die Musik

Auswertung

Anschließen könnte sich ein Gespräch über die Wirkfaktoren Tonfall und Stimme in Kommunikationssituationen im Vergleich zum eigentlichen Redetext.

Einsatzmöglichkeiten

Beispiele:

▶ Heiterer Einstieg zum Thema „Stimme und Tonfall", z.B. im Telefontraining, bei der Teamentwicklung, im Konfliktmanagement oder im Gesprächsführungsseminar.

▶ Ausdrucksübung, z.B. im Rhetorik- oder Präsentationstraining.

▶ Übung im Fremdsprachentraining.

Technische Hinweise

Gruppierung:	6 bis 12 Personen
Material:	Karten mit kurzen Sätzen
Dauer:	20 bis 45 Minuten
Vorbereitung:	Karten mit Sätzen vorbereiten

Setting
► jede/r für sich im Raum
   oder im Kreis

Genre 5
► Überzeugend klingen

Hast Du Töne

Durch Verändern der Kopfhaltung die Tonqualität ändern

Ziele

Zusammenhang von Haltung und Stimme erkennen und wahrnehmen, mit der Stimme experimentieren, die Stimme trainieren.

Handlung

Alle suchen sich einen eigenen Platz im Raum oder es wird ein Kreis gebildet. Die Teilnehmenden stellen sich bequem hin, atmen ein, legen den Kopf ganz in den Nacken und halten in mittlerer Stimmhöhe den Vokal „O" ausatmend eine Weile aus. Während der Ton klingt, senken alle langsam das Kinn, bis es das Brustbein berührt. Dann neu einatmen und in umgekehrter Reihenfolge zurück. Nach mehrmaligem Üben hat man die Mittelposition, in der der Ton am besten klingt, gefunden.

Variationen

Die Übung kann noch gesteigert werden. Dazu den Kopf in den Nacken legen, das „O" erklingen lassen und langsam das Kinn senken. In der Mittelposition mit der rechten Hand die Nackensehne greifen und (imaginär) langsam nach oben ziehen. Die Qualität des Tons wird noch besser.

Regie-Hinweise

Die Änderung der Tonqualität ist hörbar. Der beste Klang wird in der Mittelposition erreicht.

Nicht nur die jeweilige Position des Kehlkopfs beeinflusst die Tonqualität, sondern auch die damit verbundene Veränderung des ganzen Raumes, in welchem die Luft während des Tönens schwingt.

Bei Stimmübungen gibt es für Teilnehmende häufig eine Hemmschwelle zu überwinden. In solchen Fällen hilft ein individueller Platz im Raum, an dem der Blickkontakt mit anderen Teilnehmenden vermieden werden kann. Einen ähnlichen Effekt erzielen Sie, wenn sich die Teilnehmenden, im Kreis stehend, mit dem Gesicht nach außen drehen. Wichtig sind auch ein gemeinsamer Beginn und ein gemeinsames Ende. Wenn alle gleichzeitig ihre Stimme tönen lassen, ist es nicht mehr peinlich, im Gegenteil, sogar recht beeindruckend.

Auswertung

Die Erfahrungen mit dem Klang in den verschiedenen Kopfstellungen auswerten.

Genre 5
▶ Überzeugend klingen

Setting
▶ jede/r für sich im Raum
oder im Kreis

Hast Du Töne

Einsatzmöglichkeiten

▶ Stimmtraining im Zusammenhang mit Rhetorik- oder Präsentationstrainings.

▶ Vorbereitung auf einen Bühnenauftritt, eine Veranstaltungsmoderation, einen Vortrag o.ä.

Technische Hinweise

Gruppierung:	Eine bis beliebig viele Personen
Material:	–
Dauer:	5 bis 10 Minuten
Vorbereitung:	keine

Kerze ausblasen

Unterschiedliche Spannungszustände beim Atmen kennen lernen

Ziele

Atmung spüren und einsetzen, das Steuern der Atmung üben, Körperwahrnehmung schärfen, Stimme trainieren.

Handlung

Die Gruppe steht im Kreis. Alle nehmen die Grundstellung ein, das heißt, jede/r steht gerade und fest auf dem Boden. Die Knie sind leicht entspannt, die Füße hüftbreit auseinander. Die Atemübung wird nach Anleitung der SL in verschiedenen Schritten durchgeführt:

► **Schritt 1:** Die Teilnehmenden lassen die Atmung einige Male geschehen. Die Luft soll dabei von selbst und natürlich durch die Nase kommen und gehen. Dabei achten sie auf das Fließen der Luft durch den Körper.

► **Schritt 2:** Nun die Einatmung kommen lassen und normal ausatmen, aber auf „ffff". Der Atem wird dabei gegen den Widerstand an der Lippenenge, der vorderen Artikulationszone, geführt.

► **Schritt 3:** Sich vorstellen, dass sich in etwa einem Meter Entfernung eine brennende Kerze befindet. Die Einatmung geschehen lassen und den Atem so heraus blasen, als wollte man die Kerze auslöschen.

Variationen

keine

Regie-Hinweise

Bei der Übung sollten sich verschiedene begleitende Empfindungen wahrnehmen lassen: Im ersten Übungsschritt eine „Ruhespannung", im zweiten eine Spannung in den Lippen und in der Magengrube und im dritten Atemdruck und Lippenspannung.

Die Übung ist dann richtig ausgeführt, wenn das Ausblasen der Kerze aus dem Bereich der „Atemmittellage" kommt, wenn also dafür nicht extra Luft geholt wird.

Auswertung

Nach den Erfahrungen und begleitenden Empfindungen fragen.

Genre 5
▶ Überzeugend klingen

Setting
▶ jede/r für sich im Raum
oder im Kreis

Kerze ausblasen

Einsatzmöglichkeiten

▶ Atem- und Stimmtraining in Seminaren, in denen es
auch um den Einsatz von Stimme geht, z.B. im Rheto-
rik-, Moderations- oder Präsentationstraining.

▶ Vorbereitung auf das Theaterspiel, z.B. beim Mitarbeitertheater.

Technische Hinweise

Gruppierung:	eine bis beliebig viele Personen
Material:	–
Dauer:	10 Minuten
Vorbereitung:	keine

Kirschkern spucken

Imaginäre Kirschen essen, Kerne ausspucken

Ziele

Zwerchfell spüren und stärken, Kreativität anregen, spontan handeln, gemeinsam Spaß haben.

Handlung

Jeweils zwei Personen bilden ein Team. Die SL verteilt an alle TN (imaginäre) Kirschen. Die Paare stellen sich nun jeweils im Abstand von ca. 3-4 Metern gegenüber auf, verspeisen genüsslich ihre Kirschen und spucken dann die Kerne im hohen Bogen in Richtung des Partners aus. Um diese Handlung herum improvisieren die Paare ein pantomimisches Spiel.

Variationen

▶ Es wird ein Wettspucken, z.B. ein Weitspucken inszeniert.

▶ Die Paare bekommen die Aufgabe, ausgehend vom Kirschkernspucken, eine kleine pantomimische Szene zu entwickeln.

Regie-Hinweise

Eine gute Übung für die Stimme, denn beim Kirschkernspucken wird das Zwerchfell aktiviert und gestärkt.

Auswertung

keine

Einsatzmöglichkeiten

Beispiele:

▶ Übung im Rahmen eines Stimmtrainings im Rhetorik- oder Präsentationstraining.

▶ Vorbereitung auf das Theaterspiel.

Technische Hinweise

Gruppierung:	beliebig viele Personen
Material:	–
Dauer:	5 bis 20 Minuten
Vorbereitung:	keine

Setting
▶ jede/r für sich im Raum
oder im Kreis

Genre 5
▶ Überzeugend klingen

Korkensprechen

Mit einem Korken im Mund einen Text lesen

Ziele

Aussprache verbessern, deutliche, klare, prägnante
Artikulation einüben.

Handlung

Alle Teilnehmenden erhalten einen Korken (Wein- oder
Sektkorken, aus echtem Kork) und einen Text. Der Korken
wird längs zwischen die Zähne gesteckt. Dann bewegen
sich alle durcheinander durch den Raum und lesen dabei
laut ihren Text. Nach ca. fünf Minuten wird ohne Korken
weiter gesprochen.

Variationen

▶ „Meine Oma ist krank": Mit dem Korken im Mund lässt
sich mit ähnlichen Effekten auch ein altes Party-Spiel
spielen: Die Gruppe (hier: höchstens 10 Personen) sitzt
im Kreis, alle haben ihren Korken im Mund. Person A
beginnt und sagt zum rechten Nachbarn (B): „Meine

Oma ist krank." B fragt zurück: „Was hat sie denn?"
A nennt irgendeine Krankheit oder ein Wehwehchen.
Nun sagt B zu seiner rechten Nachbarin C: „Meine Oma
ist krank!" C fragt zurück: „Was hat sie denn?" B: „..."
Nun C zu D usw., bis die Runde abgeschlossen ist.

Regie-Hinweise

Eine sehr lustige Übung, die immer mit großer Heiterkeit
verbunden ist. Das Sprechen mit dem Korken ist so anstrengend, dass es sehr erleichternd ist, wenn der Korken
schließlich wieder aus dem Mund genommen werden darf.
Beim Weitersprechen ohne Korken fällt die deutliche, prägnante Artikulation plötzlich sehr leicht.

Es empfiehlt sich auf jeden Fall, die Textauswahl an die
Seminarsituation anzupassen. Besonders wichtige oder
dramatische Texte verstärken den heiteren Effekt.

Auswertung

Fragen Sie nach den Erfahrungen und nach dem Sprechge-
fühl nach Entfernung des Korkens.

Genre 5
▶ Überzeugend klingen

Setting
▶ jede/r für sich im Raum
   oder im Kreis

Korkensprechen

Einsatzmöglichkeiten

▶ Übung (und Anwendungstipp) zur deutlichen Artikulation, z.B. im Train-the-Trainer-, Rhetorik- oder Präsentationstraining.

▶ Heitere Übung im Fremdsprachentraining.

Technische Hinweise

Gruppierung:	4 bis beliebig viele Personen
Material:	pro Person ein (echter) Korken und ein Text
Dauer:	5 bis 10 Minuten
Vorbereitung:	Korken sammeln, Text auswählen

Lassoschwung

Durch rhythmisches Schwingen Tonerzeugung unterstützen

Ziele

Stimmerzeugung ganzheitlich spüren, Zusammenhang zwischen Stimme, Muskulatur und rhythmischer Bewegung erleben.

Handlung

Jeder Teilnehmer bekommt ein Seil und formt damit eine Lassoschlinge von mindestens ein Meter Länge. Nun sucht sich jede Person einen freien Platz im Raum und versucht konzentriert und für sich die folgende Übung:

Der rechte Arm schwingt auf ein imaginäres Ziel gerichtet vorne über dem Kopf ein Lasso, begleitet von Hoo-Hoo-Rufen. Nun kommt als Gegenbewegung zum rechten Arm der linke schwingend hinzu, bis er sich natürlich in den Rhythmus eingefügt hat. Dann wird auch noch das linke Bein, synchron zum linken Arm, in die Bewegung einbezogen. Das rechte Standbein wippt im Kniegelenk mit. Dabei sollte die Lassoschlinge nicht zu leicht und mindestens einen Meter lang sein.

Variationen

keine

Regie-Hinweise

Eine Übung, die vom Rhythmus her „zwingend" ist. Das rhythmische Schwingen mit Ton gibt der Stimme bei ausbalanciertem Körper mit jedem Teilschritt mehr Raum und Entfaltung.

Atmung, Stimme und Klangbildung werden von Muskelsystemen, die untereinander verbunden und voneinander abhängig sind, unterstützt. Die Übung hilft, diese Zusammenhänge zu erleben. Für die meisten Menschen ist es einfacher, unterschiedliche Spannungen der Muskulatur zu spüren, als die Stimme zu kontrollieren.

Die Übung fordert Mut, wird von Lockerheit und etwas Übermut begünstigt. Sie eignet sich deshalb keinesfalls für Anfangssituationen, in denen die Scheu der Teilnehmenden voreinander noch groß ist und sich niemand traut „Hoo, hoo" zu rufen. Einfacher ist es, wenn bereits eine vertrauensvolle Atmosphäre aufgebaut wurde, und wenn der Übung eine spielerische Aktion direkt vorausgeht, in der gelacht und die Stimme schon laut eingesetzt wird.

Lassoschwung

Auswertung

Nach den Erfahrungen und begleitenden Empfindungen fragen.

Einsatzmöglichkeiten

▶ Atem- und Stimmtraining in Seminaren, in denen es auch um den Einsatz von Körper und Stimme geht, z.B. im Rhetorik-, Moderations- oder Präsentationstraining.

▶ Vorbereitung auf das Theaterspiel, z.B. beim Mitarbeitertheater.

Technische Hinweise

Gruppierung:	eine bis beliebig viele Personen
Material:	je TN ein Seil von ca. 2 m Länge
Dauer:	5 Minuten
Vorbereitung:	keine

Muoai

Im Chor eine Ton- und Bewegungsfolge ausführen

Ziele

Stimme und Klangfülle erleben, Sinneserfahrung.

Handlung

Die Teilnehmenden stehen nicht zu eng im Raum. Jede/r braucht etwas Platz um sich herum. Die SL steht vor der Gruppe und macht die Bewegungs- und Tonfolge einmal vor:

▶ Mit tiefer Stimme „Muuuu", dabei einen weiten Ausfallschritt zur rechten Seite machen, tief in die Knie gehen, die Arme weit ausbreiten.

▶ Fließender Übergang zum „Oooo", dabei das Bein und die Arme langsam wieder heranziehen.

▶ Fließender Übergang zum „Aaaa", dabei etwas aufrichten, Arme langsam wieder zusammenführen.

▶ Fließender Übergang zum „Iiiiiii", sich dabei strecken, immer größer und enger werden.

▶ Die ganze Übung wird sehr fließend – aus einem Guss – durchgeführt.

Variationen

keine

Regie-Hinweise

In einer größeren Gruppe durchgeführt, ist die Übung ein tolles Erlebnis, denn es entsteht ein sehr schöner, voller Klang.

Auswertung

keine

Einsatzmöglichkeiten

Beispiele:

▶ Stimm- und Atemübung im Rhetorik- oder Präsentationstraining.

▶ Ausgefallenes Gruppenerlebnis in einem großen Team.

Muoai

Technische Hinweise

Gruppierung:	6 bis beliebig viele Personen
Material:	–
Dauer:	5 Minuten
Vorbereitung:	keine

Stimme und Position

Die Stimme in verschiedenen Körperpositionen ausprobieren

Ziele

Verschiedene Tonqualitäten und deren Abhängigkeit von der Körperposition erkennen und erleben.

Handlung

Jede/r denkt sich einen Testsatz aus, z.B.: „Es möcht' kein Hund so länger leben." Dieser Satz soll dreimal hintereinander in unterschiedlichen Positionen gesprochen werden:

▶ liegend auf einem Tisch,

▶ aufgerichtet auf dem Tisch sitzend, mit herunterbaumelnden Beinen,

▶ stehend vor dem Tisch.

Nacheinander führt jede/r diese Übung durch.

Variationen

▶ Ein Teilnehmer führt diese Übung aus, während alle anderen die Augen schließen. Die drei Positionen werden in beliebiger Folge nacheinander eingenommen, der Testsatz jeweils gesprochen. Das Publikum hört genau hin und mutmaßt anschließend, in welcher Reihenfolge dies geschehen ist. Kurze Reflexion und Auflösung. Der nächste Teilnehmer fährt fort usw.

Regie-Hinweise

In jeder Position hört und spürt man sich anders. Die Tonqualität wird vom Liegen über das Sitzen zum Stehen wesentlich verbessert.

Auswertung

Nach den Körperwahrnehmungen und Erfahrungen fragen. Tonqualitäten in Selbst- und Fremdwahrnehmung vergleichen.

Stimme und Position

Einsatzmöglichkeiten

Beispiele:

▶ Sprechübung im Rhetorikseminar oder Train-the-Trainer.

▶ Übung zur Vorbereitung auf eine Präsentation, eine Rede, ein Mitarbeitertheater ...

Technische Hinweise

Gruppierung:	2 bis 12 Personen
Material:	Tisch/e
Dauer:	5 bis 20 Minuten
Vorbereitung:	keine

Amelie Funcke: Vorstellbar

Zungenbrecher

Durch schwierige Texte Aussprache üben

Ziele

Konzentrieren, Aussprache verbessern, deutliche, klare, prägnante Artikulation trainieren, gut und klar betonen.

Handlung

Die unten stehenden Zungenbrecher gilt es möglichst schnell und fehlerfrei zu sprechen. Sie können im Plenum nacheinander gesprochen oder auch in Kleingruppen geübt werden.

Beispiele:

► Paul packt pausenlos packende Picknickpakete.

► Der dumme Dackel düst daher, doch dummerweise ist da Teer.

► Wir Waschweiber würden weiße Wäsche waschen, wenn wir wüssten, wo warmes Wasser wär'.

► Zwanzig Zwerge zeigen Handstand, zehn am Sandstrand, zehn am Wandschrank.

► Der Cottbusser Postkutscher putzt den Cottbusser Postkutschkasten.

► Blaukraut bleibt Blaukraut, Brautkleid bleibt Brautkleid.

► Fiesling Fietje frittiert frische Fritten fantastisch falsch.

► Fischer's Fritz fischt frische Fische, frische Fische fischt Fischer's Fritz.

► Fetter Speck schmeckt der Schnecke schlecht, schlecht schmeckt der Schnecke fetter Speck.

► Vor dem Scheibenschieß-Schützenhaus schätzen Schützen Schießdistanzen.

► Wer nichts weiß und weiß, dass er nichts weiß, weiß viel mehr als der, der nichts weiß und nicht weiß, dass er nichts weiß.

► Große Staubschutzmaskensets sind Schutzsets mit Großstaubmasken zum Schmutzschutz.

► Junge, jausige Jodlerjungen jodeln jaulende Jodel-Jauchzer.

► Keine kleinen Kinder können Kirschkerne knacken, keine Kirschkerne können kleine Kinder knacken.

► Es klapperte die Klapperschlang, bis ihre Klapper schlapper klang.

► Bietet Brunhilde berauschende Brüste, buhlt Bruno brünstig beim Balle.

► Mischwasserfischer heißen Mischwasserfischer, weil sie im Mischwasser Mischwasserfische fischen.

Zungenbrecher

▶ Wenn der Benz bremst, brennt das blendende Benz-Bremslicht.

▶ Flößers Vroni flog frohlockend vom frostigen Floß.

Variationen

▶ Kleingruppen bereiten kreative Sprechszenen vor. Dazu bekommen die Teams 3-5 Zungenbrecher zugeteilt und die Aufgabe, eine kleine, rhythmische und/oder kreative Performance vorzubereiten. Diese werden nacheinander präsentiert.

▶ Die Zungenbrecher unterschiedlich betont sprechen.

▶ Querverweis: Holladrihiholladriho (siehe S. 35)

Regie-Hinweise

Den meisten Menschen sind die oben stehenden Sätze schon aus ihrer Kindheit bekannt. Vielleicht fordern sie sogar aktuell ihre Kinder damit heraus. Manchmal stößt man auf erstaunliche Talente, was wahrscheinlich auf viel Übung zurückzuführen ist. Und immer wieder kann der ein oder andere auch noch einen schönen weiteren Zungenbrecher beisteuern...

Auswertung

keine

Einsatzmöglichkeiten

Beispiele:

▶ Übung für deutliche, klare und prägnante Aussprache im Redetraining.

▶ Heiteres Warming-up als Auftakt, z.B. zum Thema Verständlichkeit im Kommunikationsseminar.

Technische Hinweise

Gruppierung:	2 bis 20 Personen
Material:	Zungenbrecher auf Karten
Dauer:	10 bis 30 Minuten (je nach Variante)
Vorbereitung:	Karten mit Zungenbrecher vorbereiten

Genre 6

Spontan reden und handeln – Intuition und Schlagfertigkeit fördern

Bewegung fortsetzen

Jemand macht stumm eine kurze Handlung vor, jemand anders setzt sie fort

Ziele

Beobachtung schärfen, sich einfühlen, spontanes Handeln einüben, Kreativität trainieren, mit Körperausdruck experimentieren, gemeinsam Spaß haben.

Handlung

Es werden Paare gebildet, die sich im Raum verteilt jeweils gegenüber auf Stühle setzen. Person A denkt sich spontan eine kurze, pantomimische Handlung aus, z.B. ein Glas aufmachen. Sie macht diese Bewegung vor. Person B sieht genau hin und setzt die Handlung fort, z.B. nimmt sie sich ein Bonbon aus dem Glas und packt es genüsslich aus. Nun liegt es an A, entweder die Geschichte fortzusetzen oder etwas Neues anzufangen. Auf diese Weise wechseln sich die beiden Partner immer wieder mit kurzen, sich ergänzenden und fortsetzenden Handlungen ab.

Variationen

▶ A beginnt eine alltägliche Bewegung, z.B. ein Fenster aufmachen. B macht mit einer unerwarteten Handlung weiter, nimmt z.B. das Fenster und faltet es zusammen. Daraus können sehr widersprüchliche, absurde Geschichten entstehen, die zum Erfinden verrückter Szenen beitragen.

▶ Entstandene Geschichten oder besonders sehenswerte Teile daraus können anschließend präsentiert werden.

▶ Die Handlungen werden mit Geräuschen kombiniert.

▶ Nicht die Paare wechseln sich ab, sondern die Handlung wird der Reihe nach von Person zu Person im Kreis fortgesetzt (geeignet bei 4-8 Personen).

Regie-Hinweise

▶ Die Übung nicht zu schnell abbrechen, denn manche Paare brauchen etwas mehr Zeit, um in einen Spielfluss hineinzukommen.

Auswertung

Je nach Einsatz:

▶ keine

▶ die Erfahrungen erfragen, zusammentragen, ggf. auf das Thema beziehen, übersetzen und auswerten.

Bewegung fortsetzen

Einsatzmöglichkeiten

Beispiele:

▶ Nonverbales Zusammenspiel; aufeinander eingehen und einfühlen, z.B. in der Teamentwicklung oder im Gesprächsführungsseminar.

▶ Spontaneität, Imagination und Improvisation fördern, z.B. in einem Kreativitätsseminar.

▶ Warming-up, erneute Konzentration oder Motivierung nach einer Pause in jeder beliebigen Veranstaltung.

▶ Einstimmung auf ein Rollenspiel oder einen Bühnenauftritt.

▶ Vorbereitung auf die Szenenentwicklung.

Technische Hinweise

Gruppierung:	2 bis beliebig viele Personen, Paare
Material:	pro Person ein Stuhl
Dauer:	10 bis 15 Minuten
Vorbereitung:	keine

Filmmusik raten und spielen

Musik erkennen und spontan Rolle übernehmen

Ziele

Gemeinsam Spaß haben, locker werden, Spielfreude fördern, kreative Atmosphäre schaffen.

Handlung

Alle gehen für sich durch den Raum. Die Spielleitung spielt eine (sehr bekannte) Filmmusik. Wer die Musik erkennt, beginnt sofort, sich entsprechend zu bewegen oder eine Person zu spielen, die in dem Film vorkommt. Es darf nicht gesprochen werden. Teilnehmer, die die Musik nicht direkt einordnen können, orientieren sich an den anderen. Nach ca. 1-3 Minuten, je nach Gefühl der SL und Spielfreude der Gruppe, löst die SL das Rätsel auf und spielt die nächste Filmmusik. Sofort werden neue Rollen übernommen usw. Nach ca. 6-10 Musikwechseln ist ein guter Zeitpunkt, die Übung zu beenden.

Variationen

▶ Zur Musik wird spontan gemeinsam eine kleine Szene improvisiert (s. Simultantheater, S. 173).

▶ Als Gruppenwettspiel/Theatersport gestalten. Die Gruppe, die als erstes durch ihr Spiel überzeugend darlegt, dass sie die Musik erkannt hat, oder die als erstes eine originelle Szene aus dem Film präsentieren kann, bekommt einen Punkt.

Regie-Hinweise

Ein großer Raum mit freier Spielfläche wird gebraucht. Sie können ein solches Spiel als Warming-up in jedem Training einsetzen, wenn Sie es pfiffig anmoderieren – z.B. als kleinen Einblick in das (verpasste) Fernsehprogramm von gestern Abend.

Auswertung

keine

Filmmusik raten und spielen

Einsatzmöglichkeiten

Beispiele:

▶ Auflockerung nach einer Pause.

▶ Übung zum spontanen Handeln, z.B. im Kreativitäts-training.

▶ Vorbereitung/Vorübung zum Mitarbeitertheater.

Technische Hinweise

Gruppierung:	6 bis beliebig viele Personen
Material:	Musikanlage, Zusammenschnitt von bekannten Filmmusiken*
Dauer:	10 bis 20 Minuten
Vorbereitung:	Musik vorbereiten

* **Wichtiger Hinweis!** Um sicherzustellen, dass Sie kein Copyright verletzen, wenn Sie ein bestimmtes Stück im Training spielen (= öffentliche resp. gewerbliche Nutzung!), holen Sie sich vorher unbedingt eine Genehmigung ein. Details dazu erläutert Ihnen die Gesellschaft für musikalische Aufführungs- und mechanische Vervielfältigungsrechte (GEMA): www.gema.de.

Improvisieren in der Schillerstraße

Spontan und aus dem Stehgreif eine Handlung entwickeln

Ziele

Flexibilität und Spontaneität fördern, Kreativität anregen, Spielfreude entwickeln, gemeinsam Spaß haben.

Handlung

Es werden Gruppen à 2-4 Personen gebildet. Jedes Team denkt sich ein Thema oder eine Situation aus, schreibt diese auf eine Karte und gibt sie an eine andere Gruppe weiter. Nun haben alle Teams 2-3 Minuten Zeit, sich zu ihrem Thema einen darstellerischen Einstieg zu überlegen. Anschließend werden im Plenum pro Team 5-10 Hauptwörter gesammelt, auf Schilder geschrieben und gemischt. Das erste Team beginnt mit seiner Improvisation, die anderen TN werden zum Publikum. Sobald ein Schild mit einem der Stichworte hoch gehalten wird, muss dieses von den Darstellern spontan und logisch in die Szene eingebaut werden ...

Variationen

▶ Einzelne oder Kleingruppen bekommen drei beliebige Gegenstände und die Aufgabe, zu einem Thema eine kurze Szene zu improvisieren ...

▶ Den Darstellern werden drei verschiedene Bewegungen vorgegeben. Aufgabe ist es, eine Szene zu improvisieren, in die diese Bewegungen logisch mit eingebaut sind ...

Regie-Hinweise

Improvisieren heißt hier rein assoziativ, z.B. auf Stichwort, spontan kleine Geschichten, Situationen oder Begebenheiten in Szene zu setzen. Es werden die Requisiten und Gestaltungselemente genutzt oder fantasievoll umgedeutet, die gerade zufällig zur Hand sind.

Improvisationsaufgaben in spielerischer Form eignen sich gut zur Einstimmung und um „warm zu werden" mit Darstellungen aller Art.

Eine Idee dabei ist aber auch, über das Improvisieren die Flexibilität und Spontaneität zu fördern, die dann im richtigen Leben hilft, überraschende Situationen kreativ zu meistern.

Improvisieren in der Schillerstraße

Auswertung

keine

Einsatzmöglichkeiten

Beispiele:

▶ Spielerische Einführung in das Thema „Überraschende Situationen gekonnt meistern", z.B. im Train-the-Trainer, im Präsentations- oder Moderationstraining.

▶ Amüsante Abendgestaltung bei einem mehrtägigen, firmeninternen Seminar.

▶ Einübung von kreativem Verhalten im Kreativitätstraining oder Projektmanagement.

Technische Hinweise

Gruppierung:	8 bis 15 Personen
Material:	–
Dauer:	15 bis 30 Minuten
Vorbereitung:	keine

Kopfsalat

Gleichzeitig Bewegungen nachmachen und Fragen beantworten

Ziele

Körper und Geist, rechte und linke Gehirnhälfte koordinieren, wach werden

Handlung

Es werden Gruppen à drei Personen gebildet. Zwei Personen (A und B) sitzen sich auf Stühlen gegenüber, C steht zwischen den beiden mit etwas Abstand (Dreieck). C stellt offene Fragen (= Fragen, die nicht mit ja oder nein beantwortet werden können), B macht Bewegungen. A muss die Fragen beantworten und gleichzeitig die Bewegungen ganz genau nachmachen. Rollenwechsel, bis jede Person einmal jede Rolle hatte.

Variationen

Kann auch ohne Stühle gespielt werden.

Regie-Hinweise

Die Übung macht Spaß, die Konzentration auf zwei unterschiedliche Tätigkeiten ist nicht einfach. Je komplizierter die Fragen, je schneller und überraschender die Bewegungen, desto schwieriger wird die Übung.

Auswertung

Fragen Sie nach den Erfahrungen.

Einsatzmöglichkeiten

▶ Motivierung nach einer Pause in beliebigen Seminaren.

▶ Koordinierung der beiden Gehirnhälften, z.B. im Rhetorik oder Präsentationsseminar.

▶ Übung im Fremdsprachentraining.

▶ Vorbereitung auf das Theaterspiel, z.B. beim Mitarbeitertheater.

Kopfsalat

Technische Hinweise

Gruppierung:	3 bis beliebig viele Personen in Dreiergruppen
Material:	ggf. Stühle
Dauer:	10 bis 15 Minuten
Vorbereitung:	keine

Amelie Funcke: Vorstellbar

Menschen im Hotel

Sich in verschiedenen Rollen begegnen und Gespräche führen

Ziele

Vorstellungskraft und Spielfreude fördern, spontan improvisieren, mit sich und anderen in Kontakt kommen, Ausdruck trainieren, gemeinsam Spaß haben.

Handlung

Alle konzentrieren sich auf sich selbst, gehen durch den Raum und stellen sich auf Anweisung der SL vor, wie sie sich in einer bestimmten Rolle (z.B. Menschen in einem Hotel) bewegen und was sie dann so beschäftigen würde. Die TN begegnen sich und unterhalten sich kurz miteinander, dabei wechseln sie häufig den Gesprächspartner. Nach ca. 3-5 Minuten sagt die SL die nächste Rolle an usw.

Variationen

▶ Andere Rollen wählen, z.B. Menschen im Unternehmen, Tiere im Zoo, Programme im Computer, Gegenstände im Büro.

▶ Das Thema ist vorgegeben und bleibt immer gleich. Die TN unterhalten sich aus den unterschiedlichen Rollen über das Thema, z.B. über die anstehende Präsentation, das Projekt oder das Seminar.

▶ Statt die Rollen zu wechseln, werden die TN immer jünger. Sie fangen mit 90 Jahren an, gehen und unterhalten sich entsprechend und werden dann auf Zeichen der SL jeweils um 20 Jahre jünger (vgl. auch: Verjüngungskur, S. 69).

Regie-Hinweise

Durch diese Übung können Sie es den TN ermöglichen, sich auf lustvolle Art und Weise in verschiedene Rollen hineinzuversetzen. Wenn jedoch das Thema zu nah an der Realität der TN liegt, z.B. Menschen in **unserem** Unternehmen, ist es wahrscheinlich, dass nicht Rollen, sondern Personen gespielt werden – und das nicht immer wertschätzend. Darüber hinaus besteht die Gefahr, dass Situationen entstehen, die von allen TN verstanden werden, nur nicht von Ihnen, denn Sie sind ja kein Insider. Auf der sicheren Seite bewegen Sie sich also, wenn Sie die Rollen verfremden. Anschließend können Sie im Auswertungsgespräch den Bogen zur Realität schlagen.

Leise Musik im Hintergrund kann das Spiel erleichtern, gibt allerdings auch eine Stimmung vor.

Auswertung

Je nach Kontext die Gefühle und Erfahrungen aus den unterschiedlichen Rollen auswerten.

Einsatzmöglichkeiten

Beispiele:

▶ Einstieg in das Thema Körpersprache oder zum Thema „Wie komme ich in Kontakt?", z.B. im Gesprächsführungsseminar.

▶ Auseinandersetzung mit unterschiedlichen Rollen und ihren Sichtweisen bezogen auf ein Thema (z.B. im Projektmanagement, Konfliktmanagement oder in der Teamentwicklung) bzw. ein Thema dissoziiert (von außen) betrachten.

▶ Übung im Fremdsprachentraining.

▶ Seminar-Feedback (aus verschiedenen Rollen über das Seminar unterhalten).

Technische Hinweise

Gruppierung:	6 bis beliebig viele Personen im Raum verteilt
Material:	ggf. Musik
Dauer:	15 bis 20 Minuten
Vorbereitung:	Anweisungen planen

Mimische Kette

Einen Gesichtsausdruck lesen und pantomimisch weitergeben

Ziele

Gefühle erkennen und ausdrücken, Mimik fördern, Spaß am darstellenden Spiel entwickeln.

Handlung

4-8 Personen stehen in einer Reihe hintereinander. Der letzten Person A zeigt die Spielleitung einen Zettel, auf dem ein Gefühl notiert ist, z.B. „überrascht". Nun tippt A die vor ihr stehende Spielerin B an. B dreht sich um und A zeigt ihr in Körperhaltung und Mimik das Gefühl „überrascht". Wie bei „Stille Post" wird das jeweils Wahrgenommene nun weiter nach vorne gegeben, bis die erste Person in der Reihe erreicht ist. Diese teilt der Gruppe mit, welches Gefühl bei ihr angekommen ist.

Variationen

▶ Das Gefühl kann von Person zu Person gesteigert werden.

▶ Je nach Größe der Gesamtgruppe werden mehrere Reihen gebildet.

▶ Bei mehreren Reihen kann um die Wette dargestellt werden.

▶ Das Ganze findet in offener Form im Kreis statt: Eine Person beginnt, streicht sich mit der Hand langsam über das Gesicht und zieht eine neue „Miene" (z.B. „traurig"). Dann streicht sie sich nochmals über das Gesicht, nimmt dabei symbolisch die Maske ab und wirft sie einem Mitspieler zu. Dieser streicht sich über das Gesicht, setzt die Maske auf, streicht sich erneut über das Gesicht und zieht eine neue Miene, streicht sich über das Gesicht, wirft die Miene weiter usw. Das „Über's-Gesicht-Streichen" ist sowohl zur Konzentration als auch zur Überraschung gut.

Regie-Hinweise

Das Spiel bringt viel Spaß und Ausgelassenheit. Wichtig ist eine gute Mischung der Gefühle. Um der Gruppe den Einstieg zu erleichtern, fangen Sie mit einfach darzustellenden, nicht zu heftigen Gefühlen an, wie z.B. schadenfroh, beleidigt, ärgerlich, arrogant, verliebt.

Weitere Auswahl: neidisch, geizig, neugierig, glücklich, betroffen, ängstlich, nervös, interessiert, kritisch, traurig, panisch, offen, wütend, erfreut, erschrocken usw.

Mimische Kette

Auswertung

keine

Einsatzmöglichkeiten

Beispiele:

▶ Motivierung nach der Pause in jedem beliebigen Training.

▶ Einführung in das Thema Körpersprache in Trainings zu allen Themen, in denen Körpersprache eine Rolle spielt.

▶ Lockerung/Warming-up in jedem beliebigen Training oder vor einem Bühnenauftritt oder Rollenspiel.

▶ Vorbereitung auf das Theaterspiel, z.B. beim Mitarbeitertheater.

Technische Hinweise

Gruppierung:	4 bis 30 Personen
Material:	Notiz-Zettel mit Gefühlen
Dauer:	10 bis 15 Minuten
Vorbereitung:	Anweisungszettel vorbereiten

Regalspiel

Mit imaginären Gegenständen aus einem imaginären Regal spielen

Ziele

Vorstellungskraft und Spielfreude fördern, mit sich und anderen in Kontakt kommen, nonverbal kommunizieren, spontan Ideen nachgehen.

Handlung

Alle TN stehen im Kreis. Jede Person stellt sich vor, hinter ihr befinde sich ein Regal mit beliebigen Gegenständen. Auf das Startzeichen der SL entdecken nun alle ihr Regal, hantieren und spielen auf beliebige Weise mit den imaginären Gegenständen. Dabei darf auch Kontakt zu den anderen TN aufgenommen werden. Das Ganze geschieht nonverbal.

Variationen

► Gegenstände und Handlungen können vorgegeben werden.
► Sie können die TN auch zunächst für sich experimentieren lassen und dann Handlungen vorgeben.

Regie-Hinweise

Ein sehr kurzweiliges Spiel, Sie werden Ihre Freude an den vielfältigen Einfällen der TN haben. Manchmal treten unterschiedliche Persönlichkeitsmerkmale von TN deutlich zutage. In seltenen Fällen kann es zu leicht konflikthaften Situationen kommen, wenn TN andere mit Nachdruck in Handlungen verwickeln, die diese nicht wollen. Greifen Sie in diesem Fall ruhig unauffällig ein, indem Sie dem entsprechenden TN einen Hinweis zuflüstern.

Auswertung

Sie können das Spiel einfach so stehen lassen. Eine Auswertung ist nicht unbedingt notwendig.

Regalspiel

Einsatzmöglichkeiten

Beispiele:

▶ Motivierung nach Pausen in beliebigen Veranstaltungen.

▶ Nonverbales Zusammenspiel/Aufeinandereingehen, z.B. in der Teamentwicklung.

▶ Imagination und Improvisation fördern, z.B. in einem Kreativitätsseminar.

▶ Einstimmung auf ein Rollenspiel oder einen Bühnenauftritt.

▶ Vorbereitung auf das Theaterspiel, z.B. in einem Mitarbeitertheater.

Technische Hinweise

Gruppierung:	4 bis beliebig viele TN (abhängig von der Raumgröße)
Material:	–
Dauer:	5 bis 15 Minuten
Vorbereitung:	keine

Simultantheater

Auf Stichwort spontan eine Szenerie improvisieren

Ziele

Spontaneität und Kreativität fördern, Ideen umsetzen, schnell miteinander improvisieren und experimentieren, aufeinander eingehen, gemeinsam Spaß haben, Teamgefühl stärken, Spielfreude entwickeln.

Handlung

Alle bewegen sich zur Musik durch den Raum. Die Spielleitung bricht die Musik ab und ruft einen Ort oder Platz, an dem viele Menschen zusammenkommen. Alle improvisieren nun gleichzeitig beispielsweise zum Ort „Krankenhaus" Ärzte, Schwestern, Pfleger, Patienten, Besucher etc. Nach einer Weile setzt wieder die Musik ein, die Teilnehmenden lösen sich aus ihren Rollen, gehen erneut durch den Raum, bis mit dem nächsten Musikstopp eine neue Anweisung erfolgt usw.

Mögliche Stichworte: Tennisspiel, Bahnhof, Krankenhaus, Hochzeit, Olympiade, Philharmonie, Restaurant, Museum, Pferderennen, Strand, Butterfahrt, ...

Variationen

► Blitzschnell und spontan Teams bilden, die zusammenarbeiten sollen: Bergsteiger-Team, OP-Team, Formel-1-Team, Fußball-Team, Messe-Team, Orchester, Segelschiff, Müllwerker etc.

Regie-Hinweise

Eine sehr turbulente Übung, die der Gruppe in der Regel viel Spaß bringt. Sehr Gewinn bringend lässt sie sich in der Teamentwicklung einsetzen. Denn die spontane Übernahme von Rollen und das Zusammenspiel der Gruppe machen häufig recht schnell Teamstrukturen und Muster der Zusammenarbeit sichtbar, die sich gut beobachten und anschließend auswerten lassen.

Simultantheater

Auswertung

Je nach Einsatz:

▶ keine

▶ z.B. in der Teamentwicklung: Wer hat welche Rollen spontan übernommen? Was war überraschend, was zu erwarten? Wie passte das Team zusammen? Gibt es Parallelen zur Realität? Wie war/ist die Zufriedenheit mit den Rollen/dem Ablauf? Der Gruppe/der Einzelnen? etc.

Einsatzmöglichkeiten

Beispiele:

▶ Übung in der Teamentwicklung.

▶ Übung zum spontanen Handeln, z.B. im Kreativitätstraining.

▶ Vorbereitung auf das Theaterspiel, z.B. beim Mitarbeitertheater als Vorübung zur Ideen- oder Szenenentwicklung oder wenn Theaterszenen, z.B. im Verkaufstraining, eingesetzt werden sollen.

Technische Hinweise

Gruppierung:	6 bis 20 Personen
Material:	Musikanlage, heitere Musik
Dauer:	10 bis 20 Minuten (ohne Auswertung)
Vorbereitung:	Musik und Stichworte auswählen

Unsinnsgespräch

Sich sinnlos unterhalten

Ziele

Kreativität anregen, Spontaneität und Schlagfertigkeit fördern, flexibles Denken trainieren, gemeinsam Spaß haben.

Handlung

Die Übung kann im Team oder in einer Gruppe bzw. in Kleingruppen bis fünf Personen gespielt werden. Jemand beginnt mit einer Aussage, z.B.: „Seht mal das herrliche Wetter draußen!" Eine andere Person antwortet scheinbar ganz vernünftig, z.B.: „Ja, mit dem Metzger hat auch meine Mutter schon Ärger gehabt." „Nun hören Sie aber auf, Schnittlauch kann ich überhaupt nicht ausstehen…" usw. Körpersprache, Stimme und Tonfall sollen von außen betrachtet so wirken, als würden die Gesprächspartner bei ihrer Unterhaltung optimal aufeinander eingehen.

Zu Beginn ist ein Zeitrahmen von einer Minute hilfreich. Bei jedem Versuch kann die Gesprächszeit um eine weitere Minute gesteigert werden.

Variationen

▶ Paare oder Kleingruppen führen ihre Gespräche nacheinander, die SL gibt jeweils den ersten Satz vor. Das originellste / schnellste / frechste / fachlichste / spannendste / … Gespräch wird prämiert.

▶ Ein „Lückensatz" für Leute, denen nichts einfällt, wird eingeführt: z.B. „ … und dann bin ich auch noch Schlapp begegnet …" Jede Person darf den Lückensatz dreimal nutzen.

Regie-Hinweise

Es ist gar nicht so einfach, schlagfertig zu sein und einfach Unsinn zu reden. Damit das Gespräch nicht stockt, ist es daher sinnvoll, einen „Lückensatz" zu verabreden (s. Variationen).

Auswertung

keine

Unsinnsgespräch

Einsatzmöglichkeiten

Beispiele:

▶ Zum Thema verbale Kreativität oder Schlagfertigkeit im Rhetoriktraining.

▶ Vorübung zur Fantasiephase in Zukunftswerkstätten oder zur Ideensammlung bei Kreativitätstechniken.

Technische Hinweise

Gruppierung:	2 bis beliebig viele Personen
Material:	–
Dauer:	5 bis 15 Minuten
Vorbereitung:	keine

Amelie Funcke: Vorstellbar

Wettpantomime

Teams stellen um die Wette pantomimisch Begriffe dar und erraten sie

Ziele

Locker werden, Spielfreude entwickeln, Ideen umsetzen, Gruppengefühl stärken, gemeinsam Spaß haben, kreative Atmosphäre aufbauen, Vorstellungskraft fördern, Motivierung nach einer Pause, ggf. Wiederholung von Fachbegriffen.

Handlung

Teams à 4-7 Personen verteilen sich auf verschiedene Ecken im Raum. Die Spielleitung legt in die Mitte des Raumes für jedes Team einen Stapel mit Karten, auf denen (Fach-)Begriffe (z.B. Toaster, Desktop) und Figuren (z.B. Tarzan) notiert sind. Auf ein Startzeichen läuft nun eine Person jeder Gruppe zu ihrem Stapel, deckt die oberste Karte auf, liest den Begriff und stellt diesen pantomimisch der eigenen Gruppe dar, bis diese ihn erraten hat. Nun läuft die nächste Person zum Stapel, deckt den zweiten Begriff auf und stellt diesen der Gruppe dar usw. Gewonnen hat die Gruppe, die als erstes ihren Stapel abgetragen hat.

Variationen

Unter die Begriffe werden extra gekennzeichnete Karten mit bekannten Liedtiteln gemischt. Diese werden nicht gespielt, sondern vorgesummt.

Regie-Hinweise

Ein sehr lustiges Spiel, das immer gut ankommt. Bei steiferen Gruppen nicht am ersten Tag einsetzen. Das Spiel kann „just for fun", zur Einstimmung in eine Bühnenaktion oder auch zur Wiederholung von Fachbegriffen eingesetzt werden. Die Wörter sind beliebig, aber eine gute Mischung ist empfehlenswert.

Um den „Präsentierteller-Effekt" zu vermeiden, kann man das Spiel dann beenden, wenn noch mindestens zwei Gruppen beschäftigt sind.

Auswertung

keine Auswertung erforderlich

Wettpantomime

Einsatzmöglichkeiten

Beispiele:

▶ Lockerung nach langem Sitzen, Motivierung nach Pausen in jeder beliebigen Veranstaltung.

▶ Informationsverarbeitung und Wiederholung von Fachbegriffen im Fachtraining.

▶ Einstimmung in ein Rollenspiel, Vorbereitung auf das Theaterspiel, z.B. beim Mitarbeitertheater.

▶ Wörter lernen bzw. wiederholen im Fremdsprachentraining.

Technische Hinweise

Gruppierung:	Teams à 4-7 Personen, 8 bis beliebig viele TN
Material:	pro Team ein vorbereiteter Kartensatz von ca. 20 Karten
Dauer:	10 bis 15 Minuten
Vorbereitung:	keine

Zeit einschätzen

In einer vorgegebenen Zeit eine bestimmte Strecke zurücklegen

Zicle

Individuelles und kollektives Zeitgefühl erleben, Intuition, Konzentration und Wahrnehmung fördern.

Handlung

Die Teilnehmenden stehen an einer Wand an der Stirnseite des Raumes. Ihre Aufgabe ist es, den Raum in einer vorgegebenen Zeit (30 Sekunden bis 3 Minuten) zu durchqueren und genau mit Ablauf der Zeit die gegenüberliegende Wand zu berühren.

Ein zweiter Durchgang mit der gleichen oder einer anderen Zeitvorgabe kann sich anschließen.

Variationen

▶ Die Aufgabe kann einzeln, in Teams oder in der Gesamtgruppe durchgeführt werden.

▶ Als Teamaufgabe durchführen und die Kleingruppen nach dem ersten Durchgang ein Optimierungssystem entwickeln lassen.

▶ Statt der Raumdurchquerung kann man die Gruppe auch nach Ablauf der geschätzten Zeit einen Luftballon zerstechen lassen.

Regie-Hinweise

Eine spannende Übung, die von den Teilnehmenden in der Regel höchst konzentriert ausgeführt wird. Manchmal ärgern sich Teilnehmer, dass sie ihrem eigenen inneren Gefühl nicht getraut haben – nämlich dann, wenn sie sich in ihrer Zeiteinschätzung an einem anderen Teilnehmer orientiert haben.

Auswertung

Je nach Einsatz. Beispiele:

Zeit-, Stress-, Projektmanagement:

▶ Was bedeutet Zeit für Sie/unser Projekt/unser Unternehmen …?

▶ Wie hängen Zeitgefühl und Motivation zusammen? Wann erlebe ich Zeit kurz, wann lang?

Teamentwicklung:

▶ Prozess, Zusammenspiel und Ergebnis auswerten.

Zeit einschätzen

Einsatzmöglichkeiten

Beispiele:

▶ Einstieg in das Thema Zeit, z.B. im Projektmanagement-, Zeit- oder Stressmanagement-Seminar.

▶ Optimierungsaufgabe, nonverbales Zusammenspiel, Aufeinandereingehen in der Teamentwicklung.

▶ Motivierung und erneute Konzentration nach einer Pause in jeder beliebigen Veranstaltung.

Technische Hinweise

Gruppierung:	2 bis 20 Personen
Material:	eine Stoppuhr, ggf. pro Person einen Luftballon und eine Stecknadel
Dauer:	5 bis 20 Minuten
Vorbereitung:	keine

Amelie Funcke: Vorstellbar

Zuschauerpantomime

Kandidaten raten auf Zeit Begriffe, die vom Publikum dargestellt werden

Ziele

Locker werden, Spielfreude entwickeln, Gruppengefühl stärken, gemeinsam Spaß haben, kreative Atmosphäre aufbauen, Vorstellungskraft fördern, Motivierung nach einer Pause, ggf. Wiederholung von Fachbegriffen.

Handlung

Zwei Gruppen werden gebildet, die gegeneinander antreten.

Die Spielleitung bittet zunächst einen Kandidaten der Gruppe 1 nach vorn.

Nun werden dem Publikum Begriffe gezeigt (die der Kandidat natürlich nicht sehen darf). Die Zuschauer/innen müssen den jeweils gezeigten Begriff pantomimisch darstellen. Der Kandidat versucht innerhalb einer Minute, so viele Wörter wie möglich zu erraten. Hat er zu einem Begriff überhaupt keine Idee, sagt er „weiter". Die nach einer Minute erratenen Begriffe werden gezählt.

Anschließend schickt Gruppe 2 ihren Kandidaten. Je nach Stimmung können mehrere Durchgänge gemacht werden.

Variationen

Die Variationsmöglichkeiten liegen in der Wahl der Begriffe. Beliebige Themen können mit Fachthemen abgewechselt werden.

Regie-Hinweise

Die Grundidee dieses Spiels ist geklaut aus der Fernsehsendung „Geld oder Liebe" mit Jürgen von der Lippe. Sie können es durch die Wahl der darzustellenden Begriffe an jedes beliebige Seminarthema anpassen.

Wählen Sie zu Beginn ganz leichte Begriffe, um den Teilnehmenden die Angst zu nehmen.

Beispiel:

1. Überschrift: „Dinge die riechen"
   Begriffe: „Zigarette", „Parfüm", „Schweiß", „Blume", „..." usw. (noch 2-3 Begriffe folgen).

   Diese Begriffe sind einfach darzustellen, weil für sie so etwas wie allgemein bekannte „schematische Gesten" existieren.

Zuschauerpantomime

2. Überschrift: „Reaktionen auf einen guten Witz"
Begriffe: „Lachen", „Kichern", „Grinsen", „..."

Diese Fortsetzung sorgt für eine ausgelassene Stimmung, die den weiteren Verlauf des Spiels fördert.

Ab jetzt können Sie die Wahl der Überschrift und die Begriffe an das jeweilige Seminarthema, die Gruppe oder die Situation anpassen. Achten Sie dabei auf eine interessante Mischung zwischen leicht und schwierig, Ernst und Witz, einfach und komplex.

Auswertung

keine

Einsatzmöglichkeiten

Beispiele:

▶ Lockerung nach langem Sitzen, Motivierung nach Pausen in jeder beliebigen Veranstaltung.

▶ Informationsverarbeitung sowie Wiederholung von Fachbegriffen im Fachtraining.

▶ Einstimmung in ein Rollenspiel, Vorbereitung auf das Theaterspiel, z.B. beim Mitarbeitertheater.

▶ Wörter lernen bzw. wiederholen im Sprachentraining.

Technische Hinweise

Gruppierung:	6 bis beliebig viele Personen
Material:	vorbereitete Pappen mit Begriffen, Stoppuhr
Dauer:	5 bis 15 Minuten
Vorbereitung:	keine

Genre 7

Darstellen und beobachten –
Situationen zeigen, Beobachtung (Blick) schärfen

5-Stühle-Rotation

Aus einer Aussage unterschiedliche Botschaften heraushören

Ziele

Zuhören üben, Wahrnehmung schärfen nach dem Vier-Ohren-Modell von Schulz von Thun.

Handlung

Im Seminarraum werden ein Außen- und ein Innenkreis gebildet. Im Innenkreis befinden sich fünf Stühle. Vier Teilnehmer und die SL nehmen hier Platz. Alle anderen Personen sitzen im Außenkreis und fungieren als Beobachter. Die Plätze im Innenkreis werden wie folgt besetzt:

▶ Stuhl 1: **Erzähler/in**
Aufgabe: eine kurze Begebenheit erzählen.

▶ Stuhl 2: **Zuhörer/in der Sachebene**
Aufgabe: aus der Erzählung alle Tatsachen herausfiltern – also das, was Sache ist.

▶ Stuhl 3: **Zuhörer/in der Selbstbekundung**
Aufgabe: genau hinhören und wahrnehmen. Welche Emotionen/Gefühle waren zu hören und zu spüren? Welche schwangen unterschwellig mit?

▶ Stuhl 4: **Zuhörer/in Appell**
Aufgabe: genau hinhören und wahrnehmen. Was braucht die Person, was wünscht sie sich wohl?

▶ Stuhl 5: **SL (Moderator/in)**
Aufgabe: Den Ablauf steuern und immer wieder zurückfragen.

Der Ablauf:

Zunächst erzählt Person 1 die Situation. Alle hören zu.

Nun nennt Person 2 alle Sachinhalte, die sie gehört hat. Die SL fragt als Moderatorin die Beobachter im Außenkreis, ob sie noch Sachaspekte ergänzen können, dann Rückfrage bei Person 1, ob das Gehörte so stimmt und vollständig ist.

Anschließend nennt Person 3 die Gefühle, die sie herausgehört hat. Die SL fragt die Beobachter, ob sie noch Emotionen ergänzen können, rückversichert sich bei Person 1, ob alles vollständig und stimmig ist usw.

Ist eine Runde ganz beendet, rotiert jede Person (ausgenommen SL) einen Stuhl weiter. Dabei können (vor allem in kleineren Gruppen) auch die TN im Außenkreis mit einbezogen werden. Die Übung ist abgeschlossen, wenn jede/r einmal auf jedem Stuhl gesessen hat.

5-Stühle-Rotation

Variationen

▶ In sehr großen Gruppen das Prinzip einmal vormachen und anschließend in Kleingruppen durchführen.

▶ Einen sechsten Stuhl einbauen. Aufgabe: die Beziehung zwischen den Personen heraushören.

Regie-Hinweise

Eine sehr interessante und lehrreiche Übung.

Auswertung

Findet begleitend statt.

Einsatzmöglichkeiten

Beispiele:

▶ Zuhören, wahrnehmen und beobachten im Zusammenhang mit dem Vier-Ohren-Modell (Schulz von Thun) im Führungs-, Kommunikations- oder Gesprächsführungsseminar.

Technische Hinweise

Gruppierung:	ab 4 Personen
Material:	Karten mit den Aufgaben für die Platzinhaber
Dauer:	30 bis 60 Minuten
Vorbereitung:	Karten vorbereiten

Audienz beim Papst

TN führen in einem vorgegebenen Gefühlszustand eine Handlung durch

Ziele

Grenzen überschreiten, Gefühle durch Körpersignale ausdrücken, Körpersprache beobachten und einschätzen, Wirkung von Körpersignalen bewusst wahrnehmen, über Körpersprache ins Gespräch kommen.

Handlung

Im Raum wird mit einfachen Mitteln eine Szenerie mit der gewünschten Situation gestaltet, z.B. das Büro des Vorgesetzten. Ein Stapel vorbereiteter Ausdruckskarten mit Gefühlszuständen liegt verdeckt auf einem Tisch. Jede Person zieht eine Ausdruckskarte. Ein TN geht vor die Tür, ein anderer setzt sich als Vorgesetzter hinter den Schreibtisch. Der TN kommt herein, geht in dem gezogenen Gefühlszustand auf den Vorgesetzten zu und begrüßt diesen. Der Vorgesetzte reagiert spontan. Nun ist der nächste TN an der Reihe usw.

Machen Sie nach jedem Auftritt einen kurzen Stopp für den Applaus und die Auswertung.

Variationen

Die Übung kann sehr flexibel eingesetzt werden, Sie können Sie an nahezu jede beliebige Situation anpassen. Beispiele:

► auf eine Menschengruppe zugehen, z.B. bei einer Messe,

► eine Bühne betreten, z.B. bei einer Präsentation,

► einen Raum betreten zum Bewerbungsgespräch,

► auf unterschiedliche Personen zugehen, z.B. den Papst.

Regie-Hinweise

Sich dem Einfluss und der Wirkung von Körpersignalen bewusst zu sein, hilft Gesprächssituationen jeder Art besser zu verstehen und förderlicher zu gestalten – und zwar aus der Sicht aller Gesprächspartner.

Die Trefferquote bei der Übung ist in der Regel hoch, es wird aber auch immer deutlich, dass Wahrnehmungen und Beobachtungen unterschiedlich sind – eine objektive Wahrheit gibt es nicht. Eine gute Gelegenheit darauf hinzuweisen, dass dieser Umstand die Wirklichkeit widerspiegelt – auch dort gibt es eben nur subjektive Wahrnehmungen und die können sehr unterschiedlich sein ...

Audienz beim Papst

Auswertung

Fragen können sein: Welche Gefühle wurden wahrgenommen (von den TN in der Szene/von außen)? Was lösten diese aus? Was können Sie tun, um in einen guten Kontakt zu kommen? usw.

Einsatzmöglichkeiten

Beispiele:

▶ Auseinandersetzung mit der Wirkung von Körpersprache im Präsentationstraining.

▶ Auseinandersetzung mit Einstellungen und Gefühlen im Bewerbungstraining.

▶ Thema „Wie öffne ich Türen, wie komme ich in Kontakt?" im Gesprächsfuhrungs-Seminar.

▶ Vorbereitung auf das Theaterspiel, z.B. beim Mitarbeitertheater.

▶ Wörter lernen bzw. wiederholen im Sprachentraining.

Technische Hinweise

Gruppierung:	4 bis 15 Personen
Material:	Ausdruckskarten mit Gefühlszuständen
Dauer:	5 bis 30 Minuten, je nach TN-Zahl
Vorbereitung:	Szenerie im Raum gestalten, Ausdruckskarten vorbereiten

Setting
▶ alle im Raum oder in Kleingruppen, Einzelne präsentieren

Genre 7
▶ Darstellen und beobachten

Briefe lesen

Einen Brief öffnen, lesen und auf den Inhalt reagieren

Ziele

Grenzen überschreiten, Gefühle durch Körpersignale ausdrücken, Körpersprache beobachten und einschätzen, über Körpersprache ins Gespräch kommen.

Handlung

Für jeden Teilnehmer ist ein Brief in einem verschlossenen Umschlag vorbereitet. Die erste Person nimmt auf einem besonderen Stuhl Platz, öffnet ihren Brief, liest ihn und reagiert auf den Inhalt durch Mimik und Körperhaltung. Die Zuschauer beobachten ganz genau und raten anschließend, was Inhalt des Briefes sein könnte. Zum Schluss wird das Rätsel aufgelöst. Die nächste Person ist an der Reihe usw.

Variationen

Das Ganze spielt sich auf der Bühne ab. Der Teilnehmer kommt auf die Bühne, findet den Brief, dessen Inhalt er nicht kennt, öffnet ihn usw.

Regie-Hinweise

Die Herausforderung ist am größten, wenn der Inhalt des Briefes vorher nicht angesehen wurde. Die Entscheidung darüber überlasse ich aber den Teilnehmenden, nicht ohne den Ehrgeiz etwas herauszukitzeln ...

Der Zauber der Szenen ist schnell vorbei und nicht wiederholbar. Sorgen Sie deshalb unbedingt für einen konzentrierten Beginn.

Beispiele für den Inhalt eines Briefes:

▶ „Dies ist das Kündigungsschreiben Ihrer Firma. Sie hatten nicht mehr damit gerechnet und erst gestern vor Freunden und Ihrer Frau/Ihrem Mann geprahlt, dass Ihnen das sicher nicht passieren wird ..."

▶ „Ein Schreiben einer Firma an Ihren Bruder, das Sie versehentlich aufgemacht haben. Ihr Bruder, den Sie ohnehin beneiden, hat bei einem Preisausschreiben ein dickes Auto gewonnen ..."

Genre 7
▶ Darstellen und beobachten

Setting
▶ alle im Raum oder in Kleingruppen, Einzelne präsentieren

Briefe lesen

▶ „Ein Schreiben der Personalabteilung. Sie sollen einen
Einöd-Bezirk 500 Kilometer entfernt neu aufbauen. Ei-
ne große Chance. – Aber gerade ist Ihr Haus fertig ge-
worden und Sie haben nach der letzten Ehekrise Ihrer
Frau versprochen, ab sofort von Freitagnachmittag bis
Montagmorgen für die Familie da zu sein ..."

Auswertung

Auswertungsthemen sind:

▶ Erfahrungen der Darsteller.

▶ Reflexion der Körpersignale einschließlich kleinster
körpersprachlicher Hinweise.

▶ Das Phänomen des meist sicheren und treffenden Lesens von Körpersprache.

▶ Übereinstimmung und Diskrepanz in der Selbst- und
Fremdwahrnehmung.

Einsatzmöglichkeiten

Beispiele:

▶ Ausdruckstraining, z.B. im Körpersprache-, Rhetorik-
oder Präsentationsseminar.

▶ Auseinandersetzung mit Gefühlen, z.B. bei Themen wie
Selbstmanagement, Persönlichkeitsentwicklung oder
Teamentwicklung.

▶ Schulung der Wahrnehmung und Beobachtung, z.B. im
Gesprächsführungs- oder Führungstraining.

▶ Vorbereitung auf das Theaterspiel, z.B. beim Mitarbeitertheater.

Technische Hinweise

Gruppierung:	2 bis 12 Personen
Material:	vorbereitete Briefe
Dauer:	pro Person ca. 3 bis 5 Minuten
Vorbereitung:	Karten mit Brieftexten vorbereiten und eintüten. Briefinhalte an die Teilnehmergruppe anpassen.

Der vergessene Stuhl

Pantomimisch die Beziehung zu einem Stuhl darstellen

Ziele

Ausdruck trainieren, innere Einstellung durch Körpersignale ausdrücken, Körpersprache beobachten und einschätzen.

Handlung

Im Raum wird eine Spielfläche abgeteilt und in deren Mitte ein Stuhl gestellt. Dieser ist Thema der nun folgenden pantomimischen Kurzauftritte, die nacheinander von den TN gezeigt werden: Dabei stellen sich die TN vor, dass sie beim Aufräumen auf dem Dachboden einen alten Stuhl entdecken, der mit bestimmten Erinnerungen verknüpft ist. Dazu bekommt jede Person kurz vor ihrem Auftritt von der SL einen Zettel mit einer Information, was der Stuhl für sie bedeutet.

Nach einer kurzen Vorbereitungszeit (eine Minute) beginnt die erste Person. Sie betritt die Bühne und spielt pantomimisch die Entdeckung und Begegnung mit dem Stuhl. Das Publikum schaut genau hin und stellt anschließend Mutmaßungen über die Bedeutung des Stuhls an. Auch Gefühle, die entstanden sind, werden reflektiert. Die nächste Person macht weiter usw.

Variationen

Bei der Übung können, je nach Größe der Spielfläche, bis zu drei Teilnehmer parallel auf der Bühne agieren. Dieses Vorgehen empfiehlt sich sogar, denn es erleichtert den Teilnehmenden ihren Auftritt und spart Zeit. Bei größeren Gruppen können auf diese Weise mehr Personen zum Zuge kommen.

Regie-Hinweise

Achten Sie auf Applaus nach jedem Auftritt.

Beispiele für die Infokarten:

▶ Dies ist der Beichtstuhl von Großtante Käthe, von der man erzählt, dass sie in ihrem Leben viele Liebhaber hatte und nicht gerade ein Kind von Traurigkeit war.

▶ Mit diesem Stuhl ist Dein blöder Bruder, der Dich immer gerne geärgert hat, mal im Garten mit dem Gesicht voran in die Brennnesseln gefallen. Du hattest ihn geschubst.

▶ Dieser Stuhl ist sehr alt und sehr wertvoll, er stand bei Deiner Großmutter im Wohnzimmer und wurde gehütet wie ein Augapfel.

Der vergessene Stuhl

▶ Auf diesem Stuhl ist Deine Ururgrossmutter gestorben.

▶ Auf diesem Stuhl musstest Du als Kind immer still sitzen, wenn Du etwas ausgefressen hattest.

▶ Dieser Stuhl stammt aus dem Lieblingskino Deiner Kindheit. Als das Kino geschlossen wurde, hast Du diesen Stuhl vom Sperrmüll gerettet.

▶ usw.

Auswertung

Je nach Einsatz können Auswertungsthemen sein:

▶ Erfahrungen der Darsteller (und ihre Übertragung auf das eigentliche Thema).

▶ Reflexion der Körpersignale einschließlich kleinster körpersprachlicher Hinweise.

▶ Das Phänomen des meist sicheren und treffenden Lesens von Körpersprache.

▶ Übereinstimmung und Diskrepanz in der Selbst- und Fremdwahrnehmung.

Einsatzmöglichkeiten

Beispiele:

▶ Übung im Präsentationstraining im Zusammenhang mit der Bedeutung der inneren Einstellung zum (Präsentations-)Gegenstand (die den Zuschauenden i.d.R. nicht verborgen bleibt, sondern deren Aufmerksamkeit, Gefühle und Urteile mit beeinflusst).

▶ Ausdruckstraining, z.B. im Körpersprache-, Rhetorik- oder Präsentationsseminar.

▶ Auseinandersetzung mit Einstellungen und Gefühlen, z.B. bei Themen wie Selbstmanagement, Persönlichkeitsentwicklung oder Teamentwicklung.

▶ Vorbereitung auf das Theaterspiel, z.B. beim Mitarbeitertheater.

Technische Hinweise

Gruppierung:	4 bis 15 Personen, 1 bis 3 Personen auf der Bühne, die anderen als Publikum
Material:	Stühle, Karten mit Infos
Dauer:	15 bis 45 Minuten, je nach TN-Zahl
Vorbereitung:	Infokarten zur Bedeutung der Stühle

Die doppelte Botschaft

Zwei Botschaften darstellen

Ziele

Wahrnehmung und Beobachtung schärfen, Gefühle und innere Einstellungen durch Körpersignale ausdrücken, Wirkung von Körpersignalen bewusst machen, Spielfreude entwickeln.

Handlung

Kleingruppen bekommen die Aufgabe, sich eine kurze Szene aus dem Berufsalltag auszudenken und anschließend vorzuspielen, in der sich jemand inkongruent verhält. (Inkongruenz = Unstimmigkeit z.B. zwischen dem inneren Gefühl und dem Ausdruck durch die Körpersprache bzw. durch die verbalen Äußerungen. Der Beobachter nimmt eine Doppelbotschaft wahr.)

Beispiel: Eine Angestellte möchte sich gerne kollegial verhalten und sagt ihrer Kollegin zu, dieser eine Aufgabe abzunehmen. Man merkt ihr aber an, dass sie es eigentlich gar nicht möchte.

Die Szenen werden gespielt, von den Zuschauenden beobachtet und anschließend ausgewertet.

Variationen

▶ Jedes Team denkt sich zwei Szenen aus. In der ersten ist die Inkongruenz sehr deutlich sichtbar, in der zweiten schwerer erkennbar.

▶ Dito. In der ersten Szene wird die Inkongruenz gezeigt, in der zweiten Szene eine Lösung geboten, wie mit der Situation auf stimmige Weise umgegangen werden kann.

Regie-Hinweise

Im Zusammenhang mit der Übung kann Desmond Morris' Glaubhaftigkeitsskala vorgestellt und besprochen werden. (siehe S. 195).

Die doppelte Botschaft

Auswertung

Je nach Einsatz, z.B.:

▶ Was wurde wahrgenommen? Was könnte dahinter stecken?

▶ Was wurde an Gefühlen und Handlungsimpulsen bei den Zuschauern ausgelöst?

▶ Wie könnten Kommunikationsstörungen und Missverständnisse verhindert werden?

Einsatzmöglichkeiten

Beispiele:

▶ Hinführung zum Thema Einstellungen und Gefühle sowie dem Umgang damit bzw. Auseinandersetzung mit demselben Thema, z.B. in der Teamentwicklung, im Selbstmanagement-Seminar.

▶ Übung zum Thema Kongruenz/Inkongruenz im Kommunikationstraining.

▶ Übung zur Schärfung der Wahrnehmung und Beobachtung zum Thema Mitarbeiterführung.

Technische Hinweise

Gruppierung:	6 bis 20 Personen
Material:	–
Dauer:	10 bis 20 Minuten ohne Auswertung
Vorbereitung:	keine

Die doppelte Botschaft

Die Glaubhaftigkeitsskala nach Desmond Morris („Der Mensch, mit dem wir leben")

Wenn widersprüchliche Signale übermittelt werden und nicht beide Aussagen wahr sein können, lässt sich das falsche Signal in der Regel mit der Glaubhaftigkeitsskala identifizieren. Die Wahrscheinlichkeit dafür, dass ein Signal die wahre innere Stimmung widerspiegelt, ist um so größer,

▶ je weiter vom Gesicht entfernt sie abläuft,

▶ je weniger sich der Betreffende dieser Handlung bewusst ist,

▶ wenn der Fall vorliegt, dass es sich um eine nicht identifizierte unbenannte Geste handelt, die noch nicht zum festen Verhaltensrepertoire weiter Bevölkerungsschichten gehört.

Glaubhaftigkeitsskala – von besonders glaubhaft zu am wenigsten glaubhaft (grob vereinfacht):

1. autonome Signale,

2. Bein- und Fuß-Signale,

3. Körpersignale,

4. nicht identifiziertes Gestikulieren,

5. klar verständliche Handgesten,

6. Gesichtsausdrücke,

7. verbale Formulierungen.

Beobachtet man z.B. ein widersprüchliches Signal, das aus den Elementen 1, 3, 6 und 7 besteht, kann man auf 1 und 3 vertrauen und 6 und 7 außer acht lassen.

1. autonome Signale:

Darunter fallen Körperreaktionen wie z.B. Schwitzen, Blasswerden, Erröten oder Weinen. Mögliche Täuschungsmanöver sind z.B. bewusstes schweres Atmen, keuchen oder nach Luft ringen.

2. Bein- und Fuß-Signale:

Gerade die unteren Körperteile scheinen bei Unterhaltungen am ehesten der Kontrolle zu entgleiten. Grund: Konzentration auf das Gesicht/den Kopf. Je weiter ein Körperteil vom Gesicht entfernt ist, desto weniger Bedeutung messen wir ihm bei. Am weitesten weg sind die Füße, daher liefern sie wertvolle Hinweise auf die Stimmung der Person.

Beispiele:

▶ Scheinbar interessiertes Zuhören, gleichzeitiges rhythmisches Auf- und Abbewegen der Füße.

▶ Kleine aggressive Fußtritte in die Luft, freundschaftlich wirkende Haltung des Oberkörpers.

▶ Angespannt pressende Beinhaltungen, entspannter Gesichtsausdruck, rastlose Haltungsänderungen der Beine, wiederhol-

Die doppelte Botschaft

te ruckartige Fußbewegungen deuten bei einem sonst glücklich Scheinenden auf einen blockierten Fluchtversuch hin.

3. Körpersignale:

In der allgemeinen Körperhaltung spiegelt sich die Muskelanspannung des gesamten Körpers wider.

Beispiel: Ein erregter Mensch kann nicht gut in sich zusammensinken, ein gelangweilter Mensch hat es schwer, seinem Körper eine aufmerksame Haltung zu geben.

4. Nichtidentifiziertes Gestikulieren:

Hände haben wir stärker unter Kontrolle als Füße, Beine und Oberkörper, weil sie häufiger im Blickfeld sind. Die unbestimmten Handbewegungen haben wir am wenigsten unter Kontrolle.

Beispiel: Politiker spricht über Frieden und sticht dabei wütend in die Luft.

5. Klar verständliche Handgesten:

wie beispielsweise das V-Zeichen (für Victory). Auch wenn wir sie nicht planen, sind wir uns ihrer voll bewusst, während uns das gewöhnliche Gestikulieren nur vage bewusst ist. Daher gibt es keine Garantie für ihren Wahrheitsgehalt, sie sind genauso verdächtig wie ein Gesichtsausdruck.

6. Gesichtsausdrücke:

Man unterscheidet zwei Kategorien:

1. Sorgfältig geplante Gesten, die vorgetäuscht werden können, wie z.B. Lächeln, Lachen, Stirnrunzeln, Schmollen. Davon haben wir ein jederzeit einschaltbares „Vorstellungsbild".

2. Nicht eindeutig identifizierte Gesichtsausdrücke, z.B. Zusammenkneifen der Augen, Anspannen der Stirnhaut, leichtes Einziehen der Lippen, leichtes Anspannen der Kiefermuskeln.

Das Gesicht hat viele Möglichkeiten winziger Anspannungs- oder Entspannungszeichen, ohne dass es zu einer merklichen Ausdrucksveränderung im Sinne eines auffälligen Mienenspiels zu kommen braucht.

Täuscht man z.B. ein strahlendes Lächeln vor, obwohl man innerlich traurig ist, gibt es durch winzige, kaum identifizierbare Spannungen eine leichte Verzerrung. Meist geschieht das Lächeln dann mit herabgezogenen Mundwinkeln – oder nur ein Mundwinkel hebt sich.

Sehen wir ein lachendes Gesicht und einen unbeweglichen Körper, ist dem Körper mehr zu trauen als dem Gesicht. Ist das Gesicht wütend, die Hände in Bittstellung, können wir den Händen mehr trauen. Beobachten wir einen schüchtern gesenkten Kopf, aus dem die Augen kühn aufwärts blicken, trauen wir den Augen mehr, denn das schüchterne Senken des Kopfes könnte eine sorgfältig geplante Geste sein.

Geflügelte Worte

Kleingruppen stellen pantomimisch „geflügelte Worte" dar

Ziele

Locker werden, Spielfreude entwickeln, Gruppengefühl stärken, gemeinsam Spaß haben, kreative Atmosphäre aufbauen, Vorstellungskraft fördern.

Handlung

Je nach Gruppengröße werden Zweier- bis Sechsergruppen gebildet. Die SL verteilt Zettel mit Sprichworten oder Redewendungen. Die Gruppen haben 3-7 Minuten Zeit zum Überlegen, dann spielen sie sich gegenseitig ihre Ideen pantomimisch vor. Alle Zuschauer raten, was gemeint ist.

Variationen

▶ Es können auch Buch- oder Filmtitel, Schimpfwörter oder ähnliches dargestellt werden.

▶ An Stelle der Sprichworte verteilt die SL Zettel mit Ortsangaben. Die Gruppen spielen vor, wo sie gerade sind.

▶ Statt Pantomime wird eine zum Ort passende Geräuschkulisse ausgedacht und vorgespielt. Die TN der zuhörenden Gruppe halten während der Vorführung die Augen geschlossen.

▶ Darstellungsgegenstand können auch Küchengeräte, Teile eines Computers, Unternehmensleitlinien, Berufe, berühmte Persönlichkeiten usw. sein. Der Fantasie sind keine Grenzen gesetzt.

▶ Die Stichworte können von der SL, aber auch von den TN vorgegeben werden.

Regie-Hinweise

Die Vorbereitungszeit von 3-7 Minuten ist zwar knapp bemessen, aber durchaus ausreichend. Zuviel Zeit erhöht den Perfektionsdruck.

Kleine Auswahl an (körpersprachlichen) Redewendungen:

▶ Jemandem ein Auge zuwerfen.

▶ Jemandem die Stirn bieten.

▶ Jemandem etwas vorkauen.

Geflügelte Worte

▶ Jemandem den Buckel runterrutschen.

▶ Etwas an den Haaren herbeiziehen.

▶ Jemanden in die Enge treiben.

▶ Jemandem den Spiegel vorhalten.

▶ Jemanden übers Ohr hauen.

▶ Jemanden auf den Arm nehmen.

▶ Jemandem auf die Sprünge helfen.

▶ Jemandem einen Floh ins Ohr setzen.

▶ Jemandem Honig ums Maul schmieren.

▶ Jemanden bauchpinseln.

▶ Jemanden einseifen.

▶ Jemanden festnageln.

▶ Jemanden in die Pfanne hauen.

▶ usw.

Auswertung

keine

Einsatzmöglichkeiten

Beispiele:

▶ Motivierung nach einer Pause in jedem beliebigen Seminar.

▶ Vorbereitung auf das Theaterspiel, z.B. beim Mitarbeitertheater.

▶ Einstimmung auf ein Thema, ein Rollenspiel oder eine Szenenarbeit, z.B. im Verkaufstraining oder Gesprächsführungsseminar.

▶ Sprichworte lernen im Sprachentraining.

Technische Hinweise

Gruppierung:	4 bis 40 Personen in Kleingruppen
Material:	Zettel mit Sprichwörtern oder anderen Angaben
Dauer:	10 bis 20 Minuten
Vorbereitung:	keine

Körpersprache Listenspiel

Stimmungen darstellen und einordnen

Ziele

Stimmungen ausdrücken und wahrnehmen, Beobachtung schärfen, Auseinandersetzung mit subjektiven Wahrnehmungen sowie mit Fremd- und Selbstwahrnehmung, gemeinsam Spaß haben.

Handlung

Alle Teilnehmenden bekommen eine Nummer, eine Liste (siehe S. 201) und verdeckt eine Karte, auf der ein Zustand, eine Stimmung oder ein Gefühl notiert ist (siehe Liste im Fundus, S. 336). In numerischer Reihenfolge kommt nun jede/r einmal auf die Spielfläche und stellt seine Stimmung pantomimisch dar. Das Publikum beobachtet genau. Nach jeder Darbietung trägt jeder Zuschauer auf seiner Liste ein, welches Gefühl er beobachtet hat. Er entscheidet sich dabei für eine erste und eine zweite Wahl. Waren alle Teilnehmenden einmal an der Reihe, werden die Listen mit den Anweisungskarten abgeglichen. Für richtig erkannte Stimmungen können Pluspunkte vergeben werden.

Variationen

▶ Jeweils zwei Personen bekommen eine Liste und haben kurz Gelegenheit, ihre Beobachtungen und Wahrnehmungen auszutauschen und abzustimmen.

▶ Die Stimmung wird nicht auf der Bühne, sondern einen Weg gehend dargestellt.

Regie-Hinweise

Deutlich werden unterschiedliche Wahrnehmungen auf der Seite der Beobachter sowie Unterschiede in der Fremd- und Selbstwahrnehmung auf Seiten der Darstellenden. (Denn wenn ich z.B. glaube, dass ich schüchtern wirke, heißt das noch lange nicht, dass es auch so rüber kommt.)

Auswertung

Die unterschiedlichen Wahrnehmungen und ihre Bedeutung für die Kommunikation können thematisiert werden.

Körpersprache Listenspiel

Einsatzmöglichkeiten

Beispiele:

▶ Einführung in das Thema Körpersprache in allen Trainings zu allen Themen, in denen Körpersprache eine Rolle spielt.

▶ Übung zur Wahrnehmung und Beobachtung sowie zur Auseinandersetzung mit unterschiedlichen Wahrnehmungen in allen Trainings, in denen Kommunikation eine Rolle spielt.

▶ Lockerung nach langem Sitzen, Motivierung nach einer Pause in jedem Verhaltenstraining.

▶ Heiteres Vokabellernen im Fremdsprachentraining.

Technische Hinweise

Gruppierung:	6 bis 20 Personen
Material:	pro Teilnehmer eine Nummernkarte, eine Ausdruckskarte mit Stimmung, eine Liste
Dauer:	10 bis 20 Minuten ohne Auswertung
Vorbereitung:	Ausdrucks- und Nummernkarten erstellen, Listen kopieren

	Gefühl/Stimmung – erste Wahl	Gefühl/Stimmung – zweite Wahl	Punkte
1			
2			
3			
4			
5			
6			
7			
8			
9			
10			
11			
12			
13			
14			
15			
16			
17			
18			
19			
20			

Körpersprachespiel

Gruppenweise Körperhaltungen einnehmen und deuten

Ziele

Innere Einstellung durch Körpersignale ausdrücken, Wirkung von Körpersignalen bewusst wahrnehmen, über Körpersprache ins Gespräch kommen, Beobachtung schärfen.

Handlung

Die Teilnehmenden sitzen sich in zwei waagerechten Reihen (A und B) im Abstand von ca. 2-2,50 Meter gegenüber. Die SL steht zunächst hinter Reihe A (im Rücken) und zeigt den Teilnehmenden in Reihe B ein Plakat, auf dem ein Gefühl, ein Zustand, eine Reaktion oder ein Satzanfang notiert ist, z.B. „Langeweile". Reihe B stellt dies durch Körperhaltung und -signale, ohne Sprache und Geräusche dar, Reihe A beobachtet genau und muss raten. Wurde der Begriff richtig genannt, wechselt die Spielleitung ihre Position und stellt sich nun hinter Reihe B, um Reihe A das nächste Plakat zu zeigen.

Mögliche Begriffe für die Plakate:

▶ **Gefühle und Zustände:** Langeweile, Interesse, Neugierde, Zahnschmerzen, Gier, Skepsis, Mitleid, Offenheit, Hochmut, ...

▶ **Satzanfänge:** „Ach Du Sch...", „Das kann man so oder so sehen ...", „Hau ab!", „Was wollen Sie denn?", „Mir ist schlecht", „Ich bin ganz offen", „Ich bin ganz Ohr", „Das kann doch wohl nicht wahr sein", „Prima! Weiter so!", „So ein Blödsinn!", „Jetzt reicht's aber", „Siehste, hab' ich doch gleich gesagt", „Genau so sehe ich das auch", „Endlich zu Ende", ...

Variationen

▶ In ähnlicher Form kann diese Übung z.B. auch während einer Präsentation oder Rede eingesetzt werden. Die Regisseurin zeigt dann für den Redner nicht sichtbar dem Publikum eins (oder mit einigem Abstand dazwischen mehrere) der Plakate. Anschließend kann erarbeitet werden, was der Redner wahrgenommen hat und wie er damit umgehen kann.

▶ Eine andere Möglichkeit ist es, Anweisungen an Einzelne aus dem Publikum zu verteilen.

Körpersprachespiel

Regie-Hinweise

Eine sehr unkomplizierte Übung, die Spaß macht und in der Regel gut funktioniert. Auch die Satzanfänge werden zum Erstaunen aller häufig wörtlich erraten. Wichtig ist, dass der Abstand zwischen den beiden Reihen so bemessen ist, dass jeder Teilnehmende einen guten Überblick über die gesamte gegenüberliegende Gruppe, zumindest aber über mehrere Personen gewinnt.

Auswertung

▶ Was wurde wahrgenommen? Wodurch genau? Welche Haltungen ähneln sich? Was zeichnet positive, was negative Haltungen aus?

▶ Wie kann ich reagieren, wenn ich Entsprechendes wahrnehme oder beobachte?

▶ Auswertung sinnvoll, aber kein Muss.

Einsatzmöglichkeiten

Beispiele:

▶ Warming-up nach der Pause.

▶ Einstieg oder Vorübung zum Thema Körpersprache.

▶ Übung zur Wahrnehmung und zum Umgang mit Publikum oder Gesprächspartnern im Verhaltenstraining.

▶ Vokabelübung im Fremdsprachentraining.

Technische Hinweise

Gruppierung:	6 bis 20 Personen
Material:	Plakate mit Begriffen
Dauer:	5 bis 15 Minuten
Vorbereitung:	Plakate beschriften

Orte ohne Worte

Orte ohne Worte darstellen

Ziele

Vorstellungskraft und Kreativität fördern, Spielfreude entwickeln, locker werden, gemeinsam Spaß haben.

Handlung

Es werden Kleingruppen à 2-6 Personen gebildet. Die SL verteilt Zettel mit Ortsangaben. Die Kleingruppen haben nun 5-10 Minuten Zeit zum Überlegen und Experimentieren, wie dieser Ort ohne Worte dargestellt werden kann. Anschließend spielen sich die Teams gegenseitig pantomimisch vor, wo sie gewesen sind. Alle Zuschauer beobachten genau und raten, welche Orte gemeint sind. Mögliche Orte können sein:

▶ **allgemein:** im Spielcasino, im Schwimmbad, auf der Strasse, auf der Baustelle, auf der Pferderennbahn, im Raumschiff, an der Bushaltestelle, im Gefängnis, in der Sauna etc. ...

▶ **firmenspezifisch:** an der Zeituhr, im Aufzug, in der Vorstandssitzung, auf dem Firmenparkplatz, hinten im Lager, im Labor, in der Kantine etc. ...

Variationen

▶ Statt einer Pantomime werden zum Ort passende Töne und Geräusche überlegt und vorgespielt. Die TN der jeweils zuhörenden Gruppen halten während der akustischen Vorführung die Augen geschlossen und raten dann, was sie gehört haben.

▶ An Stelle der Orte können auch Gegenstände, Begriffe, Fachwörter, Tätigkeiten, Berufe etc. dargestellt werden.

Regie-Hinweise

Ein einfaches, sehr variables Pantomimenspiel, das in vielen verschiedenen Seminarsituationen eingesetzt werden kann. Es kann durch die Wahl der darzustellenden Orte/Begriffe/... an fast jedes Seminarthema angepasst werden.

Auswertung

keine

Orte ohne Worte

Einsatzmöglichkeiten

Beispiele:

▶ Motivierung nach einer Pause in jedem beliebigen
  Seminar.

▶ Einführung in eine Thematik oder Wiederholung von
  Fachbegriffen im Fach- oder Verhaltenstraining.

▶ Wörter lernen/wiederholen, z.B. im Fremdsprachentraining.

Technische Hinweise

Gruppierung:	6 bis 30 Personen
Material:	Karten mit Orten
Dauer:	10 bis 20 Minuten
Vorbereitung:	Karten vorbereiten

Von hinten durch die Brust ins Auge

Im Gespräch ein Thema geschickt zur Sprache bringen

Ziele

Kreativität und Spielfreude entwickeln, flexibel denken und handeln, genau zuhören. Sensibilität für indirekte Wünsche, Appelle, eigentliche Anliegen, den „Text hinter dem Text" entwickeln.

Handlung

Die Spielpartner haben die Aufgabe, zu der folgenden Situation eine kurze Gesprächsszene zu entwickeln: Jemand möchte etwas, will es aber nicht direkt ansprechen und versucht im Gespräch, den anderen dazu zu bewegen, die Sache von sich aus zur Sprache zu bringen, z.B.:

► Sie möchte, dass Er ihre neue Frisur bemerkt.

► Er möchte für sein Engagement in einem Projekt gelobt werden.

► Sie möchte deutlich machen, dass sie im abteilungsinternen Bonussystem die höchste Jahresprämie verdient hat (und diese auch erhalten).

► Er möchte den einzigen rückenfreundlichen Bürostuhl für sich reklamieren.

► Sie wünscht sich, auf seine Geburtstagsfete eingeladen zu werden.

► Sie (leitende Angestellte) möchte in der nächsten Aufstiegsrunde Partnerin in der Firma werden.

► usw.

Die Szenen werden anschließend nacheinander präsentiert.

Variationen

► Bei großen Gruppen parallel in Dreiergruppen durchführen: zwei Gesprächspartner mit Beobachter.

► Die umgekehrte Situation darstellen: Die Spielpartner haben die Aufgabe, eine kurze, spaßige Szene zu entwickeln, in der einer der Partner versucht, ein bestimmtes Thema zu vermeiden.

Beispiele:

– A will von B Geld pumpen. B ahnt diese Absicht und versucht das Thema Geld zu umgehen.

– Er will Sie ins Kino einladen. Sie will ihn nicht kränken und versucht, das Thema zu wechseln.

Von hinten durch die Brust ins Auge

– A hätte gern eine Gehaltserhöhung. Die/der Chef/in ahnt diese Absicht und versucht das Thema erst gar nicht aufkommen zu lassen.

– Sie möchte sein tolles, neues Auto leihen. Er ahnt dies und versucht dem Thema auszuweichen.

– Er will eine unliebsame Aufgabe (z.B. Organisation des Betriebsausflugs) an sie delegieren. Sie spürt dies und versucht dem geschickt vorzubeugen.

– usw.

▶ Kleingruppen ähnliche Situationen aus dem Berufsalltag ausdenken und auf Karten notieren lassen. Die Karten werden dann als Darstellungsaufgabe an eine andere Gruppe weitergereicht.

Regie-Hinweise

keine

Auswertung

▶ Wann und wodurch begannen die Zuschauenden zu ahnen, um welchen versteckten Appell bzw. um welches Anliegen es sich jeweils handelt?

▶ Wie könnte eine klare, gelingende Kommunikation in der jeweiligen Situation aussehen?

▶ ggf. Rückmeldung durch Beobachter (bei gezielter Beobachtung): An welcher Stelle waren
  – Fakten,
  – Emotionen,
  – Wünsche/Appelle herauszuhören?

Einsatzmöglichkeiten

Beispiele:

▶ Übung im Führungstraining oder im Gesprächsführungsseminar, z.B. im Zusammenhang mit dem Vier-Ohren-Modell von Schulz von Thun.

Technische Hinweise

Gruppierung:	6 bis beliebig viele Personen
Material:	Karten mit Anweisungen
Dauer:	Je nach Gruppengröße 15 bis 30 Minuten ohne Auswertung
Vorbereitung:	Karten vorbereiten

Wörter darstellen

Buchstaben durch kurze Handlungen darstellen und zu Wörtern zusammensetzen

Ziele

Spielfreude fördern, Kreativität anregen, Gruppengefühl stärken, ggf. Fachbegriffe wiederholen.

Handlung

Es werden Kleingruppen à 2-4 Personen gebildet. Jedes Team bekommt einen von der Spielleitung vorbereiteten Zettel mit einem (kurzen) Wort, z.B. KAMEL. Die Gruppen haben nun 5-10 Minuten Zeit und die Aufgabe, jeden einzelnen Buchstaben des Wortes in je zwei bis drei kurzen Szenen darzustellen. Bei K könnten sich z.B. alle kratzen, dann Kanu fahren, dann kichern. Bei A angeln alle usw. Anschließend zeigen die Gruppen nacheinander ihre Ergebnisse. Die jeweils Zuschauenden beobachten aufmerksam das Geschehen und erraten die Buchstaben. Zum Schluss zeigt sich, ob das Publikum das Wort herausbekommen konnte.

Variationen

▶ Die Gruppen denken sich die Wörter selbst aus. Es können z.B. Schlüsselbegriffe passend zum Seminarthema verwendet werden.

▶ Jede Gruppe bekommt einige Buchstaben, die anschließend zu einem gemeinsamen Lösungswort zusammengesetzt werden müssen.

Regie-Hinweise

Die Wörter sollten nicht zu lang sein, da sonst die ganze Übung zu langatmig wird. In dem Fall lieber die Buchstaben auf verschiedene Kleingruppen verteilen und anschließend zum Lösungswort zusammensetzen lassen. Schon bei Wörtern mit mehr als fünf Buchstaben ist es ratsam, das Geschehen abzukürzen. Sie können dann die Gruppen anleiten, jeden Buchstaben nur einmal darzustellen. Nachteil: „Doppelt erklärt besser" – die Eindeutigkeit könnte verloren gehen.

Wörter darstellen

Auswertung

keine

Einsatzmöglichkeiten

Beispiele:

▶ Lockerung nach langem Sitzen, Motivierung nach einer Pause in jedem beliebigen Seminar.

▶ Einstimmung auf ein Thema, Abschluss eines Themas, Wiederholung oder Einführung von Schlüsselbegriffen, z.B. im Fremdsprachentraining.

▶ Unter dem Motto „Ein Wort zum Tag" als Tagesfeedback verwenden.

Technische Hinweise

Gruppierung:	6 bis 20 Personen in Kleingruppen à 2 bis 5 TN
Material:	Zettel mit Wörtern
Dauer:	15 bis 30 Minuten
Vorbereitung:	Zettel mit Wörtern vorbereiten

Zeigen, was im Off ist

Ein Darsteller zeigt, was hinter der Tür ist, durch die er gerade kommt

Ziele

Wirkung von Körpersignalen bewusst wahrnehmen, Körpersprache einsetzen, beobachten und einschätzen, Beobachtung schärfen, gemeinsam Spaß haben, Spielfreude entwickeln.

Handlung

Jeder Teilnehmende erhält einen Zettel mit einer (geheimen) Information (Situation, Ort etc.).

Der erste Spieler beginnt. Aufgabe ist es:

▶ die Präsentationsfläche von draußen durch eine Tür zu betreten und

▶ seine Information durch die Art des Hereinkommens, die Körpersprache und sein unmittelbares Verhalten für das Publikum erkennbar umzusetzen.

▶ Deutlich werden soll dabei, von wo der Darstellende gerade kommt. Die Zuschauenden beobachten genau, raten und fantasieren.

Beispiele, von wo jemand kommen kann:

▶ **allgemein:** von der Toilette, von draußen aus dem Schneesturm, aus dem Kino, aus der Teeküche, aus der Leichenhalle, aus dem OP, aus dem Schlafzimmer, aus dem Bad, von der Preisverleihung, vom Frisör, aus einem unangenehmen Gespräch, von der Siegerehrung, von der Bühne, vom Krankenbesuch, aus der Kneipe usw.

▶ **firmenspezifisch:** vom Chef (gekündigt/befördert), aus dem Großraumbüro (genervt/amüsiert), aus einem Seminar (langweilig/mitreißend), aus dem Verkaufs-/Bewerbungsgespräch (erfolgreich/missraten), von einer Präsentation (geglückt/missraten), aus dem Büro der attraktiven Kollegin, aus der Pause, aus der Werkstatt, aus dem Zielvereinbarungsgespräch, aus der Abteilungsleiterbesprechung, aus der Kantine, vom Kollegentratsch, von der Jubiläumsfeier usw.

Variationen

▶ Nicht Einzelne, sondern Teams oder Kleingruppen stellen gemeinsam dar.

▶ Zwei Gruppen treten gegeneinander um die Wette an. Es zählen dann die innerhalb einer vorgegebenen Zeit richtig geratenen Darstellungen.

Zeigen, was im Off ist

▶ Nicht die Spielleitung gibt die Infos vor, sondern die Teilnehmer denken sich selbst Orte oder Situationen aus. Diese werden dann auf Zettel geschrieben, gemischt und unter den Teilnehmenden neu verteilt.

▶ Die Situation wird umgedreht: Die Darstellenden betreten die Bühne und zeigen durch ihre Körpersprache und ihr Verhalten, wo sie jetzt gerade sind bzw. wer das Publikum ist …

Regie-Hinweise

Eine spannende und witzige Übung, die dann besonders gut ankommt, wenn die Orte und Situationen (zum Teil) an das Unternehmen, die Örtlichkeiten und/oder die Gruppe angepasst sind.

Auswertung

Fragen können sein:

▶ Welche Gefühle wurden wahrgenommen? Durch welche Körpersignale?

▶ Ggf: Wie kann ich reagieren bzw. in einen guten Kontakt kommen, wenn mir jemand so begegnet?

Je nach Einsatz ist eine Auswertung nicht erforderlich.

Einsatzmöglichkeiten

Beispiele:

▶ Auseinandersetzung mit der Wirkung von Körpersprache im Präsentationstraining.

▶ Auflockerer im Rhetorik-Seminar.

▶ Übung im Führungskräftetraining.

▶ Vorbereitung auf das Theaterspiel.

▶ Wörter lernen bzw. wiederholen im Fremdsprachentraining.

Technische Hinweise

Gruppierung:	4 bis 20 Personen
Material:	Karten mit Orten oder Situationen
Dauer:	5 bis 45 Minuten, je nach TN-Zahl
Vorbereitung:	Bühnen- und Zuschauerraum gestalten, Karten vorbereiten

Zwei Seelen

Zwei Gefühle gleichzeitig darstellen

Ziele

Gefühle ausdrücken, Beobachtung und Wahrnehmung schärfen, Körpersprache einsetzen und einschätzen.

Handlung

Die SL gibt jedem Teilnehmenden eine Karte mit einer Darstellungsanweisung. Alle haben nun fünf Minuten Zeit, sich mit ihrer Aufgabe zu beschäftigen und zu überlegen, wie sie umgesetzt werden kann. Anschließend werden nacheinander alle Szenen vorgespielt. Das Publikum reflektiert nach jeder Darbietung, was gesehen und wahrgenommen wurde und überlegt, welche Anweisung der Spieler gehabt haben könnte.

Mögliche Anweisungen:

▶ Sie finden einen 100-Euro-Schein und sind schuldbewusst ...

▶ Sie finden einen 100-Euro-Schein und freuen sich ...

▶ Sie finden einen 100-Euro-Schein und sind überrascht ...

▶ Sie begegnen einer verehrungswürdigen Person und sind überrascht ...

▶ Sie begegnen einer verehrungswürdigen Person und sind verzweifelt ...

▶ Sie begegnen einer verehrungswürdigen Person und sind peinlich berührt ...

▶ Sie begegnen einer verehrungswürdigen Person und sind neidisch ...

▶ Sie begegnen einer verehrungswürdigen Person und sind geschmeichelt ...

▶ Sie sehen eine Person, die Sie hassen und sind gereizt ...

▶ Sie sehen eine Person, die Sie hassen und sind schuldbewusst ...

▶ Sie sehen eine Person, die Sie hassen und sind peinlich berührt ...

▶ Sie sehen eine Person, die Sie hassen und sind neidisch ...

▶ Sie sehen eine geliebte Person und sind verzweifelt ...

▶ Sie sehen eine geliebte Person und sind schuldbewusst ...

▶ Sie warten und sind gereizt ...

▶ Sie warten und sind schuldbewusst ...

▶ Sie warten und sind peinlich berührt ...

▶ usw.

Zwei Seelen

Variationen

▶ Die Anweisungen werden als Statuen dargestellt, die Gruppe rät und verbessert.

▶ Die Darbietungen auf Video aufnehmen und anschließend analysieren.

Regie-Hinweise

Die Übung ist sehr anspruchsvoll, weil es sowohl bei der Darstellung als auch bei der Beobachtung auf Nuancen ankommt. Diese zu analysieren ist aber sehr interessant.

Auswertung

▶ Was wurde gesehen/wahrgenommen? Was schwang mit?

▶ Woran genau waren die Gefühle erkennbar/spürbar/sichtbar?

Einsatzmöglichkeiten

Beispiele:

▶ Ausdruckstraining, Erweiterung des Ausdrucksrepertoires, z.B. im Körpersprache-, Rhetorik- oder Präsentationsseminar.

▶ Übung zur Schärfung der Wahrnehmung und Beobachtung, z.B. im Führungskräftetraining, im Rahmen der Teamentwicklung, im Gesprächsführungsseminar.

▶ Auseinandersetzung mit Gefühlen, z.B. im Konfliktmanagement.

Technische Hinweise

Gruppierung:	4 bis 10 Personen
Material:	Karten mit Anweisungen
Dauer:	10 bis 20 Minuten ohne Auswertung
Vorbereitung:	Anweisungskarten vorbereiten

Genre 8
Kreativität einüben – quer denken, Grenzen überschreiten

3 x Gedanken schärfen – Denkstrategien

Durch Denkübungen flexibles Denken trainieren

Ziele

Denken mit Tiefenschärfe einüben.

Handlung

Die Teilnehmer/innen bekommen ein Arbeitsblatt (siehe S. 219) mit den folgenden Denkübungen:

1. **Spitzkehre:** Bei der Spitzkehre geht es darum, das Gegenteil zu finden. Was zum Beispiel ist das Gegenteil von Hochmut?

2. **Wilder Wechsel:** Das Positive im Negativen finden und umgekehrt. Was ist das Positive an Hochmut? Was ist das Negative an der Güte?

3. **Looping:** Einen Gedanken in sich drehen. Was ist der Vorteil von Hochmut? Was ist daran (an dem Vorteil) der kleine Nachteil? Was ist an dem kleinen Nachteil der große Nachteil? Was ist am großen Nachteil der große Vorteil?

Allein oder paarweise wird nachgedacht, anschließend werden die Lösungen vorgestellt.

Variationen

keine

Regie-Hinweise

Die Übungen sind nicht einfach. Es gibt nicht **die** Lösung, viele Lösungen sind möglich.

Machen Sie nicht alle drei Übungen auf einmal, sondern gehen Sie lieber Schritt für Schritt vor, mit kurzen Besprechungen der Ergebnisse.

Auswertung

keine

Einsatzmöglichkeiten

Beispiele:

▶ Wachmacher im Seminar

▶ Vorübung zur Ideenfindung oder Szenenentwicklung

3 x Gedanken schärfen – Denkstrategien

Technische Hinweise

Gruppierung:	eine bis beliebig viele Personen
Material:	Arbeitsblätter
Dauer:	je nach Einsatz 5 bis 20 Minuten
Vorbereitung:	keine

(nach einer Idee von Carmen Thomas)

3 x Gedanken schärfen – Denkstrategien

Spitzkehre	Das Gegenteil finden
Beispiel: das Gegenteil von „Hochmut"	

Wilder Wechsel	Das Positive im Negativen finden und umgekehrt
Beispiel: Was ist das Positive an „Hochmut"?	
Beispiel: Was ist das Negative an „Güte"?	

Looping	Einen Gedanken in sich drehen
Beispiel: „Hochmut"	
Der große Vorteil: ☺	
Daran der kleine Nachteil: ☹	Daran der große Nachteil: ☹
	Daran der kleine Vorteil: ☺

Erzählfaden

Knäuel abwickeln, dabei Gedanken spinnen

Ziele

Denken und Bewegung koordinieren, Gedanken entwickeln.

Handlung

Die Gruppe sitzt im Kreis. Es wird eine Frage gestellt oder ein beliebiges Thema angeschnitten. Die Person, die das Wollknäuel hat, beginnt. Sie kann sprechen, bis der erste Faden abgerollt ist. Dann verstummt sie und gibt das Wollknäuel weiter an die nächste Person. Das Spiel geht auf diese Weise weiter, bis alle das Wollknäuel einmal hatten. Nun kann die nächste Frage gestellt oder ein weiteres Thema angeschnitten werden.

Variationen

► Handlungen oder Geschichten erfinden.
► Wenn die Fäden verbraucht sind, wird wieder aufgewickelt und während des Aufwickelns erzählt.

Regie-Hinweise

Durch die überraschend unterschiedlich langen Fäden und die Schwierigkeit, gleichzeitig zu wickeln und Gedanken zu entwickeln, entstehen viele heitere Situationen.

Wird die Methode zur Entwicklung von Handlungen oder Geschichten genutzt, ist eine Protokollierung empfehlenswert.

Auswertung

keine

Einsatzmöglichkeiten

► Vorstellungsrunde in jedem beliebigen Seminar.
► Ideen, Argumente etc. finden, z.B. in Gesprächsführungs- oder Verkaufstrainings.
► Auswertung, Feedback in jeder beliebigen Veranstaltung.

Erzählfaden

Technische Hinweise

Gruppierung:	6 bis 20 Personen im Kreis
Material:	Wollknäuel mit unterschiedlich langen einzelnen Fäden
Dauer:	5 bis 20 Minuten
Vorbereitung:	keine

Gemeinsamkeiten finden

Zu zwei Begriffen Gemeinsamkeiten finden

Ziele

Flexibles Denken trainieren, in einer Gruppe kreativ werden, Regeln einüben, gemeinsam Spaß haben.

Handlung

Es werden Kleingruppen à 2-6 Personen gebildet. Die Spielleitung nennt zwei Begriffe, die auf den ersten Blick wenig miteinander zu tun haben, z.B.: das englische Königshaus und belgische Pommes Frites. Die Gruppen haben die Aufgabe, innerhalb einer vorgegebenen Zeit (5-15 Minuten) möglichst viele Gemeinsamkeiten herauszufinden und zu notieren. Anschließend werden die Gruppenergebnisse präsentiert.

Achtung! Ausgeschlossen sind Verneinungen, wie z.B.: „Beide sind **keine** Katze."

Variationen

▶ Die Gruppe mit den meisten Gemeinsamkeiten gewinnt.

▶ Jede Gruppe bekommt ein anderes Begriffspaar.

▶ Begriffe visualisieren durch Gegenstände oder Bilder.

Regie-Hinweise

▶ Es empfiehlt sich, die Gruppe vorher mit den wichtigsten Kreativitäts-Regeln vertraut zu machen.

▶ Eine häufige Beobachtung: Je frecher die Einfälle der Gruppe, desto lustiger wird die Stimmung. Als Folge sprudeln noch mehr kreative Ideen ...

Auswertung

Auswertungsgesichtspunkte:

▶ Erfahrungen zur Ideenfindung

▶ Gruppenprozess

▶ Erfahrungen mit den Kreativitätsregeln

Gemeinsamkeiten finden

 ## Einsatzmöglichkeiten

Beispiele:

▶ Motivierung nach Pausen in beliebigen Veranstaltungen.

▶ Kreativitätstraining, z.B. in einer Mediationsausbildung, im Projektleiter-Seminar, im Präsentations- oder Rhetoriktraining.

▶ Lockerer Einstieg in das Thema „Gemeinsamkeiten herausarbeiten" im Konfliktmanagement-Training.

▶ Übung im Fremdsprachentraining.

 ## Technische Hinweise

Gruppierung:	3 bis 60 Personen, bei einem Trainer-Team auch mehr
Material:	Notizblätter, Stifte, evtl. zwei Gegenstände oder Bilder
Dauer:	je nach Vorgabe 5 bis 15 Minuten ohne Auswertung
Vorbereitung:	keine

Schlagzeilen

Zu Bildern originelle Schlagzeilen texten

Ziele

Kreativität anregen, unter Stress Ideen produzieren.

Handlung

Mehrere Kleingruppen verteilen sich im Raum. Jede Gruppe bekommt ein Bild und die Aufgabe, innerhalb von ein bis zwei Minuten eine Schlagzeile zu entwickeln. Nach der verabredeten Zeit rotieren die Bilder zur nächsten Gruppe, bis alle zu allen Bildern eine Schlagzeile gebildet haben. Anschließend werden alle Ergebnisse präsentiert.

Variationen

▶ Die Gruppen können verschiedenen Zeitungsredaktionen zugeordnet werden, z.B.: BLÖD (Massenblatt), LOCUS (politisches Magazin), DER ROTE BOTE (progressive Zeitung), ALMJODLER (konservatives Blatt). Die Schlagzeilen werden dann entsprechend der jeweiligen Ausrichtung der Redaktion „gefärbt".

▶ Auch im Plenum spielbar. Die Spielleitung zeigt dann ein Poster, zu der die ganze Gruppe spontan Schlagzeilen formuliert. Diese werden einfach in den Raum gerufen.

Regie-Hinweise

Achten Sie bei der Auswahl der Bilder darauf, dass diese geeignet sind, Fantasien freizusetzen.

Die Zeitvorgabe von ein bis zwei Minuten setzt die Gruppen unter Stress. Dennoch kommen in der Regel einige sehr originelle Ergebnisse zusammen. Das ist auch häufig ein Aha-Erlebnis für die Teilnehmer: Kreative, originelle Ideen und Stress stehen nicht immer im Widerspruch zueinander.

Auswertung

keine – oder: Diskussion über die Auswirkungen von Stress auf Kreativität.

Schlagzeilen

Einsatzmöglichkeiten

Beispiele:

▶ Motivierung nach Pausen in beliebigen Veranstaltungen.

▶ Kreativitätstraining, z.B. im Rahmen einer Mediationsausbildung, im Projektleiter-Seminar, im Präsentations- oder Rhetoriktraining.

Technische Hinweise

Gruppierung:	4 bis ca. 30 Personen
Material:	mehrere Bilder oder ein Poster
Dauer:	15 bis 20 Minuten
Vorbereitung:	keine

Stiftung Warentest

Viele originelle Verwendungsmöglichkeiten für Gegenstände finden

Ziele

Flexibles Denken trainieren, in einer Gruppe kreativ werden, Ideen produzieren, Regeln einüben, gemeinsam Spaß haben.

Handlung

Es werden Kleingruppen á 3-5 Personen gebildet, die jeweils einen Gegenstand (z.B. Löffel, Hammer, Kugelschreiber, Büroklammer, Brille, Spielzeugauto, ...) erhalten. Sie haben 5-10 Minuten Zeit, um möglichst viele originelle Verwendungsformen für diesen Gegenstand zu finden und zu notieren. Anschließend werden die Gruppenergebnisse präsentiert.

Variationen

▶ „Was würden Sie tun, wenn Sie eine Million Stücke dieses Gegenstandes geerbt hätten ...?"

▶ Ideen werden weiterentwickelt: Dazu wählen die Gruppen jeweils ihre „beste" Idee aus und entwickeln hierzu passend eine Produktpräsentation, eine Marketingidee oder Werbekampagne. Diese werden anschließend präsentiert.

▶ In den Kleingruppen wird eine möglichst originelle Idee ausgewählt und mit einer passenden Gestaltungsaufgabe an ein anderes Team weiter gereicht, z.B.:

– eine Wettaufgabe für „Wetten, dass?" entwickeln,

– die Idee in den Wahlkampf der großen Bundestagsparteien einbauen,

– einen Film zu dieser Idee drehen, ...

Anschließend werden die Ergebnisse präsentiert.

Regie-Hinweise

Die Gegenstände sollten in ausreichender Anzahl und als „Original" vorhanden sein.

Je ungewöhnlicher die ausgedachten Verwendungsformen, desto mehr Spaß bringt die Präsentation der Ergebnisse.

Stiftung Warentest

Auswertung

Auswertungsaspekte:

▶ Erfahrungen bei der Ideenfindung.

▶ Beobachtungen, Wahrnehmungen und Entwicklungen im Gruppenprozess.

▶ Erfahrungen mit den Kreativitäts-Regeln.

Einsatzmöglichkeiten

Beispiele:

▶ Motivierung nach Pausen in beliebigen Veranstaltungen.

▶ Verdeutlichung von kreativen Prozessen resp. Einhaltung von Regeln, z.B. in einer Mediationsausbildung, im Projektleiter-Seminar, im Präsentations- oder Rhetoriktraining.

▶ Aufgabe bewältigen, Zusammenarbeit fördern/optimieren, z.B. in der Teamentwicklung.

▶ Übung im Fremdsprachentraining.

Technische Hinweise

Gruppierung:	5 bis 25 Personen
Material:	Stifte und Papier, pro Gruppe ein Gegenstand
Dauer:	10 bis 45 Minuten
Vorbereitung:	Gegenstände bereitlegen

Tabu

Auf Zeit Begriffe umschreiben und raten

Ziele

Flexibles Denken trainieren, spontan improvisieren, gemeinsam Spaß haben.

Handlung

Es werden mehrere Kleingruppen gebildet. Die erste Gruppe beginnt. Die SL zeigt einem Mitglied der Gruppe einen (gesuchten) Oberbegriff und fünf verwandte (verbotene) Unterbegriffe. Dieses muss nun seiner Gruppe den gesuchten Begriff beschreiben, ohne dabei eins der ihm gezeigten verbotenen Wörter zu benutzen. Es wird die Zeit gestoppt, die die Gruppe braucht, um das gesuchte Wort zu erraten. Die zweite Gruppe fährt fort usw.

Beispiel: gesuchter Begriff: Surfbrett – verbotene Begriffe: Wasser, Wellen, Meer, Segel, Strand, Sonne.

Variationen

▶ Begriffe an das Veranstaltungsthema anpassen.
▶ Pantomimische Darstellung erlauben.

Regie-Hinweise

Sehr lebhaftes und lustiges Spiel, eignet sich auch zur Auflockerung.

Auswertung

keine

Einsatzmöglichkeiten

Beispiele:

▶ Motivierung nach Pausen in beliebigen Veranstaltungen.
▶ Kreativitätstraining, z.B. in einer Mediationsausbildung, im Projektleiter-Seminar, im Präsentations- oder Rhetoriktraining.
▶ Informationsverarbeitung sowie Wiederholung von Fachbegriffen im Fachtraining oder Übung im Fremdsprachentraining.

Tabu

Technische Hinweise

Gruppierung:	6 bis 30 Personen in mindestens zwei Gruppen
Material:	Karten mit Begriffen, Stoppuhr
Dauer:	10 bis 20 Minuten
Vorbereitung:	Begriffe passend zur Veranstaltung vorbereiten

Tempo 30

Zu einem Thema möglichst flüssig assoziieren

Ziele

Kreativität trainieren, Loslassen einüben, Ideen flüssig kommen lassen. Bei täglicher Anwendung ist Ziel der Übung, auf 30 Einfälle in einer Minute zu kommen.

Handlung

Alle halten Stift und Papier bereit.

Die Spielleitung nennt der Gruppe ein Thema. Auf ein Startzeichen schreiben die Teilnehmenden möglichst flüssig alle Einfälle zu diesem Thema auf. Nach genau einer Minute wird abgebrochen und jede Person zählt ihre Ideen.

Nun wird die Übung mit einem neuen Thema wiederholt, die Zahl der gefundenen Ideen anschließend mit dem ersten Mal verglichen. (Es werden garantiert mehr sein.)

Variationen

keine

Regie-Hinweise

► Weisen Sie die Gruppe zunächst darauf hin, dass konsequent **alle** Einfälle aufgeschrieben werden sollen, die den Teilnehmenden in den Kopf kommen, egal, ob sie zum Thema passen oder nicht.

► Wichtig ist, den Teilnehmenden mitzuteilen, dass die Ideen anschließend nicht vorgelesen werden müssen.

► Es bietet sich an, im Anschluss einige „Schrottideen" auszuwählen und diese zum Thema passend „umzunutzen" (siehe Umnutzen, S. 233).

Auswertung

Nach den Erfahrungen fragen.

Tempo 30

Einsatzmöglichkeiten

Beispiele:

▶ Kreativitätstraining, z.B. in einer Mediationsausbildung, im Projektleiter-Seminar, im Präsentations- oder Rhetoriktraining.

▶ Ideenfindung; Lösungsansätze zu einer beliebigen Fragestellung (z.B. Kundengewinnung, Vertriebsstrategie für Produkt X) entwickeln.

Technische Hinweise

Gruppierung:	eine bis beliebig viele Personen
Material:	Papier und Stift für jeden Teilnehmer
Dauer:	pro Durchgang eine Minute zzgl. Auswertung
Vorbereitung:	keine

(nach einer Idee von Carmen Thomas)

„Umnutzen"

Aus „Gedankenschrott" konkrete Ideen entwickeln

Ziele

Den Nutzen von (scheinbarem) Gedankenschrott aus Brainstormings für das Thema erkennen und nutzbar machen.

Handlung

Aus einem Brainstorming zu einem beliebigen Thema werden zunächst einige „Schrottideen" ausgewählt. Geeignet sind möglichst verrückte Gedanken, die auf den ersten Blick überhaupt nichts mit dem Thema zu tun haben.

Mit Hilfe der Tabelle auf Seite 234 werden die Ideen nun „umgenutzt": Rechts oben wird das Thema eingetragen, links in die Spalten die Schrottideen (pro Spalte eine Idee). Begonnen wird mit der Idee in der ersten Spalte. Allein oder in der Gruppe geht es darum, irgendeine beliebige Verbindung zwischen der Schrottidee und dem Thema zu suchen. Diese wird als Hilfsaufhänger in die mittlere Spalte eingetragen. Im nächsten Schritt wird der verbindende Hilfsaufhänger auf das Thema bezogen und daraus eine (oder mehrere) konkrete Idee(n) entwickelt. Nach diesem Muster mit den anderen Ideen fortfahren usw.

Variationen

Statt des Hilfsaufhängers ein Zauberwort einsetzen – das heißt zum Beispiel irgendeinen besonders schönen oder positiv besetzten Begriff. Dieses Wort bildet dann die Verbindung zwischen Schrottwort und Thema, auf dessen Grundlage Lösungsideen/-ansätze gefunden werden.

Regie-Hinweise

Es hat sich in der Praxis bewährt, das Vorgehen zunächst einmal an der Flipchart mit Hilfe der Gruppe vorzuführen. Anschließend kann das Verfahren in Kleingruppen angewandt werden.

Auswertung

keine

„Umnutzen"

Einsatzmöglichkeiten

Beispiele:

▶ Kreativitätstraining, z.B. in einer Mediationsausbildung, im Projektleiter-Seminar, im Präsentations- oder Rhetoriktraining.

▶ Ideenfindung; Lösungsansätze zu einer beliebigen Fragestellung (z.B. Kundengewinnung, Vertriebsstrategie für Produkt X) entwickeln.

Technische Hinweise

Gruppierung:	eine bis beliebig viele Personen
Material:	Flipchart mit Tabelle, ggf. vorbereitete Tabellen für die Teilnehmer
Dauer:	10 Minuten bzw. solange, wie es Freude macht und Nutzen bringt
Vorbereitung:	keine

(nach einer Idee von Carmen Thomas)

Ein Beispiel:

„Umnutzen" "Schrott"-Idee	Hilfs-Aufhänger	Thema: Betriebsklima verbessern
Haus	heimisch fühlen	– kommunikative Ecken einrichten – persönlich und individuell ansprechen

Amelie Funcke: Vorstellbar

Unsinn-Sätze

Reihum Unsinn-Sätze bilden

Ziele

Kreativität und Flexibilität fördern, Schlagfertigkeit und Spontaneität üben, gemeinsam Spaß haben.

Handlung

Alle sitzen im Kreis, die Spielleitung gibt eine Frage vor, z.B.: „War es Achim, der Anna angenehm anbaggerte?" Die linke Nachbarin muss antworten, z.B.: „Nein, es war Olga, die Olaf ordentlich ohrfeigte." Die nächste Person muss zuerst die Antwort als Frage wiederholen, um dann eine neue zu formulieren, z.B.: „... und es war Dieter, der Daniel dauernd dackelte." Nun geht es weiter im Uhrzeigersinn, wobei immer das zuletzt Gesagte wiederholt werden muss, bevor eine neue Antwort dazukommt. Wer einen Fehler macht, scheidet aus.

Variationen

▶ Die Vornamen der TN müssen verwendet werden.
▶ Bei ganz gewieften TN als Redewettstreit inszenieren.

Regie-Hinweise

Ein lustiges Spiel, bei dem viele komische Dinge gesagt werden ...

Auswertung

keine

Einsatzmöglichkeiten

Beispiel:
▶ Übung von Kreativität im Kreativitätstraining.
▶ Warming-up nach der Mittagspause, um das Denken anzuregen.

Technische Hinweise

Gruppierung:	4 bis 10 Personen
Material:	–
Dauer:	5 bis 10 Minuten
Vorbereitung:	keine

Verrücktheiten

Erstaunliche Lösungen für ungewöhnliche Anliegen finden

Ziele

Kreativität fördern, gedankliche Grenzen überschreiten, überzeugend präsentieren, gemeinsam Spaß haben.

Handlung

Es werden Kleingruppen gebildet. Jede Gruppe erhält eine Aufgabenkarte mit einer Verrücktheit, für die innerhalb einer vorgegebenen Zeit eine Lösung gefunden werden soll.

Mögliche Verrücktheiten:

▶ Wie schiebt man ein Haus 20 Meter weit?

▶ Wie kann man einen Hund zum Bügeln bringen?

▶ Wie bringe ich ein Pferd dazu, einen Salto zu springen?

▶ Wie schaffe ich es, dass Queen Elizabeth mich besucht?

▶ Wie kriege ich Michael Schumacher dazu, mein Schrottauto zu kaufen?

▶ Wie werde ich innerhalb von fünf Jahren Bundeskanzlerin?

▶ Wie verkauft man einen Staubsauger als Fluggerät?

Die Gruppen haben 15 bis 20 Minuten Zeit, ihre Fragestellungen zu bearbeiten und eine visualisierte Kurzpräsentation zu entwickeln. Die Ergebnisse werden anschließend vorgetragen.

Variationen

▶ Die Präsentationen werden mit einer kurzen Kern-Szene zusätzlich gewürzt.

▶ In jedem Team gibt es einen Beobachter, der den Entstehungsprozess betrachtet.

Regie-Hinweise

Heitere Übung, die in der Regel viel Kreativität freisetzt.

Auswertung

Je nach Einsatz: Das Geschehen mit Hilfe der Beobachter im Hinblick auf Prozess, Ergebnis, Umgang mit kreativen Ideen, Rollen im Geschehen etc. auswerten.

Verrücktheiten

Einsatzmöglichkeiten

Beispiele:

▶ Übung zur Präsenz und zum überzeugenden Auftreten im Präsentationstraining.

▶ Überschreitung gedanklicher Grenzen als Vorübung zur Lösungsfindung in Kreativitätsseminaren oder Visionsworkshops.

▶ Kooperationsübung in der Teamentwicklung.

▶ Präsentationsaufgabe im Fremdsprachentraining.

Technische Hinweise

Gruppierung:	6 bis 20 Personen
Material:	Aufgabenkarten, Flipchart-Bögen, Stifte
Dauer:	20 bis 30 Minuten
Vorbereitung:	keine

Amelie Funcke: Vorstellbar

Walt-Disney-Rollenwechsel

Aus drei Perspektiven ein Thema betrachten

Ziele

Ideen oder Szenarien entwickeln, Themen bearbeiten, unterschiedliche Denkebenen verdeutlichen.

Handlung

Das zu bearbeitende Thema wird für alle sichtbar auf einer Flipchart oder Pinnwand notiert und so im Raum platziert, dass alle es immer vor Augen haben. Alle TN wählen sich je ein Symbol für die Rolle des Träumers, Denkers und Machers. Jede Person platziert ihre Symbole an drei verschiedenen, beliebigen Stellen des Raums. Aufgabe für jeden Einzelnen ist es, nun nacheinander die drei Orte aufzusuchen und dort ihr Thema aus der jeweiligen Perspektive (Rolle) zu betrachten.

Anweisungen für Rollen:

▶ **Träumer (oder Spinner, Visionär):**
Spinnen Sie hemmungslos und wild drauf los. Notieren Sie jede Idee, die Ihnen einfällt. Was wäre möglich? Welche Einfälle haben Sie zum Thema X? (ca. 10 Min.)

▶ **Denker (oder Kritiker, Konzeptionist):**
Prüfen und bewerten Sie Ihre Ideen. Wählen Sie die Besten aus und entwickeln Sie sie weiter. Bilden Sie Prioritäten. Fragen Sie sich: Was ist brauchbar? Was könnte verändert, verbessert, verbunden werden? Beachten Sie: Es geht nicht darum abzuwerten, sondern Schaden abzuwenden. (ca. 20 Min.)

▶ **Macher (oder Handelnder, Produzent):**
Kommen Sie „zu Potte". Bringen Sie Ihre Einfälle in Form. Legen Sie Schritte fest. Was muss getan werden? Was wird gebraucht? (ca. 20 Min.)

Variationen

▶ Kann als Einzelarbeit oder auch als Kleingruppenarbeit durchgeführt werden.

▶ Im Verlauf des Denkprozesses zwischen den Rollen hin und her hüpfen.

▶ Jeweils zu dritt wird ein Thema diskutiert. Jede der drei Personen übernimmt dabei eine der Rollen.

▶ Die drei Rollen werden durch drei Felder auf dem Boden gekennzeichnet. Kleingruppen bearbeiten ein Thema und nehmen dabei die unterschiedlichen Perspektiven ein, indem sie das jeweils zum Diskussionsbeitrag passende Feld aufsuchen. Wer die Rolle wechselt, wechselt auch das Feld.

Walt-Disney-Rollenwechsel

Regie-Hinweise

Diese Technik wird Walt Disney, dem berühmten Figuren-erfinder, Erzähler und Filmemacher zugeschrieben. Von ihm heißt es, er habe sein Team jeden Tag aufs Neue über-rascht. Niemand wusste genau, in welcher Rolle er heute zur Tür hereinkommen würde. Es gab Tage, da sprühte er vor Ideen, jeden Einfall sog er auf, setzte noch einen drauf, alle Verrücktheiten waren willkommen. Am nächs-ten Tag konnte er unerbittlich kritisch sein, alles pein-lichst genau unter die Lupe nehmen, jede Idee prüfen, bewerten, gutheißen oder verwerfen. An anderen Tagen wiederum kam er mit hochgekrempelten Ärmeln, bereit und motiviert loszulegen, zur Tat zu schreiten, die Sache anzupacken und umzusetzen.

Um drei unterschiedliche Vorgänge und Rollen im kre-ativen Prozess geht es hier (s.o.), die Walt Disney of-fensichtlich einzunehmen und – was noch wichtiger ist – voneinander zu trennen verstand.

In der strikten Trennung der Rollen und ihrer Aufgaben liegt die große Chance dieses Vorgehens. Förderlich für den kreativen Prozess ist es weiterhin, die unterschied-lichen Perspektiven durch einen Ortswechsel und/oder durch die Verwendung von Symbolen zu unterstützen.

Auswertung

Je nach Zielsetzung und Gestaltung Ergebnisse sichern und Erfahrungen auswerten. Bei Einzelarbeit zu selbst ge-wählten Themen ist eine Prozessreflexion interessant, eine inhaltliche Auswertung jedoch oft zu persönlich.

Einsatzmöglichkeiten

Beispiele:

▶ Methode zur Ideenfindung und Themenbearbeitung, z.B. im Visionsworkshop, Veränderungsprozess, Führ-ungstraining, Verkaufstraining oder Kreativitätsseminar.

▶ Vorgehensweise zur Szenenentwicklung für ein Mitar-beitertheater.

Technische Hinweise

Gruppierung:	bis 20 Personen
Material:	visualisierte Handlungsanweisung, Gegenstände
Dauer:	60 bis 90 Minuten
Vorbereitung:	Flipchart mit Handlungsanweisung schreiben

Warum heißt das Pferd „Pferd"?

Spontan Nonsens-Begründungen finden

Ziele

Kreativität und Flexibilität fördern, Wortwitz/Schlagfertigkeit/Spontaneität üben, gemeinsam Spaß haben.

Handlung

Alle sitzen im Kreis. Die SL wirft einen Ball zu einem beliebigen TN und beginnt mit der Frage: „Warum heißt das Pferd ‚Pferd'?" Wer den Ball hat, muss einen Antwortsatz bilden, bei dem die Anfangsbuchstaben das Wort „Pferd" ergeben, also z.B.: „Weil **p**ampige **F**ritten **e**lend **r**anzig **d**uften." Ist die Aufgabe bewältigt, darf der Spieler den Ball jemand anders zuwerfen und dieser Person eine neue Frage stellen, z.B.: „Warum heißt die Maus ‚Maus'?" usw.

Variationen

▶ Teams müssen den Satz bilden und können dadurch Punkte gewinnen. Das Team, das den Ball hat, hat die Chance auf die doppelte Punktzahl.

▶ Die Begründungen auf der Grundlage von Autokennzeichen oder Fachbegriffen bilden.

▶ Mehrere Fragen gleichzeitig an Teams geben. Diese begründen um die Wette und schreiben ihre Lösungen auf Flipchartbögen auf. Anschließend folgt eine Präsentation. Es kann nach Schnelligkeit/Originalität/Logik etc. gepunktet werden.

Regie-Hinweise

Die Übung in „Reinform" ist nicht einfach und braucht etwas Anlauf- oder Anwärmzeit. Sehr förderlich wirkt sich eine heitere Stimmung in der Gruppe aus. Im Team fällt es leichter.

Auswertung

keine – oder ggf.: In welchen Situationen fällt es leicht spontan zu sein? In welchen nicht?

Warum heißt das Pferd „Pferd"?

Einsatzmöglichkeiten

Beispiele:

▶ Übung von Spontaneität und Schlagfertigkeit im Rhetorik-Training.

▶ Förderung des flüssigen Denkens im Kreativitäts-training.

▶ Mit Augenzwinkern an Fachausdrücke erinnern.

Technische Hinweise

Gruppierung:	4 bis 15 Personen
Material:	ein Ball
Dauer:	5 bis 15 Minuten
Vorbereitung:	keine

Wörterkette

Als Gruppe einen Text entwickeln

Ziele

Kreativität anregen, kooperieren, gemeinsam Spaß haben, ggf. Inhalte wiederholen.

Handlung

Die Gruppe sitzt im Kreis. Die SL nennt ein Wort und beginnt damit eine Geschichte, die nun im Uhrzeigersinn Teilnehmer für Teilnehmer weiter erzählt werden soll. Die links von der SL sitzende Person nennt das nächste Wort, die folgende Person ein weiteres usw. So setzt sich die Reihe fort, bis jemand ein Wort genannt hat, dem ein Satzzeichen folgen muss. Der nächste TN nennt nun das passende Satzzeichen. Die Geschichte wird weiter erzählt, bis sie ein gutes Ende findet.

Variationen

▶ Plus- oder Minuspunkte vergeben: Für jedes benutzte Satzzeichen erhält man einen Plus- oder Minuspunkt (Streichholz, Stein o.ä.).

▶ Jede Person nennt zwei Wörter.

▶ Es werden Wörter verabredet, die **nicht** genannt werden dürfen, z.B.: man – eine – der – und. Diese werden auf einem Flipchart notiert. Die Tabu-Worte müssen in der Erzählrunde durch ein Geräusch (z.B.: Pfeifen) oder ein Nonsenswort (z.B.: „Schrapp") ersetzt werden.

▶ Zeitfaktor einbauen: eine Zeituhr einsetzen und damit Stress erzeugen. Die Person, bei der es klingelt, erhält einen Minuspunkt.

▶ Thema einbauen: Es soll ein Krimi, ein Märchen, ein Jahresbericht, ein Geschäftsbericht, eine Gebrauchsanleitung, eine Definition etc. entstehen.

Regie-Hinweise

Eine anregende Methode. Wenn die Gruppe gut drauf ist, entstehen viel Wortwitz und Situationskomik. Sie können den zu entwickelnden Text inhaltlich an verschiedene Seminarthemen anpassen.

Auswertung

keine

Wörterkette

Einsatzmöglichkeiten

Beispiele:

▶ Warming-up zum Wachwerden und zur erneuten Konzentration nach einer Pause in jedem beliebigen Seminar.

▶ Anregende Übung zur Wiederholung oder Vertiefung eines speziellen Seminarthemas.

▶ Übung im Fremdsprachentraining.

▶ Heitere Vorbereitung auf eine Gruppenarbeit, bei der eine Szene entwickelt werden soll.

Technische Hinweise

Gruppierung:	6 bis 15 Personen
Material:	–
Dauer:	5 bis 10 Minuten
Vorbereitung:	keine

Amelie Funcke: Vorstellbar

Genre 9
Vorstellungskraft anregen – Imagination und Einfühlung fördern

Augen zu und durch

Eine Person rennt blind durchs Spalier

Ziele

Grenzen überschreiten, (Selbst-)Vertrauen gewinnen, Raum und Bewegung wahrnehmen.

Handlung

Die Gruppe bildet ein Spalier. Dazu stellen sich alle gegenüber in zwei Reihen vis-a-vis so auf, dass zwischen den beiden Reihen eine Gasse entsteht, die sich nach hinten leicht V-förmig verjüngt. Alle halten die Arme angewinkelt vor sich, Hände nach oben (so, als wolle man sich an einer Wand abstützen).

Eine Person beginnt. Sie stellt sich einige Meter vor der Gasse auf und taxiert zunächst die Entfernung. Dann schließt sie die Augen und rennt so schnell, wie sie sich traut, blind durch das Spalier. Die SL steht sichernd am Ende der Gasse und fängt den Laufenden auf. Eine zweite Person macht weiter, dann die Nächste, bis alle, die möchten, einmal durch das Spalier gelaufen sind. Ein zweiter Durchgang kann sich anschließen.

Variationen

▶ Flugzeuglandung: Sobald die Laufenden das Spalier erreichen, simuliert die Gruppe mit einem Summton die Landung. Der Summton verlangsamt den Lauf fast automatisch.

▶ Die Gruppe steht im Spalier, alle strecken die Hände vor und versperren damit die Gasse. Die Laufenden rennen mit Tempo und offenen Augen auf die „Barriere" zu, die ganz knapp vorher, nach und nach, wie bei einer Welle, durch Absenken der Arme abgebaut wird.

Regie-Hinweise

Ein sehr einprägsames Erlebnis. Häufig wird zunächst mit großer Energie und Power begonnen, die aber recht schnell in Unsicherheit umschlägt, was den Lauf hemmt und verlangsamt. Diese Erfahrung zieht oft den Wunsch nach einem zweiten Versuch nach sich.

Wichtig: Jedes Mitglied des Spaliers muss konzentriert und präsent sein, um den Laufenden zu sichern, falls dieser die Richtung verliert.

Augen zu und durch

Auswertung

Je nach Einsatz:

▶ Welche Erfahrungen haben Sie gemacht?
Welche Gefühle durchlebt?

▶ Was fiel leicht, was schwer?

▶ Gab es einen Unterschied zwischen dem ersten und
zweiten Lauf? Wodurch?

▶ Wo gibt es im (Berufs-)Alltag blinde Läufe oder Läufe
durch Barrieren?

Einsatzmöglichkeiten

Beispiele:

▶ Förderung des Gruppengefühls, Zusammenhalts,
Vertrauens in der Teamentwicklung.

▶ Grenzen erfahren/überschreiten, z.B. in der Persönlichkeitsentwicklung, im Selbstmanagement oder in der
Führungskräfteentwicklung.

▶ Gruppe stärken, vernachlässigte Sinne anregen, z.B. in
sehr kopflastigen Trainings.

Technische Hinweise

Gruppierung:	10 bis 30 Personen
Material:	–
Dauer:	10 bis 30 Minuten
Vorbereitung:	keine

Die andere Version

Aus verschiedenen Perspektiven eine Handlung erzählen

Ziele

Kreatives Denken fördern, sich einfühlen in eine andere Perspektive.

Handlung

Die SL erzählt in Kurzform eine möglichst bekannte Geschichte (Märchen, Fabel, Erzählung,). Anschließend wählen sich alle TN je eine Rolle, aus der heraus sie die Geschichte erzählen könnten. Nach einer kurzen Vorbereitungszeit (max. 3 Min.) beginnt die SL erneut, die Geschichte zu erzählen. Jeder gibt nun, wenn es soweit ist, ein paar Sätze aus seiner Sicht zum Besten: Das Märchen vom Froschkönig könnte so z.B. aus Sicht des Frosches, des Brunnens, der Prinzessin, des goldenen Balls, der Eltern der Prinzessin, der Höflinge, des Bettes, der Wand etc. erzählt werden.

Variationen

▶ Keine bekannte Geschichte erzählen, sondern auf ein aktuelles Ereignis oder für alle zugängliche Chroniken, wie z.B. Firmengeschichte(n) zurückgreifen.

▶ Als Feedback einsetzen: Verschiedene Gegenstände im Raum (Overhead-Projektor, Teppich, Stuhl, Fenster, Kaffeetasse, Türgriff ...) schildern den Seminarverlauf aus ihrer Sicht.

Regie-Hinweise

Der gezielte Rollentausch ist eine reizvolle Erweiterung des eigenen Denkverhaltens. Wichtig ist es, eine Geschichte zu finden, zu der alle TN einen leichten Zugang haben.

Auswertung

keine

Die andere Version

Einsatzmöglichkeiten

Beispiele:

▶ Übung zur Einfühlung und zum Perspektivwechsel, z.B. im Gesprächsführungs-, Verhandlungs- oder Kreativitätstraining oder in der Mediationsausbildung.

▶ Redeübung im Rhetoriktraining.

▶ Feedback am Ende eines Seminartages.

Technische Hinweise

Gruppierung:	4 bis 10 Personen
Material:	–
Dauer:	10 bis 20 Minuten
Vorbereitung:	Basisgeschichte auswählen

Die Kostümkiste

In der Fantasie in unterschiedliche Kostüme schlüpfen

Ziele

Vorstellungskraft und Spielfreude fördern, spontan improvisieren, Ausdruck trainieren, Einfühlung fördern.

Handlung

Jede Person sucht sich mit einem Stuhl einen Platz im Raum, setzt sich hin und konzentriert sich auf sich selbst. Die SL beginnt zu erzählen, die TN vollziehen alles nach und führen die Handlungen parallel zur Erzählung spontan aus.

Anweisung für die TN:

„Stellen Sie sich vor, Sie sitzen in Ihrer Wohnung, da klingelt es. Sie stehen auf, öffnen die Wohnungstür – es ist der Briefträger mit einer riesigen Kiste. Sie schauen auf den Absender: die Kiste ist vom Kostümversand. Bringen Sie die Kiste in die Wohnung, öffnen Sie das Schloss, heben Sie den Deckel hoch und schauen Sie, was drin ist. Sie finden Kleidungsstücke für ... (Rollen/Berufe nach Wahl nennen)(...). Nehmen Sie das Charlie-Chaplin-Kostüm aus der Kiste und ziehen Sie es an (...). Betrachten Sie sich im Spiegel (...). Bewegen Sie sich wie Charlie Chaplin (...). Wenden Sie sich nun wieder Ihrer Kiste zu. Ziehen Sie das

Charlie-Chaplin-Kostüm aus (...) und legen Sie es zurück in die Kiste (...). Nehmen Sie nun das Polizisten-Kostüm heraus und ziehen Sie es an (...). Betrachten Sie sich im Spiegel (...). Verlassen Sie die Wohnung, sehen Sie auf der Straße nach dem rechten. Da! Ein Banküberfall! (...)" usw.

Auf diese Weise werden drei bis fünf Kostümwechsel durchgeführt. Zum Schluss zieht jede Person ihr Lieblingskostüm an und alle treffen sich auf einer großen Geburtstagsfeier.

Variationen

Die Variationsmöglichkeiten liegen vor allem in der Wahl der Kostüme bzw. Figuren/Rollen und in Art und Umfang der Spielvorgaben. Einige Ideen von A-Z finden Sie hier:

Berufe/Rollen:

Ballett-Tänzerin, Bettler, Bildhauer, Bodyguard, Burgfräulein, Butler, Demonstrant, Gärtner, General, Gladiator, Greenpeace-Aktivist, Handwerker, Hexe, Immobilienmakler, Jäger, Kapitän, Köchin, Kunstmäzen, Legionär, Magier, Mönch, Nonne, Opernsänger, Pfarrer, Polizist, Prostituierte, Räuber, Ritter, Schachweltmeister, Tennis-Profi, Top-Manager, Tourist, Universitätsprofessor, Zigeuner, Zirkusdirektor.

Die Kostümkiste

Figuren/Personen:

Cassius Clay, Charlie Chaplin, Dagobert Duck, Dick & Doof, Die Freiheit, Frankenstein, Goethe, Graf Dracula, Grock, James Bond, Jeanne d'Arc, Jesus, King Kong, Kleopatra, Lilly Marleen, Luther, Madonna, Mozart, Pippi Langstrumpf, Rudi Dutschke, Terminator, Venus.

Stichworte für Spielvorgaben:

Balletttänzerin – vortanzen – Bühne
Butler – bedienen – heimlich trinken
Demonstrant – Polizei – Wasserwerfer
Gärtner – Garten – Nachbar
Jäger – Wald – Wilderer
Legionär – Arena – Löwen

Regie-Hinweise

Lassen Sie beim Erzählen unbedingt genügend Zeit, damit die TN sich Bilder machen und die Handlungen in Ruhe ausführen können.

Auswertung

nicht zwingend – ggf. je nach Kontext: In welcher Rolle habe ich mich besonders wohl/unwohl gefühlt?

Einsatzmöglichkeiten

Beispiele:

▶ Ausdruckstraining, z.B. in einem Präsentations- oder Körperspracheseminar.

▶ Imagination und Improvisation fördern, z.B. in einem Kreativitätsseminar.

▶ Erfahrungsorientierte Übung zum Thema Veränderung.

▶ Lockerung und Motivierung (durch Anregung vernachlässigter Sinne), z.B. in sehr „kopflastigen" Trainings.

▶ Vorbereitung auf Darstellungsaufgaben.

Technische Hinweise

Gruppierung:	4 bis 20 Personen
Material:	–
Dauer:	15 bis 25 Minuten
Vorbereitung:	gedanklich Rollen/Figuren auswählen

Focus Spiegel

Sich spiegelgleich bewegen

Ziele

Beobachtung und Wahrnehmung schärfen, sich optimal aufeinander einstellen, im Team Gleichklang finden.

Handlung

Jeweils zwei TN stehen sich gegenüber und bilden ein Team als „Spiegel" und „Gespiegelter". Die Gespiegelten machen langsame Bewegungen vor dem Spiegel, verändern z.B. den Gesichtsausdruck, die Haltung, den Körperschwerpunkt, bewegen Arme und Beine usw. Der Partner gegenüber spiegelt dies so gut wie möglich. Dabei soll nicht gesprochen werden. Erreicht werden sollen möglichst synchrone Bewegungsabläufe, so dass eventuelle Zuschauer Nachahmer und Nachgeahmte kaum auseinander halten können. Dazu müssen die Bewegungen langsam und fließend sein, damit der Spiegel sie mühelos nachvollziehen bzw. vorausahnen kann. Rollentausch nach einigen Minuten.

Variationen

▶ Es wird keine Führung verabredet, sondern beide Partner sind Spiegel und Gespiegelter zugleich.

▶ Spiegel und Gespiegelter bewegen sich durch den ganzen Raum und verändern auch die Abstände zueinander.

▶ Der Gespiegelte bekommt ein Thema, z.B. die langsame Veränderung von sehr müde zu sehr wach.

▶ Vier Personen bilden ein Team. Nonverbal soll eine gemeinsame Choreographie entstehen.

Regie-Hinweise

Die Übung nicht zu früh beenden. Die TN brauchen in der Regel etwas Zeit, um sich aufeinander einzustellen. Häufig entsteht eine sehr konzentrierte Atmosphäre.

Auswertung

Nach den Erfahrungen fragen. Diese können aufgegriffen und ggf. auf die Teamsituation bzw. die Anforderungen in der Teamarbeit übertragen werden.

Focus Spiegel

Einsatzmöglichkeiten

Beispiele:

▶ Übung zum aufeinander Eingehen/Einstellen bzw. zur Anpassung in der Teamentwicklung.

▶ Wach werden und Aufbau neuer Konzentration nach einer Seminarpause (vgl. auch Variante).

Technische Hinweise

Gruppierung:	4 bis beliebig viele Personen
Material:	–
Dauer:	5 bis 15 Minuten
Vorbereitung:	keine

Folge dem Ton

Blind einem Ton folgen

Ziele

Sinne sensibilisieren, Wahrnehmung schärfen, Zusammenspiel fördern, Verantwortung übernehmen.

Handlung

Jeweils zwei Personen (A und B) bilden ein Paar. Beide vereinbaren miteinander ein Geräusch oder einen Ton und einige Regeln, nach denen dem Ton gefolgt werden soll. (z.B. laut = schnell folgen, leise = langsam folgen, kurzer Ton = stehen bleiben, langer Ton = losgehen usw.). Sind diese Verabredungen getroffen, bleibt A stehen und schließt die Augen, B geht etwas auf Distanz. B's Aufgabe ist es nun, die blinde Person A mit Hilfe des Tons und der vereinbarten Regeln quer, zickzack, durcheinander – kurz: fantasievoll – durch den Raum zu leiten. A folgt so lange, wie sie die Signale eindeutig übersetzen kann, bleibt aber bei der kleinsten Unsicherheit stehen. Nach einer Weile (ca. 5-10 Min.) wechseln A und B die Rollen.

Variationen

▶ Startpunkt und Ziel vereinbaren, auf Zeit führen.

▶ Einen Hindernisparcours aufbauen. Aufgabe ist es dann, diesen zu bewältigen.

▶ Mit der Distanz (zwischen A und B) variieren, aber in Hörweite bleiben.

Regie-Hinweise

Vorsicht mit scharfkantigen Gegenständen sowie der Möblierung im Raum. Gegebenenfalls ein paar TN als „Schutzengel" einsetzen, die für die Sicherheit sorgen.

Auswertung

Je nach Einsatz, z.B.:

▶ Wie war das Zusammenspiel? Was macht ein gutes Zusammenspiel zwischen zwei Personen aus? (Hierzu können Kriterien entwickelt werden.)

▶ Was bedeutet es zu folgen? Was Führer zu sein? (Welche Gefühle sind damit verbunden? Welche Erfahrungen wurden gemacht?)

Folge dem Ton

Einsatzmöglichkeiten

Beispiele:

▶ Förderung und Thematisierung von Harmonie/Zusammenarbeit/Zusammenspiel, z.B. in der Teamentwicklung.

▶ Thematisierung von Führung/Führungsverantwortung, z.B. im Führungstraining.

▶ Anregung vernachlässigter Sinne in sehr kopflastigen Trainings.

Technische Hinweise

Gruppierung:	2 bis beliebig viele Personen
Material:	–
Dauer:	10 bis 20 Minuten
Vorbereitung:	keine

Amelie Funcke: Vorstellbar

Geräusche-Szenerie

Zu einer Geräuscheabfolge eine Handlung erfinden

Ziele

Kreativ werden, Fantasie einsetzen, gemeinsam Spaß haben, überzeugend präsentieren, ggf. Feedback geben, Inhalte wiederholen.

Handlung

Es werden Kleingruppen gebildet. Jede Gruppe begibt sich in eine der Ecken im Raum. Die SL verteilt Karten mit Orten bzw. Situationen, die mit Geräuschen verbunden sind, z.B. Pferderennen, Baustelle, Spielcasino, Warenhaus, Kirmes, Bahnhof, Flughafen etc.

Die Gruppen bekommen fünf Minuten Vorbereitungszeit, um zu Ihrem Stichwort eine Geräuschkulisse zu überlegen. Anschließend präsentieren sie sich gegenseitig ihre Ergebnisse. Die jeweils anderen Gruppen raten.

Variationen

► Den Teilnehmenden werden zwei bis dreimal hintereinander 5-6 verschiedene Geräusche von einer Kassette oder CD vorgespielt. Dann werden Kleingruppen gebildet. Die Teams haben ca. 10-30 Minuten Zeit, angeregt durch die Geräusche, eine Geschichte, Szenerie o.ä. zu erfinden. Diese wird anschließend präsentiert oder vorgespielt.

► Geschichte mit dem Seminar/der Veranstaltung verknüpfen (Tagesrückblick, Thema, Feedback etc.).

Regie-Hinweise

Mal etwas ganz anderes. Bei der Variante sind die sehr unterschiedlichen Ergebnisse, die in verschiedenen Gruppen trotz der für alle gleichen Ausgangslage entstehen, interessant und kurzweilig.

Auswertung

je nach Einsatz

Geräusche-Szenerie

Einsatzmöglichkeiten

Beispiele:

▶ Warming-up in jedem beliebigen Seminar.

▶ Übung im Kreativitätstraining.

▶ Rückblick des bisherigen Geschehens oder Feedback am Ende eines Seminars.

Technische Hinweise

Gruppierung:	6 bis 20 Personen
Material:	CD oder Kassette mit Geräuschen, Musikanlage
Dauer:	20 bis 40 Minuten
Vorbereitung:	Geräuscheabfolge vorbereiten

Amelie Funcke: Vorstellbar

Haltungsecho

Körperschwerpunkte laufend aneinander angleichen

Ziele

Wahrnehmung schärfen, Beobachtung schärfen, körpersprachliche Vorgänge bewusst machen, aufeinander eingehen.

Handlung

Jeweils zwei Personen sitzen sich auf Stühlen gegenüber. Person A erzählt etwas, z.B. vom vergangenen Urlaub. Person B hört zu, fragt auch mal nach und gleicht laufend ihre Körperhaltung (Schwerpunkt) an A an. Lehnt sich A z.B. nach hinten, tut B das auch, verlagert A das Gewicht auf eine Seite, macht B es ihr nach usw. Nach ca. fünf Minuten ist Rollenwechsel.

Variationen

▶ Eine dritte Person beobachtet das Geschehen und gibt anschließend Feedback.

▶ Die dritte Person steht hinter A und zeigt B, ob der Körperschwerpunkt angeglichen oder eine konträre Haltung eingenommen werden soll.

Regie-Hinweise

Das Einnehmen des gleichen Körperschwerpunkts durch die Gesprächspartner wird in der Regel als natürlich und normal erlebt. Nimmt B aber eine konträre Haltung ein, während A erzählt, entsteht eine Irritation: der Gesprächsfluss stockt.

Hintergrund dieser Übung ist die Beobachtung von Verhaltensforschern, dass Menschen, die in einem guten, harmonischen Kontakt sind, ihre Körperschwerpunkte aneinander angleichen (Haltungsecho). Offensichtlich hat man sich dies inzwischen in einigen Verkaufstrainings zunutze gemacht: Das Herstellen von Harmonie durch Angleichung der Körperhaltungen wird als Technik zur Gestaltung eines förderlichen, vertrauensvollen Verkaufsklimas vermittelt. Lässt sich das auch kritisch diskutieren, so bleibt die Beobachtung des Haltungsechos dennoch eine gute Möglichkeit, z.B. im Gespräch zu erkennen, dass etwas nicht stimmt und dadurch adäquat zu reagieren.

Haltungsecho

Auswertung

▶ Feedback durch die Akteure und die Beobachter in den Kleingruppen.

▶ Wie wurde die Übung erlebt?

▶ Was geschah, wenn das Gegenüber eine konträre Haltung einnahm?

▶ Zusammentragen der Erfahrungen im Plenum.

Einsatzmöglichkeiten

Beispiele:

▶ Auseinandersetzung mit der Wirkung von Körpersprache, z.B. im Kommunikationsseminar.

▶ Themen: Wie öffne ich Türen? Wie komme ich in Kontakt? – z.B. im Gesprächsführungs- oder Verkaufsseminar.

Technische Hinweise

Gruppierung:	6 bis beliebig viele Personen in Paaren bzw. Dreiergruppen
Material:	–
Dauer:	10 bis 30 Minuten
Vorbereitung:	keine

Ich mach' mit

Laufend eine Spielhandlung ergänzen

Ziele

Fantasie anregen, miteinander kooperieren, sich einfühlen, gemeinsam Spaß haben.

Handlung

Die Gruppe sitzt in einem großzügigen Kreis, die Mitte des Kreises ist die Spielfläche. Eine Person beginnt, geht in den Kreis und fängt pantomimisch eine beliebige Handlung an. Wer zu wissen glaubt, was in der Mitte des Kreises vor sich geht, kommt dazu und macht mit oder improvisiert etwas dazu. Sind sechs Personen in das Geschehen eingebunden, setzen sich alle zurück in den Kreis und jemand beginnt eine neue Handlung.

Variationen

Jemand stellt sich als Skulptur in die Mitte, allen anderen assoziieren, was in ihr vorgeht.

Regie-Hinweise

Eine lustige Sache.

Auswertung

keine

Einsatzmöglichkeiten

Beispiele:

▶ Nonverbales Zusammenspiel, gegenseitiges aufeinander Eingehen und Einfühlen, z.B. in der Teamentwicklung.

▶ Spontaneität, Imagination und Improvisation fördern, z.B. in einem Kreativitätsseminar.

▶ Übung zum Abbau von Bühnenangst, z.B. im Präsentationstraining.

▶ Anregung vernachlässigter Sinne in sehr kopflastigen Trainings.

Technische Hinweise

Gruppierung:	6 bis 20 Personen
Material:	–
Dauer:	5 bis 15 Minuten
Vorbereitung:	keine

Magische Bälle

Sich gegenseitig immer wieder veränderte imaginäre Gegenstände zuwerfen

Ziele

Vorstellungskraft und Spielfreude fördern, aufeinander eingehen/einstellen.

Handlung

Die Gruppe steht im Kreis. Die SL greift einen großen Klumpen „magische" Luft und formt daraus einen Ball. Mit den Worten „Dies ist ein Fußball!" wirft sie ihn einem Teilnehmer zu, der den imaginären Fußball fängt. Nun verändert sich der Ball, z.B. in einen Luftballon, und wird der nächsten Person zugeworfen, die den Luftballon fängt. Jeder Werfer verändert den magischen Ball nach Belieben aufs Neue, z.B. in einen Medizinball, Schneeball, Berliner, eine Feder, Glaskugel, Wolke usw. Die Fänger reagieren entsprechend.

Variationen

▶ Nonverbal spielen.

▶ Paarweise gegenüber spielen.

▶ Eine Weile die gleichen Gegenstände zuwerfen, z.B. eine Wolke, dann erst auf Anweisung der SL wechseln.

▶ Vier verschiedene Bälle werden zu Beginn vorgestellt: ein Medizinball, ein Tischtennisball, ein Luftballon und eine Stahlkugel von 10 cm Durchmesser. Von jedem existiert nur ein Exemplar. Die TN werfen sich konzentriert diese Bälle zu, ohne sich gegenseitig mit unerwarteten Würfen zu überraschen. Dabei soll immer erkennbar sein, welcher Ball gerade geworfen, gefangen oder gehalten wird.

▶ Den Gegenständen können Eigenschaften zugeordnet werden wie heiß, kalt, fettig, klebrig, matschig usw.

▶ Die Übung eignet sich auch, um abstrakten Themen einen bildhaften Ausdruck zu verleihen. So können z.B. beim Thema Kommunikation E-Mails, bits, bytes, Telefonate, SMS, Dateien, Fotos, Downloads, Komplimente, Vorwürfe usw. verschickt und empfangen werden.

Regie-Hinweise

Hier sind auf spielerische, unverfängliche Weise Ideen, Flexibilität und Anpassungsvermögen gefordert.

Auswertung

nicht notwendig

Magische Bälle

Einsatzmöglichkeiten

▶ Motivierung nach Pausen in jeder beliebigen Veranstaltung.

▶ Nonverbales Zusammenspiel und aufeinander Eingehen, z.B. in der Teamentwicklung.

▶ Vorbereitung auf das Theaterspiel in einem Mitarbeitertheater.

Technische Hinweise

Gruppierung:	2 bis beliebig viele Personen, paarweise oder im Kreis
Material:	–
Dauer:	5 bis 20 Minuten
Vorbereitung:	keine

Partner-Inspektion

Einen Partner gründlich inspizieren

Ziele

Sensibilisierung der Sinne, Wahrnehmung und Beobachtung schärfen, Vorstellungskraft fördern.

Handlung

Jeweils drei Personen bilden ein Team. Person A hat die Aufgabe, Person B gründlich zu „inspizieren", das heißt, intensiv alle Merkmale des Gesichtes und der Gestalt, Schmuck, Kleidung, deren Farben und Anordnung zu betrachten. B hält die ganze Zeit Augenkontakt. Nach einer Weile bzw. sobald Person A alles wahrgenommen und sich die Details gemerkt hat, schließt sie die Augen. Person C fragt nun einige Einzelheiten ab, z.B.: Trägt B Ohrringe? Wie genau sehen die aus? Wie viele Knöpfe hat die Strickjacke? Welche Farbe haben die Strümpfe? Die Augen? Für einen zweiten und dritten Durchgang werden jeweils die Rollen gewechselt, damit jede Person einmal jede Rolle inne hatte.

Variationen

▶ Die Aufgabe erschweren: Es werden Viererteams gebildet. Person A muss nun jeweils zwei Personen genauestens beobachten und sich die Einzelheiten merken.

▶ Es werden Paare gebildet: Sobald A die Augen geschlossen hat, verändert B drei winzige Details an sich. Diese sollen von A erkannt werden.

▶ Die Gruppe halbieren: Alle stehen sich in zwei Reihen vis-à-vis gegenüber, so dass jeder einen Partner hat. Alle betrachten ihr Gegenüber intensiv (ca. 1 Minute). Nun verlässt eine Gruppe den Raum. Alle TN (drinnen und draußen) verändern jeweils ein Element ihrer Kleidung (z.B. Ring an die andere Hand, Hemdknopf öffnen, die Schuhe oder Gürtel tauschen). Sind die Gruppen fertig, stellen sich alle in der alten Reihenfolge voreinander auf. Beginnend mit einem der äußeren Paare werden der Reihe nach die Veränderungen beim jeweiligen Gegenüber beschrieben. Ein zweiter Durchgang kann folgen.

Partner-Inspektion

Regie-Hinweise

Eine schöne Übung, die die Fülle an möglichen Beobachtungen und Wahrnehmungen zeigt und sowohl Selektion bei der Erinnerung wie auch unterschiedliche Talente und Beobachtungsschwerpunkte deutlich macht. Vieles wird nicht gesehen oder setzt sich anders ins Gedächtnis. Nützlich für den Erkenntnisgewinn ist eine gute „Fragefantasie" bei Person C.

Auswertung

▶ Erfahrungen erfragen.

▶ Gab es Strategien bei der Beobachtung? Wenn ja, welche?

▶ Was wurde problemlos erinnert, was nicht?

▶ Wo verschoben sich Bilder und Erinnerungen?

Einsatzmöglichkeiten

Beispiele:

▶ Wahrnehmung und Beobachtung trainieren, z.B. im Kommunikations- oder Führungstraining.

▶ Anregung der Sinne, Förderung der Imagination und des Vorstellungsvermögens, z.B im Kreativitätsseminar.

▶ Subjektive Wahrnehmung thematisieren, z.B. im Train-the-Trainer oder Konfliktmanagement.

▶ Einführung in das Thema Feedback in entsprechenden Trainings.

Technische Hinweise

Gruppierung:	3 bis beliebig viele Personen in Dreiergruppen
Material:	–
Dauer:	10 bis 20 Minuten
Vorbereitung:	keine

Wo ist die Feder?

Blind eine Feder finden

Ziele

Vorstellungskräfte, innere Konzentration fördern, Sensibilisierung der Wahrnehmung, der Sinne, des Raumgefühls.

Handlung

Die Übung braucht einen Raum mit einer großen, in der Mitte frei geräumten Fläche. Alle TN befinden sich an der Stirnseite des Raumes. In einiger Entfernung wird eine Feder (oder ein anderer Gegenstand) auf den Boden gelegt. Die TN prägen sich die Distanz gut ein. Eine Person (A) beginnt. A schließt die Augen, geht blind direkt auf die Feder zu, bückt sich und greift dort zu, wo sie diese vermutet. Verfehlt Person A die Feder, öffnet sie die Augen und überprüft die Distanz. Person B ist an der Reihe, anschließend C usw. Waren alle einmal an der Reihe, kann das Ganze ein- bis zweimal wiederholt werden.

Variationen

▶ Kann in einem großen Raum auch parallel mit mehreren Federn/Gegenständen durchgeführt werden.

▶ Ist (mit windfesten Gegenständen) auch im Freien möglich.

▶ Als Wettspiel gestalten: Zwei oder mehrere Teams spielen gegeneinander. Es werden die Zentimeter gemessen und addiert, um die der Gegenstand jeweils verfehlt wurde. Treffer geben Bonuspunkte.

▶ In etwas anderer Form als Wettspiel gestalten: Immer zwei Sehende leiten parallel jeweils einen Blinden zu ihrem Gegenstand – wer seinen zuerst hat, gewinnt. (Achtung: Dabei braucht jedes Team unbedingt seinen eigenen Gegenstand, sonst riskieren Sie schmerzhafte Zusammenstöße.)

Regie-Hinweise

▶ Sorgen Sie auf jeden Fall für „freie Bahn" im Raum, damit die TN sich nicht stoßen.

▶ Die Übung wird in der Regel als äußerst spannend erlebt – meist wollen die TN, besonders wenn sie die Feder verfehlt haben, sie mindestens einmal wiederholen, um die Chance zu haben, das Ergebnis zu korrigieren.

Wo ist die Feder?

▶ Das Raumgefühl kann mit geschlossenen Augen erheblich abweichen. Für viele TN ist das eine interessante Erfahrung.

▶ Bei größeren Gruppen die Übung unbedingt parallel (s.o.) durchführen lassen. Wenn der Einzelne zu lange auf seinen Einsatz warten muss, gehen Spannung und Dynamik verloren.

Auswertung

Fragen Sie nach den Erfahrungen und Wahrnehmungen und initiieren Sie einen Austausch darüber.

Einsatzmöglichkeiten

Beispiele:

▶ Warming-up und neuer Aufbau von Konzentration nach einer längeren Pause.

▶ Anregung/Sensibilisierung „vernachlässigter" Sinne in Seminaren, in denen vorwiegend Ohren und Augen gefordert sind.

▶ Vorstellungskräfte, Imagination, innere Konzentration fördern, z.B. im Selbstmanagement-Seminar.

▶ Als Metapher für Zielerreichung nutzen.

Technische Hinweise

Gruppierung:	4 bis 12 Personen, auch mehr, sofern die Raumgröße es zulässt.
Material:	eine Feder oder andere Gegenstände
Dauer:	5 bis 30 Minuten, je nach Gestaltung
Vorbereitung:	Raum freiräumen

Genre 10

Inszenieren und bearbeiten –
Aufgaben bewältigen, Prozesse auswerten

Der Film geht ab

Simulation über einen längeren Zeitraum

Ziele

Als Team optimal zusammenarbeiten, eine Aufgabe/Herausforderung bewältigen, Gruppengefühl stärken, gemeinsam Spaß haben.

Handlung

Ein Rollenspiel wird über mehrere Stunden oder einen ganzen Tag gespielt. Dazu hat sich die SL eine Story überlegt und für jeden TN oder für TN-Gruppen Rollen kreiert. Die SL gibt eine Einführung in die Aufgabe und verteilt die Rollenbeschreibungen. Ebenso wird ein Raumplan vorgestellt und ausgehängt, damit sich alle einen Überblick verschaffen können, wo die einzelnen TN ihren Aufgaben nachgehen. Eine Materialausgabe wird eingerichtet, in der sich die Rolleninhaber im Laufe der Zeit mit Materialien versorgen können. Zu einem verabredeten Zeitpunkt beginnt das Projekt. Es läuft über einen vorgegebenen Zeitraum (2-6 Stunden) und endet mit dem Abschluss der gemeinsamen Aufgabe (z.B. der Aufführung der Show).

Eine mögliche Story ist diese: Ein berühmter Shooting-Star soll am Abend im Fernsehen auftreten. Die Show beginnt um genau 20.00 Uhr. Der Auftritt muss sorgfältig vorbereitet werden. Nichts darf schief gehen. Zahlreiche

Personen sind mit der Vorbereitung der Show beschäftigt: Eine Produzentin, die alle Arbeiten zu koordinieren hat, ihr Assistent, ein Bühnenbildner-Team, die künstlerische Leitung, Tänzer/innen, eine Choreographin, Kameramann, Tontechniker/in, Maskenbildner/in, Manager/in und Bodyguards des Stars, ein Backgroundchor – und natürlich der Star selbst. Die Anzahl der Personen richtet sich nach der Anzahl der Teilnehmer, jede/r bekommt eine Rolle. Eventuell können, je nach Einsatz, auch einige Beobachter eingesetzt werden. Alle Personen bekommen Rollenbeschreibungen, die Auskunft über ihre Aufgaben und ggf. einige Hinweise zu Persönlichkeit und Charakter geben, die das Spiel zusätzlich würzen.

Variationen

▶ Aktuelle Geschehnisse aus Gesellschaft, Politik oder dem Unternehmen aufgreifen, z.B. Verleihung des Bundesverdienstkreuzes an eine aktuell bekannte Persönlichkeit in der Sendung eines aktuell bekannten Talkmasters, Nobelpreisverleihungen – oder eine Liveaufzeichnung von einer Schönheitsoperation oder die öffentliche Ehrung des Unternehmers des Jahres oder eine „Wetten, dass"-Sendung oder es sollen Filme gedreht werden usw.

Der Film geht ab

▶ Die Rollen können gewählt, ausgelost oder bewusst vergeben werden.

Regie-Hinweise

In der Regel werden viel Platz bzw. mehrere Räume benötigt. Die Aktion bringt meist viel Spaß und ist ein intensives (Team-)Erlebnis, kann aber auch Stressmomente enthalten. Einige Rollen sind besonders stressanfällig, z.B. die der Produzentin, andere Rolleninhaber müssen gut beschäftigt werden, damit sie nicht in Langeweile verfallen.

Wichtig: Der Beginn der Show oder des Ereignisses, auf das alle hinarbeiten, soll wirklich zum verabredeten Zeitpunkt erfolgen. Danach ist erst einmal feiern angesagt, die Auswertung auf später verschieben. Das Ganze ist sehr aufwändig, lohnt sich aber.

Durch eine entsprechende Story kann die Übung firmen- oder themenspezifisch angepasst werden.

Auswertung

Die Aktion kann ausgewertet werden im Hinblick auf das Ergebnis, den (Team-)Prozess und die Zusammenarbeit im Team. Ein Transfer auf den beruflichen Alltag kann sich anschließen.

Einsatzmöglichkeiten

▶ Aktion im Rahmen einer Teamentwicklung oder einer Kick-off-Veranstaltung, z.B. zur Einführung eines neuen Projektes.

Technische Hinweise

Gruppierung:	10 bis 70 Personen
Material:	Story, Rollenbeschreibungen, Raumplan, Arbeitsmaterialien für die Rolleninhaber je nach Rollen
Dauer:	2 Stunden bis ein Tag
Vorbereitung:	Story ausdenken, Rollenbeschreibungen erstellen, Raumplan anfertigen, Materialien besorgen

Amelie Funcke: Vorstellbar

Der Film geht ab

So können Rollenanweisungen aussehen – ein Beispiel aus der Praxis

Kontext/Hintergrund:

Ein großes Unternehmen führt ein neues Kunden-Service-System ein. In einer Kick-off-Veranstaltung sollen sich die betreffenden Mitarbeiter kennen lernen, vernetzen und lustvoll auf das Projekt einstimmen.

Im Rahmen der Veranstaltung wurden drei Filmteams zu den Genres Krimi, Western und Telenovela gebildet. Ihre Aufgabe war es, jeweils eine Filmepisode zum vorgegebenen Thema und passend zum Genre zu entwickeln, zu inszenieren und anschließend vorzustellen. Innerhalb der Filmteams gab es vier Rollenweisungen für

▶ den Produzenten,

▶ die Drehbuchschreiberin/Regisseurin,

▶ die Requisiteurin sowie

▶ einen Schauspieler.

Auf den folgenden Seiten sind diese für das Genre-Beispiel „Telenovela" beschrieben.

Der Film geht ab

Rollenanweisung für einen Produzenten:

Sie sind der/die Produzent/in in der **Telenovela-Branche**. Die Produktion einer Kurz-Telenovela steht auf der Tagesordnung.

Von Ihrer Leitungsfähigkeit hängen Erfolg oder Misserfolg des Films ab. Sie haben die Aufsicht über das ganze Geschehen in Ihrem gesamten Filmteam und sind verantwortlich für die Organisation und das Gelingen des Films.

Erwartet wird eine rührende Episode (5 bis 10 Minuten) aus der Welt des Kunden-Service der Firma „X" – genauso ergreifend und schnulzig, wie man das von Ihren bisherigen Kassenfüllern kennt.

Zu Ihrem Team gehören:
▶ Team A: Drehbuch / Regie
▶ Team B: Kulisse / Requisite / Ton
▶ Team C: Schauspieler/innen

Bedenken Sie, dass Sie es mit hoch begabten Leuten zu tun haben, die alle Meister/innen ihres Faches sind. Lassen Sie ihnen so viel wie möglich freie Hand. Und Sie wissen ja, dass geniale Talente manchmal etwas nervös, empfindlich und eigenwillig sein können. Gehen Sie also behutsam mit Ihren Leuten um – bleiben Sie ruhig und höflich und sparen Sie nicht mit Anerkennung!

Ihre konkreten Aufgaben sind:

▶ Den Kontakt zu Ihren Teams zu pflegen.
▶ Für den Informationsfluss zwischen Ihren Teams zu sorgen und die Arbeiten Ihrer Teams zu koordinieren.
▶ Den Zeitplan zu überwachen und darauf zu achten, dass er von allen eingehalten wird.
▶ Ihre Teammitglieder zur Höchstleistung zu motivieren.
▶ Kurz: Das Projekt zum Erfolg zu führen ...!

Ihr Motto:

Ist der Film ein Knaller, wird der Geldsack praller!

Viel Spaß! Und Glück!!!

PS: Während der Präsentationen der anderen Filmteams sind Sie Publikum. Bitte klatschen. Die Präsentationen gefallen Ihnen auf jeden Fall. Sie sind begeistert!

Amelie Funcke: Vorstellbar

Der Film geht ab

Rollenanweisung für eine Drehbuchschreiberin / Regisseurin:

Sie sind Drehbuchschreiberin und Regisseurin – und Mitglied eines Autorenteams, das sich mit seiner flotten, kreativen Schreibe und guten Hand bei der Regie in der Telenovela-Branche einen hervorragenden Ruf verdient hat. Spätestens seit diversen raffinierten Soap-Drehbüchern ist Ihr Name in aller Munde.

Sie werden außerdem dafür gerühmt, dass Sie mit einem niedrigen Budget zurechtkommen und für eine effektive Auslastung der Schauspieler/innen sorgen. Bisher hat sich in Ihren Drehbüchern noch für jede/n Schauspieler/in eine passende Rolle gefunden – und sei es als Statist/in oder sogar als Teil der Kulisse …

Deshalb sind Sie mit Ihrem Team auch für dieses einzigartige Filmprojekt engagiert worden.

Eine Telenovela soll gedreht werden:

Erwartet wird eine rührende Episode (5 bis 10 Minuten) aus der Welt des Kunden-Service der Firma „X" – genauso ergreifend und schnulzig, wie man das von Ihren bisherigen Kassenfüllern kennt.

Natürlich muss mal wieder alles ganz schnell gehen. Heute haben Sie gerade mal 45 Minuten Zeit, um gemeinsam mit Ihrem Team Ihr Drehbuch fertigzustellen – dann beginnen schon die Proben …

Aber man hätte nicht Sie für diesen Auftrag gewählt, wenn Sie nicht jetzt erst recht alle Register Ihres Könnens ziehen würden – solche Situationen spornen Ihren Ehrgeiz doch erst richtig an!

Außerdem ist der Produzent ein ganz netter Kerl, der angedeutet hat, noch ein paar andere lukrative Projekte auf Lager zu haben. Auf keinen Fall werden sie ihn enttäuschen! Geben Sie alles!!

Ihr Motto:

Ist das Drehbuch kurz und knapp, geht beim Dreh die Lucy ab!

Viel Spaß!

PS: Während der Präsentationen der anderen Filmteams sind Sie Publikum. Bitte klatschen. Die Präsentationen gefallen Ihnen auf jeden Fall. Sie sind begeistert!

Der Film geht ab

Rollenanweisung für eine Requisiteurin:

Ohne **Sie** keine **Telenovela**!

Ihr Name geistert schon lange durch die Insiderkanäle der Filmproduzenten! Sie sind die absolute Fachfrau für die optische Gestaltung von Szenen und Hintergründen. Sie sind außerdem Herrin über Requisite und Ton.

Seit Sie die Kulissen für sämtliche Rosamunde-Pilcher-Verfilmungen und „Sophie – Braut wider Willen" entworfen haben, werden Sie für fast alle Film-Großereignisse gebucht.

Eine Telenovela soll gedreht werden:

Erwartet wird eine rührende Episode (5 bis 10 Minuten) aus der Welt des Kunden-Service der Firma „X" – genauso ergreifend und schnulzig, wie man das von Ihren bisherigen Kassenfüllern kennt.

Ihr heutiger Arbeitstag beginnt mit der Teilnahme an einer Führung, bei der Sie sich die zur Verfügung stehenden Materialien zeigen lassen – und schon ein paar Ideen dazu sammeln. Budget und Zeit sind mal wieder knapp und Ihre ganze Kreativität ist gefordert – aber das sind Sie ja täglich gewohnt, das schreckt vielleicht Ihre Kolleginnen und Kollegen, aber doch nicht Sie!

Zusammen mit Ihrem Team und in Absprache mit dem Team Drehbuch/Regie sowie dem Produzenten werden Sie anschließend die Kulisse des Filmteams Telenovela gestalten und ausschmücken, Ton und Requisite liegen ebenfalls in Ihren begnadeten Händen.

Für die heutige Produktion geben Sie sich besonders viel Mühe. Der Produzent ist ein netter Kerl und winkt mit weiteren lukrativen Aufträgen – sie werden mit Engagement und Fachkompetenz glänzen – schließlich geht es auch um Ihren guten Ruf!

Ihr Motto:

Ist der Drehort richtig voll, wird der Film erst wirklich toll!

Viel Spaß!

> PS: Während der Präsentationen der anderen Filmteams sind Sie Publikum. Bitte klatschen. Die Präsentationen gefallen Ihnen auf jeden Fall. Sie sind begeistert!

Amelie Funcke: Vorstellbar

Der Film geht ab

Rollenanweisung für einen Schauspieler:

Eine **Telenovela**-Produktion ist angesagt. Sie sind freischaffender Schauspieler und für den Film engagiert. Die Filmkritik lag Ihnen schon zu Füßen und Veranstaltungen wie diese absolvieren Sie mal eben nebenbei.

Eine Telenovela soll gedreht werden:

Erwartet wird eine rührende Episode (5 bis 10 Minuten) aus der Welt des Kunden-Service der Firma „X" – genauso ergreifend und schnulzig, wie man das von Ihren bisherigen Kassenfüllern kennt.

Zusammen mit der Regie werden Sie an Filmszenen arbeiten, die eines Stars würdig ist. Sie sind dabei absolut professionell und spielen unter Einsatz all Ihren Talents, was man von Ihnen verlangt. Niemand wird Ihnen nachsagen können, Sie würden Ihren Job nicht verstehen – Ihr guter Ruf (der Ihnen vorauseilt) verpflichtet …! (Natürlich halten Sie diesen ganzen Filmrummel eigentlich für überflüssig, aber irgendwie muss man ja sein Brot verdienen.)

Lassen Sie sich aber nicht wie irgendein daher gelaufener Boulevardschauspieler behandeln, immerhin sind Sie Absolvent der Berliner Schauspiel-Akademie und waren erst vor kurzem für den **Bambi** nominiert.

Ihr heutiger Arbeitstag beginnt mit einem Schauspiel-Aufwärmtraining. Zeigen Sie da schon, was Sie drauf haben. Es sind ein paar unerfahrene Anfänger dabei – die können eine Menge von Ihnen lernen …

Anschließend werden Sie bei den Proben erwartet …

Ihr Motto:

Ist der Mime richtig gut, spielt er lässig Lieb' und Wut.

Viel Spaß!

> PS: Während der Präsentationen der anderen Filmteams sind Sie Publikum. Bitte klatschen. Die Präsentationen gefallen Ihnen auf jeden Fall. Sie sind begeistert!

Die Gruppe im Bilde

Eine Gruppe wird als Bild aufgestellt

Ziele

Beziehungsgefüge einer Gruppe wahrnehmen, Positionen Einzelner erkennen, persönliches Feedback geben und bekommen.

Handlung

Die SL wählt vor einer größeren Seminarpause (mittags oder abends) zwei geeignete TN aus und gibt diesen einen Geheimauftrag: Ihre Aufgabe ist es, für die Gesamtgruppe ein Bild zu finden, in dem alle Gruppenteilnehmer einen Platz bekommen. Dieses Bild kann statisch sein oder auch dynamisch. Am nächsten Morgen oder nach der großen Pause wird das Bild von den beiden TN aufgebaut und jedes Gruppenmitglied bekommt seinen Platz darin zugewiesen. Dabei werden schon Bild und Position verraten, aber noch nicht im Einzelnen das, was sich die Erfinder des Bildes dabei gedacht haben.

Haben alle ihre Position bezogen, kann die SL durch gezielte Fragen an jeden einzelnen TN das Beziehungsgefüge und die Positionen und Empfindungen der Einzelnen transparent machen.

Mögliche Fragen:

▶ Wie fühlen Sie sich in Ihrer Position?

▶ Was assoziieren Sie mit der Ihnen zugedachten Rolle? Was glauben Sie, warum Sie diese bekommen haben?

▶ Gibt es einen Platz, an dem Sie sich wohler fühlen würden? Möchten Sie etwas verändern? Was brauchen Sie, damit das möglich wird?

Sind Veränderungen der Positionen gewünscht, können diese gleich ausprobiert und in ihrer Wirkung auf den Einzelnen und die Gruppe reflektiert werden.

Variationen

keine

Regie-Hinweise

Eine sehr beeindruckende, unvergessliche Übung, wenn das Bild gut gewählt ist und von der SL sensibel und präzise moderiert wird.

Die Gruppe im Bilde

Drei Beispiele für gewählte Bilder aus der Praxis der Autorin:

▶ Fußballmannschaft

▶ Busfahrt einer Reisegruppe nach Paris

▶ Flugzeug

Auswertung

Ist Teil der Übung.

Einsatzmöglichkeiten

▶ Bewusstmachen des Gruppengefüges und der Positionen Einzelner sowie Rückmeldung an Einzelne in Teams oder im Verlauf mehrtägiger Seminare (z.B. Teammanagement, Führungstraining, Train-the-Trainer).

Technische Hinweise

Gruppierung:	8 bis 12 Personen
Material:	nach Bedarf (meist keins)
Dauer:	60 bis 120 Minuten
Vorbereitung:	für Trainer keine

Die Ordensverleihung

In Kleingruppen Szenen entwickeln und zu einem Stück verbinden

Ziele

Im Team kreativ werden, eine Aufgabe bewältigen, Gruppengefühl entwickeln, gemeinsam Spaß haben, Themen bearbeiten.

Handlung

Die Grundidee dieser Aktion ist es, parallel in Kleingruppen (2-3 Personen) kleine pantomimische Szenen zu einem Titel, z.B. „Die Ordensverleihung", entwickeln zu lassen und diese dann anschließend zu einem Stück zu verbinden. Eine Zwischenszene, die sich immer wiederholt, hält das Stück zusammen: Darin wird ein Orden einer Person feierlich verliehen und umgehängt, die Szene wird eingefroren, dann in einem Rückblick die Situation gezeigt, die zum Orden geführt hat. Zwischenszene: die nächste Person bekommt ihren Orden, einfrieren, Rückblick usw. Auf diese Weise ist es möglich, relativ unaufwändig ein ganzes zusammenhängendes Stück zu produzieren.

▶ Es werden Kleingruppen à 2-3 Personen gebildet. Alle Teams bekommen 30 Minuten Zeit und die Aufgabe, eine Szene zum Thema „Ordensverleihung" zu entwickeln, d.h., es soll die „Heldentat" erdacht und gespielt werden, die dazu führt, dass der Orden verliehen wird.

▶ Es folgt die Präsentation: Die Gruppen spielen sich die erarbeiteten Szenen gegenseitig vor. Sie bekommen Feedback zur Szene und Darstellung sowie Tipps zur Überarbeitung. Falls möglich und noch nicht geschehen, wird ein passendes Musikstück zur Untermalung der Szene festgelegt (pro Gruppe ca. 10-15 Min.).

▶ Nun wird die Zwischenszene eingeführt, der Ablauf in einer Stellprobe mit allen TN grob skizziert und probiert (siehe oben, ca. 15 Min.).

▶ Anschließend gehen alle zur Überarbeitung der Szenen wieder in ihre Kleingruppen. Falls vorgesehen, sollte nun auch die Musik zu Einsatz kommen (ca. 45 Min.).

▶ Alle kommen wieder ins Plenum zur Zusammenstellung und gemeinsamen Probe des Stücks (ca. 60 Min.).

▶ Vorstellung (ca. 30 Min.) und ggf. Videoaufnahme.

Die Ordensverleihung

Variationen

▶ Die tollsten Varianten ergeben sich durch die Ideen der Teilnehmer. So hat die Autorin diese Aktion schon mehrfach durchgeführt und auf diese Weise viele amüsante Situationen kennen gelernt, für die man einen Orden bekommen könnte. Beispiele:

– Beim Bananenwettessen gewonnen.

– Sich beim Ski-Abfahrtslauf fair verhalten, dabei den sicheren Sieg aufs Spiel gesetzt.

– 10 Kinder groß gezogen.

– Einen riesigen Fisch gefangen.

– Jemanden aus einem brennenden Haus gerettet.

– Eine Sektglaspyramide auf der Nase balanciert.

– Jemanden vor dem Selbstmord bewahrt und anschließend geheiratet.

▶ Nach dem gleichen Schema können auch zu anderen Themen Szenen entwickelt werden. Auf jeden Fall lohnend ist es, das Oberthema an die Situation anzupassen. Im Firmenkontext wird die Ordensverleihung z.B. zur „Ehrung für besondere Verdienste in unserem Unternehmen" vorgenommen.

▶ Die Aktion lässt sich auch als Teamentwicklungsaufgabe anlegen. In dem Fall wird die Gruppe in Akteure und Beobachter geteilt. Die Beobachter betrachten das Geschehen, vor allem in den Kleingruppen, von außen und machen sich Notizen. Wenn sie später für die Aufführung technische Aufgaben bekommen (Kameraführung, Musiktechnik, Beleuchtung, Fotodokumentation), können auch sie am Gruppenerlebnis teilhaben.

Regie-Hinweise

Gehen Sie während der Arbeitsphasen der Teams durch die Gruppen, um bei der Inszenierung zu beraten und ggf. Mut zu machen. So bekommen Sie auch schon im Vorfeld ein Gefühl dafür, was die Gruppen spielen werden, und können schon über evtl. Musikempfehlungen nachdenken. Denn Sie kennen Ihre Musiksammlung am besten. Passende Musik ist eine große Unterstützung, weil den Szenen dadurch viel Humor, Dramatik und Dynamik verliehen werden kann. Mehr noch: Die Musik macht die den Darstellern fehlende Technik und Routine wett – die Szene bekommt eine runde Wirkung, ohne dass die Darbietung perfekt sein muss.

Die Ordensverleihung

Nicht zwingend notwendig, aber hilfreich ist eine Einstimmung der Gruppe auf das Theaterspiel – in Form von
einigen darstellenden Spielen oder Theaterübungen.

Auswertung

▶ **Bei Teamentwicklungsaufgabe:** Was hat die Zusammenarbeit gefördert, was behindert? Womit sind Sie
  zufrieden/nicht zufrieden? Wer hat welche Rolle gehabt? usw.

▶ **Bei Event:** keine inhaltliche Auswertung, stattdessen
  den Erfolg feiern ...

Einsatzmöglichkeiten

Beispiele:

▶ Herausfordernde Teamaufgabe im Teamentwicklungsseminar.

▶ Mitarbeitertheater, z.B. im Rahmen eines Veränderungsprozesses oder Firmenjubiläums.

Technische Hinweise

Gruppierung:	6 bis 15 Personen
Material:	Musiksammlung
Dauer:	ca. 4 Stunden
Vorbereitung:	Musiksammlung erstellen, Bühne vorbereiten

Die Ordensverleihung

Zwei Beispiele

Das Skirennen

Musik: Starlight-Express – Das erste Rennen

Die weltberühmten Skiprofis Nadia und Martin haben sich gegenseitig zum Skirennen herausgefordert. Siegesgewiss betreten Sie die Piste, schnallen die Ski an, ziehen Helm und Handschuhe an. Das Rennen wird angezählt (Playback), dann geht's los im atemberaubenden Tempo.

Zunächst noch gleichauf, zeigt sich schon bald, das Nadia die schnellere ist, nach einem todesmutigen Sprung über einen Hügel hat sie sich endgültig durchgesetzt. Doch kurz darauf stürzt Martin schwer zu Boden (Musik-Stopp). Die schnelle Nadia, die sich hin und wieder umblickt, sieht den Gestrauchelten und fühlt plötzlich Mitleid. Sie bremst, steigt hoch zu Martin, hilft ihm auf, stellt ihn wieder auf die Ski, putzt ihm die Nase und den Schnee ab. Dann ermuntert sie ihn, das Rennen fortzuführen, was auch geschieht (Musik an).

Nun ist aber Martin schneller und gewinnt schließlich. Als er jedoch die enttäuschte Nadia sieht, zeigt er sich ganz von der ritterlichen Seite: Nadia bekommt den Sieg und dafür haben sich beide einen Orden verdient.

Rettung aus höchster Not

Musik: Ouvertüre Wilhelm Tell, Tarzanschrei

Der junge, fesche Henning geht nichts Böses ahnend spazieren, als er plötzlich über sich panische Schreie hört. Aus dem 18. Stock des Hochhauses, an dem er gerade vorbeigeht, schlagen Flammen und die hübsche Sabine steht schreiend am Fenster.

Henning zögert nur kurz, dann stürzt er zur Tür rein und macht sich ans Treppensteigen. Inzwischen sind jedoch auch noch andere Passanten auf das Unglück aufmerksam geworden. Eine davon heißt zufällig auch Sabine und organisiert ein Sprungtuch. Sabine am Sprungtuch macht Sabine am Fenster Mut zu springen, diese aber hat Angst. Henning läuft inzwischen Treppen. Schließlich springt Sabine aber doch, kurz bevor der mutige Henning sich durch Qualm und Feuer zu ihr durchkämpfen konnte. Als Henning am Fenster ankommt, ist Sabine längst unten bei der anderen Sabine.

Mit einem markerschütternden Tarzanschrei stürzt Henning sich ebenfalls in die Tiefe. Und bekommt für seinen Einsatz und seine Unerschrockenheit den Orden.

Amelie Funcke: Vorstellbar

Forumtheater

Szenisch Problemsituationen bearbeiten (frei nach Augusto Boal)

Ziele

Kreativität anregen, Themen bearbeiten, mit Handlungsweisen experimentieren, Lösungen für Alltags- und Berufssituationen entwickeln, erproben und reflektieren.

Handlung

Es werden Kleingruppen à 2-4 Personen gebildet. Die Teams bekommen die Aufgabe, zu einem vorgegebenen Thema kurze Szenen zu entwickeln, in denen eine Problematik vorgestellt, aber nicht gelöst wird. Im Plenum werden die Ergebnisse präsentiert und anschließend mit der ganzen Gruppe bearbeitet. Dies geschieht, indem der Ablauf durch die SL immer wieder gestoppt wird und jede Person, die an irgendeiner Stelle eine weiterführende Handlungsidee hat, diese durch Rollentausch ausprobiert. Sie tritt über die Grenze, die die Bühne vom Zuschauerraum trennt und übernimmt die Rolle der Person, für deren Verhalten sie eine Idee hat. Diese Person wiederum wechselt in den Zuschauerraum. Die Zuschauer

betrachten dies alles von außen und geben Feedback über die Außenwirkung, die SL befragt die Darsteller über die Innenwirkung. Es wird bewusst mit möglichst vielen Handlungsideen experimentiert, damit eine Bandbreite an Möglichkeiten aufgezeigt wird und jeder Teilnehmer den zu ihm passenden Weg finden kann.

Beispiel:

Thema: Umgang mit Störern und Störungen in Redesituationen.

Ziel: Möglichkeiten finden und testen im Umgang mit unfairen Angriffen und anderen schwierigen Situationen.

► Kleingruppen bilden, dort schwierige Situationen sammeln (10 Min.).

► Ein bis zwei Situationen in kurze Szenen umsetzen – noch ohne Lösung (5 bis 15 Min.)!

► Szenen im Plenum präsentieren, zwischendurch stoppen und ggf. wiederholen.

► Durch wiederholten Rollentausch mit Lösungsideen experimentieren.

Forumtheater

Variationen

▶ Szenen verfremdet spielen lassen – sie spielen an einem anderen Ort, in einer anderen Zeit, die Zusammenhänge sind anders …

Regie-Hinweise

Erfinder des Forumtheaters ist Augusto Boal, ein südamerikanischer Schauspieler und Intendant, der über diese Methode die politische Mündigkeit der Bürger in seinem Land fördern wollte.

In Seminaren kommt die Methode immer dann gut, wenn es um Verhalten in Problemsituationen geht und es keine einfachen Antworten gibt. Ihr besonderes Potenzial liegt in der Chance auf kreative, auch individuelle, auf einzelne Personen abgestimmte, wirklich praktikable Lösungen. Denn es bleibt nicht beim Denken, sondern die Ideen werden gleich handelnd ausprobiert. Dabei erleben die Teilnehmer zudem, dass es einfach ist, großartige Heldentaten vorzuschlagen, und dass es ungleich schwieriger ist, sie auch in die Tat umzusetzen.

Das Forumtheater braucht eine gute Moderation und lebt vom lebendigen Wechsel zwischen Experiment und Reflexion. Es lässt sich hervorragend an verschiedene (Trainings-)Situationen anpassen. **Wichtig:** Setzen Sie das Forumtheater nur in Situationen ein, wo wirklich nach einer oder mehreren Lösungen gesucht wird, niemals aber, wenn es eigentlich auf eine bestimmte Sache hinauslaufen soll.

Auswertung

Geschieht laufend während des Einsatzes.

Die Zuschauer betrachten die Szene von außen und beschreiben die Außenwirkung des Geschehens. Beobachtet werden können z.B.: der Ablauf (Wechselwirkung), der Prozess und seine Einflussfaktoren, die Körpersprache/-signale, förderndes Verhalten, hinderliches Verhalten usw. Die Regie befragt die Darsteller über deren Erlebnisse bzw. die Innenwirkung. Wichtig ist, die entstandenen Gefühle zu berücksichtigen.

Die gefundenen Lösungen können abschließend diskutiert und bewertet werden.

Forumtheater

Einsatzmöglichkeiten

Beispiele:

▶ Umgang mit schwierigen Situationen im Rhetorik- oder Präsentationsseminar (siehe oben).

▶ Lösungsfindung für Konfliktsituationen im Führungskräftetraining.

▶ Den Umgang mit neuen Situationen bei Veränderungsprozessen einüben.

Technische Hinweise

Gruppierung:	8 bis 20 Personen
Material:	–
Dauer:	45 bis 90 Minuten
Vorbereitung:	Bühne andeuten, ggf. Themenstellung vorbereiten

Frühstücksfernsehen

Aussagen in eine Fernsehsendung verpacken

Ziele

Themen bearbeiten/vertiefen, Fantasie und Kreativität fördern, Feedback geben, gemeinsam Spaß haben.

Handlung

Die SL erteilt Kleingruppen von 2-3 TN den Auftrag, den Seminartag oder eine Arbeitseinheit oder ein Thema im Stil einer Fernsehsendung zusammenzufassen. Als Rahmen können Kategorien vorgegeben werden, z.B. 6-Uhr-Früh-Talk, Bericht aus Köln, Werbeblock, Morning-Soap, Ratgeber (...) etc. Nach einer Vorbereitungsphase von 10 bis 45 Minuten (je nach Arbeitsanweisung) werden die Szenen präsentiert. Die SL gestaltet dann den Rahmen, moderiert die „Sendung" und sorgt für den Applaus.

Der Auftrag kann bei mehrtägigen Seminaren auch am Abend erteilt werden. Die Sendung wird dann am nächsten Morgen gezeigt und leitet den neuen Tag ein.

Variationen

keine

Regie-Hinweise

Gut bei mehrtägigen, kopflastigen Veranstaltungen. Im Zusammenhang mit Themenerarbeitung oder -wiederholung können sich die Inhalte bei den TN gut verankern.

Auswertung

ggf. Themen herausfiltern und weiterentwickeln.

Einsatzmöglichkeiten

Beispiele:

▶ Erarbeitung eines Themas oder Zusammenfassung und Wiederholung der bisherigen Inhalte in jedem beliebigen Training.

▶ Präsentationsübung bei gleichzeitiger Themenbearbeitung im Rhetorik- oder Präsentationsseminar.

▶ Übung im Fremdsprachentraining.

▶ Tages- oder Seminarfeedback in jeder beliebigen Veranstaltung.

Frühstücksfernsehen

Technische Hinweise

Gruppierung:	6 bis 20 Personen
Material:	Deko für Fernsehstudio, ggf. Musik
Dauer:	20 bis 90 Minuten
Vorbereitung:	Deko, Musik, Aufträge

Amelie Funcke: Vorstellbar

Ideensport

Spontan und schnell Lösungen finden und spielen

Ziele

Themen bearbeiten, Kreativität anregen, Lösungen finden, Spielfreude entwickeln, gemeinsam Spaß haben.

Handlung

Kleingruppen bekommen die Aufgabe, sich eine Worst-Case-Situation, z.B. während eines Vortrags oder eines Gesprächs, mit kurzer dort hinführender Sequenz zu überlegen. Team A beginnt und spielt seine Szene vor. Es wird an dem Punkt unterbrochen, an dem die Katastrophe passiert. Team B muss nun relativ spontan mit der Situation fertig werden. Die Gruppe hat zunächst eine Minute Zeit nachzudenken und muss dann die Szene übernehmen, d.h. wiederholen und weiterspielen – und dabei eine Lösung für den Worst Case präsentieren.

Anschließend wird gewechselt: Nun konfrontiert Gruppe B das Team A mit ihrer Situation usw.

Die gespielten Situationen und der Umgang damit können dann reflektiert und weiterentwickelt werden.

Variationen

keine

Regie-Hinweise

Diese Übung ist vom Theatersport abgeleitet. Sie nutzt die sportliche Seite und den Herausforderungscharakter des Theaterspiels sowie die Erkenntnis, dass ungewöhnliche Ideen oft in heiteren Situationen mit Wettbewerbscharakter besser fließen. Die SL kann den Prozess unterstützen, indem sie die Gruppen vorher in Stimmung bringt, z.B. durch ein ähnliches, aber einfacheres Spiel (Querverweis: Wettpantomime, siehe S. 177).

Auswertung

► Welche Lösungen wurden gefunden? Welche weiteren Lösungen sind denkbar? Wie können (verrückte) Ideen übersetzt werden?

Ideensport

Einsatzmöglichkeiten

▶ Einführung in das Thema Umgang mit schwierigen Situationen im Gesprächsführungs- oder Präsentations-Seminar.

▶ Einstieg in die Ideen- und Lösungsfindung in Veränderungsprozessen.

Technische Hinweise

Gruppierung:	6 bis 12 Personen
Material:	–
Dauer:	10 bis 20 Minuten ohne Auswertung
Vorbereitung:	keine

Schattenprojekt

Im Team ein Schattentheater bauen, ein Stück entwickeln und aufführen

Ziele

Thema bearbeiten, Kooperationsprozesse erleben, beobachten und auswerten, Kreativität und Fantasie fördern, eine Aufgabe bewältigen, gemeinsam Spaß haben.

Handlung

Eine Gruppe wird aufgeteilt in Projektteam und Beobachter. Aufgabe des Projektteam ist es, innerhalb eines gesetzten Zeitrahmens (z.B. 1-1,5 Stunden) zu einem vorgegebenen Thema ein Schattenspiel zu entwickeln, das pünktlich zur Uhrzeit X vorgeführt wird. Auch die Spielfiguren, evtl. sogar die dazu benötigte Bühne, müssen aus dafür bereitgestellten Materialien in der Zeit gefertigt werden. Die Beobachter betrachten das Geschehen von außen und machen sich Notizen. Anschließend werden Prozess und Ergebnis ausgewertet.

Das Ganze kann auch parallel in mehreren Kleingruppen stattfinden. Je nach Zielsetzung und Gruppe können Sie feste Rollen vergeben (Regisseur, Bühnenbildner, Figurenbauer, Spieler, Beleuchter, ...) oder aber die Gruppe ohne weitere Anweisungen alles selbst organisieren und

erarbeiten lassen. Das Ergebnis kann auf Video aufgenommen und den Teilnehmenden anschließend zur Verfügung gestellt werden.

Variationen

Dem Spiel kann eine „Schnittstellenproblematik" hinzugefügt werden. Es werden dann drei Teams mit Beobachtern an drei Produktionsstätten benötigt. Die Teams haben innerhalb des Projekts verschiedene Teilaufgaben zu übernehmen: Eine Gruppe baut das Theater, eine Gruppe die Figuren, eine Gruppe entwickelt das Stück. Dazu steht streng begrenzte Besprechungszeit (15-30 Min.) und Bauzeit (45-60 Min.) zur Verfügung. Die Besprechungen werden von jeweils einem Mitglied aus jeder Gruppe in einem separaten Raum unter Aufsicht der Spielleitung und eines Beobachters durchgeführt. Zu den Meetings dürfen keine Materialien oder Zeichnungen mitgenommen werden. Die Anzahl der Besprechungen liegt im Ermessen der Teams, die vorgeschriebene Besprechungszeit darf aber nicht überschritten werden. Nach Ablauf der gesamten zur Verfügung stehenden Zeit kommen die Gruppen zur Generalprobe zusammen. Sofort anschließend findet die Vorführung statt.

Schattenprojekt

Regie-Hinweise

So funktioniert Schattenspiel:

Schattenspiel lebt von den Effekten, die sich mit Licht und Schatten erzielen lassen. Um die Wirkung zu erreichen, werden eine Leinwand (gut gespannte Folie) und zwei breit strahlende Lampen gebraucht. Agiert man mit Figuren dicht hinter der Leinwand, während diese von hinten beleuchtet wird, so sehen die Zuschauer vorne die Bewegungen als Schattenspiel. Je näher die Figuren der Leinwand sind, desto schärfer erscheinen die Konturen. Bewegt man also eine Figur von hinten auf die Leinwand zu, so wirkt sie zunächst groß und unscharf, immer kleiner und schärfer werdend. Beleuchtet man die Leinwand jedoch mit einer Lampe von vorne, bleibt sie weiß – die Figuren dahinter sind unsichtbar. Mit diesem einfachen Prinzip lassen sich beim Schattenspiel Geschichten erzählen und Effekte zaubern (siehe Abb.).

Zum Bau der Schattentheaterbühne und der Figuren:

Die Bühne können Sie aus einem starken Pappkarton und mit Hilfe von Folie, einem Tacker oder Kreppband und zwei Lampen bauen (lassen). In eine Seitenwand des Pappkartons wird eine Öffnung nach Art eines Fernsehers geschnitten. Die Folie als Bildschirm reintackern, glänzende Seite nach innen, zu den Spielern hin. Wichtig: Die Folie dabei gut spannen. Spielfiguren und Formen werden aus Pappe oder Zeitungspapier angefertigt und mithilfe eines festen Führungsdrahtes, der von hinten auf die Figur geklebt wird, bewegt.

Während der Vorstellung:

Ein Schattentheater braucht erstaunlich viel Präzision und Disziplin, weil jede Bewegung, jede kleine Verände-

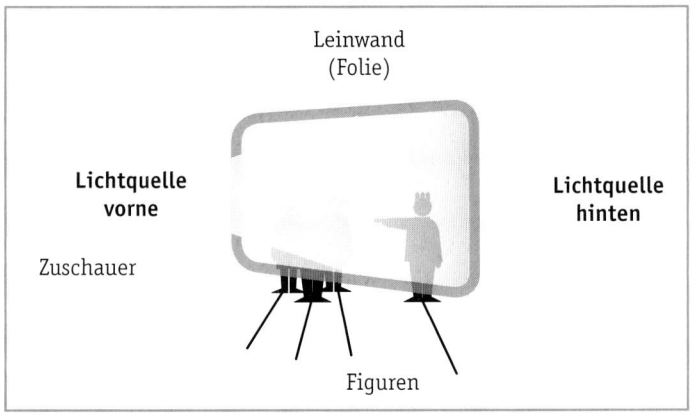

Schattenprojekt

rung vom Publikum überdeutlich und klar gesehen werden kann. Damit sie Charakter kriegen und der Schatten kontrastreich rüberkommt, müssen die Figuren – im Profil – eng an der Leinwand bleiben. Es muss auf kleinstem Raum kooperiert werden.

Für die Darsteller bietet die Leinwand, die den Spieler vom Publikum trennt, eine Art Schutzmauer. Niemand ist direkt zu sehen und das mindert das Lampenfieber.

Insgesamt eine komplexe Sache bei gleichzeitiger Überschaubarkeit – mit hohen Anforderungen an Teamwork und Disziplin.

Auswertung

Falls in mehreren Teams gearbeitet wurde, bietet sich die Auswertung zunächst in den Kleingruppen mit den Beobachtern und dann im Plenum an.

Auswertungsschwerpunkte: Rollenaufteilung im Team, Gesprächssituation/Kommunikation, Abstimmungs- und Entscheidungsstrategie, Entwicklung von und Umgang mit kreativen Ideen, Teamsituation, Ergebnisqualität.

Der Aspekt, dass diese ungewöhnliche Aufgabe wahrscheinlich manchen Teilnehmer erst einmal befremden

wird, kann das Ganze besonders interessant und Gewinn bringend machen. Wie wirkt sich das auf Gruppe, Prozess und Ergebnis aus? Was kann/muss getan werden, um alle ins Boot zu holen?

Technische Hinweise

▶ Kooperations-Aufgabe im Rahmen der Teamentwicklung.

▶ Zusammenarbeit zwischen Abteilungen im Projektmanagement.

▶ Durcharbeiten eines kreativen Prozesses.

Einsatzmöglichkeiten

Gruppierung:	6 bis 25 Personen
Material:	starker Pappkarton, Folie, Tacker, Kreppband, zwei Lampen, Pappe, Scheren, Führungsdrähte
Dauer:	1 bis 2 Stunden (ohne Auswertung)
Vorbereitung:	Materialien besorgen und bereitlegen, Aufgabe präzisieren

Seminartheater

Szenisch berufliche Situationen abbilden und reflektieren

Ziele

Themen bearbeiten, sich gegenseitig beraten, Lösungen erarbeiten, Teamfähigkeit stärken.

Handlung

Themen oder problematische Situationen aus dem Berufsalltag sollen mit Hilfe szenischer Darstellung vertieft oder bearbeitet werden. Dazu leitet die SL die folgenden Schritte an:

1. Themensammlung auf Flipchart oder Moderationskarten: Welche Fragestellungen/Problembereiche sollen bearbeitet werden?

2. Themenauswahl.

3. Es werden Kleingruppen gebildet, jede Gruppe bekommt ein Thema zugewiesen oder wählt sich eins aus. Die Teams haben nun 10-20 Minuten Zeit und die Aufgabe, eine kurze Szene zu entwickeln, in der

   – eine als schwierig erlebte typische Begebenheit oder Situation,

   – ein typisches Verhalten,

   – ein typischer Ablauf oder Dialog

zum Problembereich dargestellt wird. Dabei soll nicht verfremdet werden, sondern es gilt, auf der Basis des subjektiv Wahrgenommenen möglichst realitätsgetreu das abzubilden, was im Alltag beispielsweise zwischen Vorgesetzten und Mitarbeitern, Kollegen, Kunden und Mitarbeitern abläuft.

4. Gegenseitige Vorstellung der Szenen mit Kurzbriefing zum Hintergrund. Die zuschauenden Teilnehmer betrachten die Sache aufmerksam und bewusst aus der Distanz, mit dem Blick von außen. Denn sie haben nach jeder Präsentation die Aufgabe, die Darsteller zum optimalen Verhalten hin zu beraten. Dies kann rein verbal oder z.B. durch die Methode des Forumtheater (siehe S. 285) geschehen.

5. Protokollierung der Ergebnisse, Ergebnisauswertung.

Variationen

▶ Themensammlung und -auswahl können auch in den Kleingruppen stattfinden.

▶ Die Gruppenzusammensetzung kann bewusst abteilungsintern oder gemischt erfolgen.

Seminartheater

Regie-Hinweise

Seminartheater wurde für Unternehmen entwickelt, um die Teamfähigkeit der Mitarbeiter zu stärken oder um an Problemen innerhalb der Firma zu arbeiten.

Wenn Sie diese Methode firmenintern anwenden, können Sie neben dem Aspekt der Themenbearbeitung auch den Aspekt der Teamentwicklung für sich nutzen. Aber auch in offenen Seminargruppen ist der Einsatz des Seminartheaters durchaus eine Überlegung wert. Denn die kollegiale Beratung kann gewinnen durch den Abstand, den die Teilnehmenden zueinander haben, gerade weil sie aus unterschiedlichen Firmen(-kulturen) kommen.

In firmeninternen Gruppen hält das Seminartheater den Spiegel vor. Es werden Szenen aus dem Berufsalltag gezeigt, so wie er von den Darstellenden wahrgenommen und erlebt wird. Die Folgen können lustige Situationen, Freude und Humor, aber auch Betroffenheit sein.

Das besondere Potenzial der Methode liegt im Austausch und der Offenlegung der Wahrnehmungen von Personen und Situationen (firmenintern) verbunden mit der Chance auf interessante Lösungen und nachhaltige Veränderungen durch die kollegiale Beratung. Eine wichtige Bedingung dafür ist jedoch eine konstruktive und geschützte Arbeitsatmosphäre, die von gegenseitiger Offenheit, Wertschätzung und Respekt geprägt ist.

Auswertung

Die Auswertung der Szenen hängt von den Themen ab. Mögliche Fragen:

▶ Was könnte hinter der Situation, der Reaktion, dem Verhalten stecken?

▶ Was ist der Nutzen für die Person, die sich so verhält?

▶ Was ist das Ziel? Was soll erreicht werden? Welche Veränderung wird angestrebt?

▶ Wie könnte konkret mit so einer Situation umgegangen werden?

▶ Was kann vorher/in der Situation/nachher getan werden?

▶ Welche Möglichkeiten gibt es zu reagieren?

Amelie Funcke: Vorstellbar

Seminartheater

Einsatzmöglichkeiten

Beispiele:

▶ Teamthemen im firmeninternen Teamentwicklungsseminar.

▶ Situationen mit Kunden in einer Veranstaltung zum
   Thema Kundenorientierung.

▶ Training von schwierigen Verkaufs-, Führungs- oder
   Gesprächssituationen.

Technische Hinweise

Gruppierung:	6 bis 20 Personen
Material:	–
Dauer:	Schritt 1-3: 30 bis 45 Minuten, dann pro Team 20 bis 30 Minuten.
Vorbereitung:	keine

Standbilder

Zu Themen Skulpturen bauen

Ziele

Themen bearbeiten, nonverbal kommunizieren, mit Körperausdruck experimentieren, Gruppengefühl stärken.

Handlung

Es werden Kleingruppen à 4-6 Personen gebildet. Die Teams bekommen 10-15 Minuten Zeit und die Aufgabe, zu einem von der SL vorgegebenen Thema eine oder mehrere Statuen zu bauen.

Beispiel:

Zum Ende einer Teamentwicklungsmaßnahme gibt die SL diese drei Standbilder in Auftrag:

1. Bild: Unser Team vor dem Seminar.
2. Bild: Unser Team jetzt.
3. Bild: Die wichtigste Erkenntnis, die wir umsetzen werden.

Im Anschluss an die Kleingruppenarbeit werden die Skulpturen präsentiert und von den Zuschauenden gedeutet, d.h., das Publikum assoziiert zunächst, was mit der jeweiligen Darstellung gemeint sein könnte, danach erst folgt der Abgleich. Eventuell können auch Veränderungsvorschläge gemacht werden. Alle Ideen (die fantasierten und die tatsächlichen) können visualisiert und zum Ende noch einmal zusammengefasst werden.

Variationen

▶ Alle TN beschriften positive und negative Karten zum Thema. In den Kleingruppen werden jeweils eine positive und eine negative Karte ausgewählt und als Statuen abgebildet.

▶ Statt eines Sachthemas wird ein gefühlvoller Zustand als Skulptur dargestellt, z.B. Abschied, Begegnung nach Jahren, Erfolg usw. In Kleingruppen setzen die jeweiligen Bildhauer diesen Zustand ohne zu sprechen in ein Standbild um. Anschließend wird reihum präsentiert. Die Zuschauenden versuchen, die Skulpturen zu interpretieren.

▶ Die Gruppe steht im Kreis. Eine freiwillige Person wird als Skulptur geformt und in die Mitte gestellt. Alle anderen assoziieren, was in dieser Person wohl vorgeht, was sie denkt, sieht, fühlt usw. ...

Standbilder

▶ Dito, die Person sagt selbst alles, was ihr dazu einfällt …

▶ Die Gruppe steht oder sitzt im Kreis. Eine Person A tritt in die Mitte, nimmt eine beliebige Haltung ein und wird zur Statue. Eine weitere Person B kommt in den Kreis und bildet ebenfalls eine Statue, die sich zu A irgendwie in Beziehung setzt. Das Gleiche tun nacheinander eine dritte, vierte und fünfte Person. Auf diese Weise entsteht ein erzählendes Bild. Wenn das Bild „rund" ist oder niemand mehr eine Idee hat, wird es aufgelöst und es kann neu begonnen werden.

▶ Die Gruppe steht im Kreis. Zu einem Thema (z.B. Gefühle, die auf diesem Seminar zu sehen waren) werden fünf Personen parallel als Skulpturen geformt und in die Mitte gestellt. Dabei sollen die Baumeister darauf achten, möglichst unterschiedliche Gefühle abzubilden. Die „Skulpturen" fühlen sich in ihre Haltung ein und geben sich einen Titel. Die SL visualisiert die Titel. Es folgt eine Reflexion, wo, wann und wodurch im Seminar solche Emotionen auftauchten. Daraus kann das Seminarfeedback abgeleitet werden.

▶ Querverweis: Statuentheater, siehe S. 305

Regie-Hinweise

Bei der Arbeit mit Standbildern sind der Fantasie wenig Grenzen gesetzt. Die unterschiedlichsten Varianten sind denkbar, nur einige konnten aufgeführt werden.

Auswertung

Die Auswertung hängt ab vom thematischen Kontext, in dem die Methode eingesetzt wird. Nicht immer ist sie nötig, häufig ist sie ohnehin schon ein Teil der Übung (siehe oben).

Einsatzmöglichkeiten

Beispiele:

▶ Tagesfeedback oder Seminarauswertung zum Abschluss eines beliebigen Seminars.

▶ Vergangenheit, die Ist-Situation und/oder Zukunftsvisionen abbilden, z.B. in einer Teamentwicklung oder im Selbstmanagementseminar.

Standbilder

▶ Auseinandersetzung mit Einstellungen und Gefühlen, z.B. bei Themen wie Selbstmanagement, Persönlich-keits- oder Teamentwicklung.

▶ Einstimmung auf ein Thema, ein Rollenspiel oder eine Szenenarbeit, z.B. im Verkaufstraining oder Gesprächs-führungsseminar.

Technische Hinweise

Gruppierung:	4 bis 30 Personen
Material:	–
Dauer:	10 bis 30 Minuten
Vorbereitung:	keine

Statuentheater

Themen nonverbal über Statuen diskutieren und bearbeiten (nach Augusto Boal)

Ziele

Sich mit Themen und Meinungen auseinander setzen, Inhalte bearbeiten und nonverbal diskutieren.

Handlung

Ein Gruppenmitglied ist Baumeister und bekommt die Aufgabe, zu einem vorgegebenen Thema, z.B. „Kundenorientierung in unserem Unternehmen", ein lebendes Bild zu bauen. Dargestellt werden soll zunächst die Realsituation, Baumaterial sind die anderen Gruppenmitglieder. Diese werden nun zu einer Skulpturengruppe zusammengefügt – Haltungen bis hin zur Mimik werden geformt und die Personen zueinander in Beziehung gesetzt. Auf diese Weise bezieht der Baumeister Stellung zum Thema. Schritt für Schritt, unter Anleitung der SL darf nun jeder einmal aus der Skulptur heraustreten, um sie von außen zu betrachten. Anschließend wird ein Wunschbild gebaut und die dazu notwenigen Veränderungen werden herausgearbeitet. Während der ganzen Übung wird auf (verbale) Sprache verzichtet, denn die Methode setzt ganz auf die Kraft der Bilder.

Das Vorgehen mit den weiteren Schritten im Überblick:

1. Realbild – ein Gruppenmitglied (Baumeister) baut eine Statue zum Thema (wie oben).
2. Betrachtungsphase – alle dürfen schweigend den Entwurf von außen betrachten (wie oben).
3. Wunschbild – der Baumeister baut seine Vision vom wünschenswerten Zustand des Kundenorientierungsgedanken (= Thema hier).
4. Betrachtungsphase – wiederum dürfen alle schweigend den Entwurf von außen betrachten.
5. Das Realbild wird vom Baumeister erneut aufgebaut. Aufgabe ist es nun, sich langsam vom Realbild zum Wunschbild zu verändern. Welche Veränderungen, Schritte, Bewegungen sind notwendig? Die Veränderungen werden von außen aufmerksam beobachtet und notiert (z.B.: Kopf heben, neue Blickrichtung, Oberkörper straffen, einen Schritt nach vorn machen, zusammenrücken, Blickkontakt aufnehmen, …).
6. Übersetzung und Transfer – übersetzen und analysieren der Veränderungsschritte auf das Thema. Dies geschieht verbal (z.B.: Was bedeutet es den Kopf zu heben, die Blickrichtung zu ändern, zusammenzurücken, …?).

Statuentheater

Variationen

▶ Es werden Veränderungsphasen eingebaut: In den Schritten 2 und 4 dürfen die Gruppenmitglieder den Entwurf des Baumeisters nicht nur betrachten, sondern auch verändern. Dies geschieht ebenfalls nonverbal. Der Baumeister kann entscheiden, ob er die „Diskussionsbeiträge" berücksichtigt.

▶ Die nonverbalen Phasen werden immer wieder von verbalen Reflexionsphasen unterbrochen.

▶ Querverweis: Standbilder (siehe S. 301), Die Gruppe im Bilde (siehe S. 279)

Regie-Hinweise

Das Statuentheater ist eine ungewöhnliche, aber sehr kraftvolle Methode. Es braucht eine einfühlsame und deutliche Moderation. Das besonders Potenzial liegt in der möglichen Tiefe durch die bildhafte Darstellung. Das Gemeinte kann klarer, genauer und vielschichtiger wiedergegeben werden, weil auch die emotionale Ebene eindrücklich sichtbar wird.

Der Verzicht auf die verbale Sprache mutet vielleicht merkwürdig an und überhaupt fordert die Methode „Vorschuss-Vertrauen" von den Teilnehmenden. Weil sich der tiefe Sinn des Vorgehens erst im Nachhinein in seiner Gänze erschließt, ist eine sorgfältige Reflexion für den Transfer äußerst wichtig. Dabei ist viel Kreativität bei der Übersetzung gefordert.

Auswertung

Ist Teil der Methode, geschieht im Rahmen der Übersetzungs- und Transferarbeit (siehe oben).

Einsatzmöglichkeiten

Beispiele:

▶ Themenbearbeitung, z.B. „Unsere Zusammenarbeit" in einer Teamentwicklung.

▶ Feedback-Instrument, z.B. ein Team gegenüber dem Teamleiter oder umgekehrt, z.B. in einer Gruppensupervision.

Statuentheater

► Maßnahmenentwicklung, z.B. in Veränderungsprozessen.

Augusto Boal selbst setzte diese Methode ein, um Realbilder und Wunschbilder gegenüberzustellen und anschließend die notwendigen Schritte zur Veränderung herauszuarbeiten.

Technische Hinweise

Gruppierung:	6 bis 12 Personen
Material:	–
Dauer:	30 bis 90 Minuten
Vorbereitung:	keine

Symbolisches Theater

Ein Thema szenisch verfremden und bearbeiten

Ziele

Themen bearbeiten, Kreativität freisetzen, Lösungen entwickeln.

Handlung

Die Teilnehmenden bekommen die Aufgabe, sich für das anstehende Thema eine symbolische Handlung (Analogie, Verfremdung) auszudenken und auf dieser Basis Szenen zu entwickeln. Bei einer größeren Gruppe geschieht dies in Kleingruppen (à 2-6 Personen). Wichtig ist, dass die verfremdende Handlung zu der realen Fragestellung Ähnlichkeiten aufweist, aber in einem Lebenszusammenhang spielt, der möglichst weit davon entfernt ist. Manchmal gelingt es sogar, eine Analogie zu finden, in der das anstehende Problem bereits gelöst ist.

Die Analogie kann von der SL vorgegeben werden, oder aber auch von der Gruppe selbst erdacht werden. Eine gute Möglichkeit ist es, zunächst in der Gesamtgruppe symbolische Handlungen zu sammeln, um anschließend die Besten auszuwählen. Eine interessante Erkenntnis ist dabei, dass häufig verschiedene Analogien unterschiedliche Teilaspekte des Themas beleuchten. In Kleingruppen werden dann Szenen entwickelt – entweder zu verschie-

denen oder zur gleichen Verfremdung. Im Anschluss an die Präsentation der Szenen erfolgt eine sorgfältige Auswertung.

Beispiel:

In einem Führungskräftetraining geht es um die Fragestellung: Wie kann ich bei meinen Mitarbeiter/innen für Veränderungsprozesse Akzeptanz/Begeisterung wecken?

▶ Bilden Sie Kleingruppen.

▶ Geben Sie den Gruppen die Fragestellung in etwas verkürzter und schriftlicher Form (Wie kann ich Akzeptanz für Veränderungen wecken?). Die Verfremdung können Sie erreichen und trotzdem sichtbar am Thema arbeiten, indem Sie einen Ort vorgeben, an dem es auch um Veränderung geht, aber in einem ganz anderen Kontext. Beispiel: beim Frisör.

▶ Die Kleingruppen entwickeln kurze Szenen (Zeitvorgabe: 10-20 Minuten).

▶ Die Szenen werden präsentiert.

▶ Während jeder Präsentation werden Lösungsansätze und faszinierende Ideen notiert und anschließend gemeinsam mit der Gruppe auf das Ursprungsthema übersetzt und bearbeitet.

Symbolisches Theater

Variationen

keine

Regie-Hinweise

Um symbolische bzw. verfremdende Handlungen für diese äußerst interessante und wirksame Methode zu finden, ist es hilfreich sich zu fragen, welches die dem Thema innewohnende Grundfrage ist. Worum geht es im Kern? Und wo in einem anderen Bereich/an einem anderen Ort geht es um ähnliche Fragestellungen?

Die Nutzung des Mittels der Verfremdung und die damit verbundene Entfernung vom Problem bergen gute Chancen auf neue Erkenntnisse, z.B. durch ein tieferes Verständnis der Problemlage sowie durch überraschende und kreative Lösungen. Und: Weil über die Verfremdung Distanz geschaffen wird, ist es auch möglich, unangenehme Themen auf den Tisch zu bringen und zu bearbeiten. Damit die Methode ihre ganze Kraft entfalten kann, verlangen jedoch zwei wichtige Voraussetzungen Ihre ganze Sorgfalt:

▶ Die passgenaue symbolische Handlung.

▶ Die Ergebnissicherung durch sorgfältige Übertragung und Übersetzung auf das ursprüngliche Thema.

Neben der Freisetzung von viel Kreativität erreichen Sie durch diese Methodik, dass mit viel Spaß tatsächlich Lösungen erarbeitet und nicht ständig Probleme diskutiert werden.

Einige Verfremdungsideen:

Thema: Umgang mit Widerständen
▶ Im Fitnesscenter
▶ Griechische Sagen: z.B. Herkules

Thema: Veränderung
▶ Beim Frisör
▶ Kauf eines Abendkleides
▶ Verwandlungsmärchen oder Schneewittchen

Thema: Verkauf
▶ Hans im Glück

Thema: Teamentwicklung; Zusammenwachsen im Team/Unternehmen durch Fusion
▶ Hochzeit
▶ Erste Tage einer Wohngemeinschaft ...

Symbolisches Theater

Auswertung

Zur Vorbereitung der Auswertung empfiehlt es sich, schon während der Darstellungen aufmerksam zu beobachten und sich strukturiert Notizen zu machen. Welche sachlichen Aspekte spielten eine Rolle, welche Emotionen wurden deutlich oder schwangen mit, welche Lösungsansätze oder faszinierenden Ideen wurden gefunden? Um die Sammlung zu erleichtern, können gezielt Beobachtungsaufträge vergeben werden.

Einsatzmöglichkeiten

Beispiele:

▶ Umgang mit Widerständen/neuen Anforderungen, z.B. in der Vorbereitung auf Veränderungsprozesse.

▶ Kreative Lösungsansätze zur Kundengewinnung/zur Vertriebsstrategie für Produkt X finden, z.B. im Verkaufstraining.

▶ Kreative Ideenfindung zu beliebigen Fragestellungen, bei denen Logik allein nicht ausreicht.

Technische Hinweise

Gruppierung:	6 bis 20 Personen
Material:	–
Dauer:	60 bis 90 Minuten
Vorbereitung:	Fragestellung visualisieren, ggf. Ideen für Analogien vorbereiten

TZT® – Themenzentriertes Theater

Ein Thema verfremden und bearbeiten

Ziele

Inhalte ganzheitlich vermitteln, Themen bearbeiten, ungewöhnliche und kreative Lösungen entwickeln, gemeinsam etwas erleben und Spaß haben.

Handlung

Zu einem Seminarthema bekommen die Teilnehmenden von der SL eine themengleiche, aber verfremdete szenische Aufgabe.

Beispiel (frei nach Reto Zeller):

In einem Teamentwicklungsseminar geht es darum, dass auf Grund einer Umstrukturierung zwei Abteilungen aus dem Unternehmen zusammengelegt werden sollen. Die SL hat diese Realität in eine verfremdete Spielsituation übersetzt:

Der König hat in seinem Reich Wohnungsnot festgestellt. Deshalb müssen Räuber Hotzenplotz und Schneewittchen auf sein Geheiß ihre Wohnungen aufgeben und in eine gemeinsame ziehen.

Zur Bearbeitung werden Gruppen à 2-4 Personen gebildet. Die Teams bekommen die Aufgabe, zu der o.a. Situation eine Szene zu entwickeln. Ausgangspunkt: Räuber Hotzenplotz und Schneewittchen treffen sich mit ihren Möbeln vor der neuen Wohnung ... Für die Gruppenarbeit ist ca. 15 bis 30 Minuten Zeit.

Anschließend werden die Szenen präsentiert und von den Zuschauenden aufmerksam beobachtet und protokolliert. Eine Auswertung ist unbedingt erforderlich (siehe unten).

Variationen

▶ Die Zuschauenden erhalten Beobachtungsaufträge: Je eine Person ist z.B. zuständig für Gefühle, Kritisches, Erfreuliches, Lösungsansätze, Sachprobleme etc. ...

Regie-Hinweise

Hinter TZT* steckt die Idee, dass Lernen nachhaltiger und verhaltenswirksamer gestaltet werden kann, wenn man sich dabei der kommunikativen, motivierenden, Kreativität fördernden Kraft des Theaterspiels bedient.

Der Trainer setzt dazu den Lernstoff so in Spielaufgaben um, dass die Teilnehmenden all das, worum es bei dem Thema geht, körperlich und spielerisch erleben können. Ein wichtiger Aspekt bei der Bearbeitung des Inhalts ist

TZT® – Themenzentriertes Theater

das Mittel der Verfremdung (siehe oben). Die Trainerin muss sich im Vorfeld fragen, welches die dem Thema innewohnende Grundfrage ist, um eine darauf zentrierte, adäquate Spielaufgabe konstruieren zu können. Indem die Teilnehmenden dann das Thema auf der verfremdeten Ebene bearbeiten oder lösen, setzen sie sich nebenbei gleichzeitig mit der Realsituation auseinander. Die gewonnenen Erfahrungen, die beobachteten Verhaltensweisen, die erlebten Gefühle, die gefundenen Lösungen müssen dann nur noch reflektiert und auf das Ursprungsthema übersetzt werden. Auf diese Weise wird mit einer enormen persönlichen Präsenz sehr effektiv und nachhaltig gelernt.

Auswertung

Die vom Publikum beobachteten, wahrgenommenen und protokollierten Gefühle, Gedanken, Sachprobleme, Lösungsansätze usw. (im genannten Beispiel zu Themen wie Begegnung mit Fremdem, Aushandeln, Neupositionierung, Platz nehmen und geben) werden herausgefiltert, visualisiert, reflektiert und auf das Ursprungsthema übersetzt. Anschließend können Aspekte vertieft, Verhaltensregeln und/oder Maßnahmen entwickelt werden.

Einsatzmöglichkeiten

Beispiele:

▶ Einleitung und Begleitung eines Veränderungsprozesses im Rahmen einer Teamentwicklungsmaßnahme.

▶ Kreative Lösungsansätze zur Kundenakquise finden, z.B. im Train-the-Trainer.

▶ Ideenentwicklung zur Verkaufsoptimierung, z.B. im Vertriebstraining

Technische Hinweise

Gruppierung:	6 bis 20 Personen
Material:	evtl. einige Requisiten, Kostüme, Schminke, Musik (nicht zwingend)
Dauer:	30 bis 120 Minuten, je nach TN-Zahl und Auswertung
Vorbereitung:	verfremdete Aufgabe entwickeln

(Anm.: TZT® ist eine eingetragene Schutzmarke und geht zurück auf den Schweizer Heinrich Werthmüller)

Verändern und anpassen

Eine Weile mit einer Behinderung leben

Ziele

Die Erfahrung machen, sich veränderten Umständen anzupassen.

Handlung

Die SL schlägt den TN ein Experiment mit sich selbst vor: Jede/r schafft sich eine einschneidend veränderte Situation und versucht über einen längeren Zeitraum (2 Stunden bis zu einem ganzen Tag) damit umzugehen und sich seiner Umgebung neu anzupassen.

Beispiele:

▶ Man lässt sich eine Hand/einen Arm verbinden (oder auf den Rücken binden).

▶ Man setzt eine sehr dunkle Sonnenbrille auf oder verbindet sich die Augen ganz.

▶ Man verschließt seinen Mund.

Die gemachten Erfahrungen werden anschließend ausgetauscht und im Hinblick auf Veränderungssituationen reflektiert.

Variationen

keine

Regie-Hinweise

Die Übung sensibilisiert für die Umwelt, den Körper und die täglichen Selbstverständlichkeiten. Im Laufe der Zeit stellen viele TN fest, dass sie sich den veränderten Umständen anpassen können. Dazu muss allerdings ausreichend Zeit zur Verfügung stehen.

Auswertung

Mögliche Fragen:

▶ Welche Erfahrungen haben Sie gemacht? Welche Gefühle tauchten auf? Wie sind Sie mit der Situation umgegangen? Was fiel schwer? Was leicht? Wie war die Entwicklung?

▶ Was kann übertragen werden auf weitere bzw. die tatsächlich anstehende(n) Veränderungssituation/en?

▶ Aus den Erfahrungen und Gesprächen können die TN Tipps zum Umgang mit Veränderungen entwickeln.

Verändern und anpassen

Einsatzmöglichkeiten

▶ Intensive Selbsterfahrungsübung im Rahmen eines anstehenden Veränderungsprozesses, z.B. in einer Teamentwicklung oder einem Führungstraining.

Technische Hinweise

Gruppierung:	6 bis 15 Personen
Material:	Verbandsmaterial, Augenbinden, Kreppband
Dauer:	1/2 bis 1 Tag
Vorbereitung:	keine

Amelie Funcke: Vorstellbar

Genre 11

Szenisch experimentieren – Typen finden und Szenen entwickeln

Fernsehstars

Über einen Lieblingsgang Szenenideen entwickeln

Ziele

Eine Szene entwickeln, in das Spielen einsteigen, Kreativität anregen, Themen bearbeiten.

Handlung

Die Teilnehmenden bewegen sich auf der Spielfläche durch den Raum. Jede/r probiert für sich verschiedene Möglichkeiten aus zu gehen. Dabei soll nach Herzenslust mit Armen, Beinen, Rhythmen, mit großen, kleinen, weiten und engen Bewegungen usw. experimentiert werden. Ziel für jeden Einzelnen ist es (nach ca. 5-10 Min.), einen Lieblingsgang finden und diesen einzuüben. Haben alle ihren Lieblingsgang gefunden, leitet die SL nacheinander die folgenden Schritte an:

▶ Während des Gehens überlegen alle: Zu welcher Fernsehserie/-sendung oder zu welchem berühmten Film passt mein Gang?

▶ Im Vorbeigehen wird den anderen TN der Name der Fernsehsendung oder des Films genannt, „ins Gesicht geschleudert", zugeflüstert, angekündigt (je nachdem, was passt).

▶ Nun werden nach Fernsehsendungen Gruppen gebildet, ähnliche Sendungen dabei zusammengefasst.

▶ In den Kleingruppen soll nun eine Szene aus der Sendung erfunden werden.

▶ Die Szenen werden gegenseitig präsentiert.

Variationen

▶ Jede/r zeigt einzeln seinen Gang, die Zuschauenden ordnen die Fernsehsendung bzw. den Film zu.

▶ Das Seminarthema ins Spiel bringen: Die Szenen aus den Fernsehserien sollen zu einem bestimmten Thema (Seminarinhalt) entwickelt werden (z.B. Verkauf, Kundengewinnung, Führung etc.).

Regie-Hinweise

Eine der zahlreichen Methoden, um ausgehend von einer beliebigen Vorgabe (hier: Lieblingsgang) eine Szene zu entwickeln. Die Vorgabe ist dabei eine Hilfe, die einen Rahmen schafft. Sie verhindert, dass zu lange diskutiert wird.

Fernsehstars

Auswertung

Je nach Kontext des Einsatzes können die Szenen z.B. nach Spielerfahrung, Darstellung, (kreativem) Prozess der Szenenentwicklung, Aufbau und Dramaturgie, Möglichkeiten der Weiterentwicklung oder Inhalt (z.B. innewohnende Lösungsansätze) ausgewertet werden.

Einsatzmöglichkeiten

Beispiele:

▶ Einstieg in die Szenenentwicklung und Szenenarbeit als Vorbereitung auf das Theaterspiel.

▶ Erste Spielerfahrungen sammeln beim Mitarbeitertheater.

▶ Erste Erfahrungen beim Bauen einer Szene machen.

▶ Kreative Lösungsansätze zu einer Fragestellung (z.B. Kundengewinnung, Vertriebsstrategie für Produkt X) entwickeln.

Technische Hinweise

Gruppierung:	6 bis 20 Personen
Material:	–
Dauer:	bis zur Kleingruppenarbeit ca. 15 bis 20 Minuten
Vorbereitung:	keine

Filmriss

Bilder oder Fotos markieren den Anfangs- oder Endpunkt von Theaterszenen

Ziele

Je nach Kontext, z.B.: in das Spielen einsteigen, schnell eine Szene entwickeln, Kreativität anregen, Themen bearbeiten.

Handlung

Es werden Teams von 2-4 Personen gebildet. Jede Gruppe erhält in einem verschlossenen Umschlag ein Bild, das eine beliebige Situation darstellt. Die Gruppen haben 10-15 Minuten Zeit, sich eine kurze Szene auszudenken, die der äußeren Form nach genau mit der auf dem Bild gezeigten Situation (Körperhaltung, Gesichtsausdruck, Ambiente etc.) endet.

Die Szenen werden unter Applaus nacheinander vorgespielt.

Variationen

▶ Die Bilder können auch den Beginn der Szene markieren.

▶ Es kann pantomimisch oder mit Sprache gespielt werden.

▶ Die Gruppen können zusätzlich ein Thema oder einen Szenentitel bekommen.

Regie-Hinweise

Achten Sie darauf, dass die Zahl der Personen auf den Bildern mit der Zahl der Personen in der Gruppe übereinstimmt. Suchen Sie möglichst ungewöhnliche, interessante Motive aus.

Auswertung

Je nach Kontext des Einsatzes können die Szenen z.B. nach Spielerfahrung, Darstellung, Aufbau und Dramaturgie, Möglichkeiten der Weiterentwicklung oder Inhalt (z.B. innewohnende Lösungsansätze) ausgewertet werden.

Filmriss

Einsatzmöglichkeiten

Beispiele:

▶ Erste Spielerfahrungen sammeln beim Mitarbeitertheater.

▶ Erste Erfahrungen beim Bauen einer Szene machen.

▶ Ein Thema aus dem Unternehmen verfremdend aufbereiten.

▶ Kreative Lösungsansätze zu einer Fragestellung (z.B. Kundengewinnung, Vertriebsstrategie für Produkt X) entwickeln.

Technische Hinweise

Gruppierung:	2 bis 24 Personen in 2er- bis 4er-Gruppen
Material:	Bilder, Fotos aus Zeitschriften, Postkarten o.ä., die zwei bis drei Menschen in beliebiger Situation darstellen, in verschlossenen Umschlägen
Dauer:	Szene entwickeln: 10 bis 15 Minuten. Aufführungen: pro Gruppe ca. 2 bis 4 Minuten, zzgl. Auswertung
Vorbereitung:	Bühne vorbereiten oder andeuten, Bilder sammeln, eintüten.

Fotoalbum

Anhand von Bilderfolgen Szenen entwickeln

Ziele

Schnell eine Szene entwickeln, Kreativität anregen, Themen bearbeiten und reflektieren.

Handlung

Es werden Kleingruppen à 3-6 Personen gebildet. Jedes Team bekommt eine Anzahl Bilder oder eine Bildergeschichte und die Aufgabe, zu dieser Bilderfolge einen Szenenentwurf zu entwickeln. Dabei können die Gruppen die gleichen oder aber unterschiedliche Bilder bekommen. Nach ca. 10-15 Minuten Teamarbeit werden die Entwürfe gegenseitig vorgestellt, reflektiert und gemeinsam weiterentwickelt. Eventuell kann in einer zweiten Runde (20-30 Minuten) die Szene von jedem Team überarbeitet und verfeinert werden. Danach kommen alle abermals im Plenum zusammen und spielen sich gegenseitig ihre Ergebnisse vor.

Variationen

Variationsmöglichkeiten liegen zum Beispiel in der Auswahl der Bilder. Einige Möglichkeiten:

▶ Bilder von Orten, von Situationen, aus dem Fotoalbum des Unternehmens, Fotos aus dem Firmenprospekt, Zeichnungen, Comics (ohne Text), Werbeseiten aus Zeitschriften usw.

▶ Durch die gezielte Auswahl des Bildmaterials können Sie die Aufgabe an das Unternehmen oder an verschiedene Themen (z.B. Kundenorientierung, Führungsverhalten, ...) anpassen. In einem Verkaufsseminar könnte zum Beispiel ein optimales Verkaufsgespräch erarbeitet und anschließend reflektiert werden. Die Bilder werden dazu entweder unterschiedlichen Gesprächsphasen oder verschiedenen Verkaufssituationen (auf dem Markt, im Laden, an der Haustür, am Telefon etc.) zugeordnet.

Fotoalbum

Regie-Hinweise

Die Bildvorgabe wirkt anregend, fördert die Fantasie und trägt dazu bei, dass gehandelt wird, statt in endlosen Diskussionen stecken zu bleiben.

Auswertung

Je nach Einsatz. Wird die Übung genutzt, um Spielfreude zu fördern oder auf die Bühnenarbeit vorzubereiten, geschieht das Feedback durch den anschließenden Applaus.

Beim Einsatz zur Erarbeitung oder Vertiefung von Themen muss auch anschließend entsprechend reflektiert werden.

► **Aus der Sicht der Akteure:** Wie hat sich das Geschehen entwickelt? Wie war der Prozess (Gefühls- und Sachebene)? Welche Veränderungen haben Sie erfahren? Welche Erkenntnisse gewonnen? An welchen Stellen? Wodurch? ...?

► **Aus der Sicht der Zuschauer:** Welche Entwicklungen und Lösungsansätze haben die Zuschauer/innen gesehen? Welche „faszinierenden Ideen" enthielt die Szene? Gab es für Sie persönlich wesentliche Erkenntnisse? ...?

Einsatzmöglichkeiten

Beispiele:

► Anregung zur Erarbeitung eines Rollenspiels, z.B. im Gesprächsführungsseminar (Thema: z.B. Kundenorientierung) oder Verkaufstraining.

► Kreative Lösungsansätze zu einer Fragestellung (z.B. Kundengewinnung, Vertriebsstrategie für Produkt X) entwickeln.

► Ein Thema aus dem Unternehmen verfremdend aufbereiten.

► Vorbereitung auf das Theaterspiel, z.B. beim Mitarbeitertheater als Vorübung zur Ideenentwicklung oder zum Szenenbau.

Technische Hinweise

Gruppierung:	6 bis 20 Personen
Material:	Bilder, Fotos o.ä.
Dauer:	30 bis 120 Minuten (je nach Einsatz und Gruppengröße)
Vorbereitung:	Bildmaterial auswählen

In fremden Mokassins

Typen finden und Szenen improvisieren

Ziele

Übernahme einer Rolle, Auseinandersetzung mit einer anderen Identität bzw. mit fremden Zielen, Einfühlung in eine andere Person.

Handlung

Die SL leitet den folgenden, zweiteiligen Prozess an:

Teil 1: Person 1 tritt nach vorne und macht eine für sie typische Haltung vor.

Person 2 kommt dazu, kopiert diese Körperhaltung ganz genau und erfindet einen Gang dazu.

Nun macht Person 2 eine für sie typische Haltung vor.

Person 3 kopiert diese ganz genau und erfindet einen Gang dazu usw. Auf diese Weise wird fortgefahren, bis alle TN eine Haltung kopiert und einen Gang dazu erfunden haben.

Nun bewegen sich alle mit der übernommenen Haltung und dem Gang durch den Raum. Die SL kann einige Aufgaben geben, die den TN helfen, sich mit ihrer neuen Identität vertraut zu machen, z.B.:

▶ sich ein Requisit wählen, das zu dieser Person passt.

▶ sich überlegen, wie alt die Person ist und welchen Beruf sie ausüben könnte.

▶ einen passenden Satz ausdenken. Bei Begegnungen mit anderen Personen diesen Satz sagen.

▶ usw.

Teil 2: Nun wird eine Situation vorgegeben, z.B. am Bahnhof; es ist morgens 5:30 Uhr, kalt und Winter. Jede Person überlegt für sich, wer genau sie ist, warum und mit welchem Ziel sie am Bahnhof weilt. Jeder überlegt sich außerdem genau zwei weitere, dazu passende Sätze. Mehr darf nicht gesproochen werden! Die TN improvisieren eine Szene.

Variationen

Die Übung bzw. die Auseinandersetzung mit der Rolle kann durch folgende Aufgaben intensiviert werden (Beispiele):

▶ Für die entstandenen Typen werden Kostüme und Requisiten gesucht.

▶ Jeder stellt sich mit Namen, Alter, Beruf vor und mit dem, was er sich am meisten wünscht, und setzt sich so hin, wie der Tag war.

In fremden Mokassins

▶ Jeder schaut in den Spiegel und führt ein Selbstgespräch / übt ein anstehendes schwieriges Gespräch / singt sich selbst ein „Happy Birthday" …

▶ Während der Aktion können Inputs zur Situation gegeben werden, z.B.: „Deine acht Kinder verlangen / Deine Frau ruft nach Dir. Denk dabei an Deinen größten Wunsch / an Deinen Chef!" usw.

Regie-Hinweise

Losgelöst vom Theaterspiel ist die Übung im Seminar vor allem dann interessant, wenn es darum geht, das Hineindenken in eine andere Person einzuüben.

Auswertung

Erfahrungen reflektieren, auswerten und ggf. auf das Seminarthema übertragen.

Einsatzmöglichkeiten

Beispiele:

▶ Übung zum Hineindenken in eine andere Person, z.B. im Verhandlungstraining.

▶ Vorbereitung auf Rollenübernahme und Rollengestaltung, z.B. bei einem Mitarbeitertheater.

Technische Hinweise

Gruppierung:	5 bis 10 Personen
Material:	evtl. Kostüme und/oder Requisiten
Dauer:	30 bis 60 Minuten
Vorbereitung:	keine

Reizworttheater

Stegreifspiel auf der Grundlage von Reizwörtern

Ziele

Scheu vor dem Theaterspiel abbauen, Spielfreude und Kreativität entwickeln, gemeinsam Spaß haben, auf unkonventionelle Weise Feedback geben oder Standpunkte beziehen (siehe Variationen).

Handlung

Jede Person schreibt vier Zettel und notiert darauf je einen Gegenstand (z.B. Handtuch), einen Ort (z.B. Firmenparkplatz), einen Beruf (z.B. Buchhalter) und eine Eigenschaft (z.B. rechthaberisch). Die Zettel werden nach den vier Kategorien getrennt eingesammelt, gemischt und dann verdeckt in die Mitte gelegt. Nun bilden sich Gruppen von 2-5 Personen. Jede Gruppe zieht aus jeder Kategorie einen Zettel und erhält so eine Reizwortkombination. Aufgabe ist es nun, eine kurze Szene zu entwickeln, in der alle Stichworte der gezogenen Kombination eine Rolle spielen. (Zeitvorgabe: je nach Rahmen 5 bis 20 Minuten). Anschließend werden die Szenen präsentiert.

Variationen

▶ Jede Kleingruppe darf mehrere Kombinationen ziehen und sich eine davon auswählen.

▶ Nur drei der vier Kategorien kombinieren, z.B. Person, Ort, Gegenstand.

▶ Als Reizwörter können Sie auch einen Szenentitel, eine Situations- oder Themenvorgabe, eine Schlagzeile aus der Bildzeitung, Seminarinhalte, -themen oder -situationen verwenden.

▶ Gegensätzliche Eigenschaften bilden den Ausgangspunkt für die Szene (z.B. dumm–schlau, fleißig–faul, still–geschwätzig, draufgängerisch–schüchtern usw.). (s. Liste Gegensätze, S. 336)

▶ Gegensätze werden mit Orten oder Situationen kombiniert.

▶ Jede Kleingruppe bekommt drei reale Gegenstände, auf deren Basis das Stegreifspiel entsteht. Dabei können die Gegenstände real (als das, was sie sind) oder aber als Symbol für irgendetwas verwendet werden.

Reizworttheater

▶ Inhalte/Situationen/Themen aus dem laufenden Seminar als Stichworte verwenden.

▶ Seminar-Feedback auf theatralisch: Kleingruppen ziehen einen Ort und eine Rolle und gestalten eine kurze Szene, in die sie das Veranstaltungs-Feedback kleiden (z.B. der Auszubildende unterhält sich im Aufzug mit dem Hausmeister über das Seminar).

Regie-Hinweise

Es ergeben sich viele verschiedene, kuriose, fantasievolle Spielsituationen. Je nach Ziel und Situation können die Szenen weiterentwickelt oder ausgewertet werden.

Auswertung

Je nach Situation und Einsatz können der Entstehungsprozess oder die Szene selbst ausgewertet, bzw. übersetzt werden.

Einsatzmöglichkeiten

Beispiele:

▶ Vorbereitung auf das Theaterspiel.

▶ Erlebter kreativer Prozess in einem Kreativitätstraining.

▶ Tagesrückblick oder -feedback innerhalb eines Seminars.

Technische Hinweise

Gruppierung:	4 bis 25 Personen
Material:	Zettel und Stifte oder je nach Variation: diverse Reizworte (s.o.), Schlagzeilen, Gegenstände.
Dauer:	variabel zwischen 15 bis 60 Minuten
Vorbereitung:	ggf. Reizworte vorbereiten

Rund ums Rad

Rund ums Rad eine Szene entwickeln

Ziele

Bei der Szenenentwicklung in sinnvoll aufeinander aufbauenden Schritten vorgehen.

Handlung

Die Gruppe bekommt die Aufgabe, innerhalb einer vorgegebenen Zeit (30 bis 90 Minuten) zu einem Thema eine Theaterszene zu entwickeln. Das nebenstehende „Rad der Arbeitsfunktionen" dient dabei als Anweisungsszenarium. Durch gezielte Befragung der einzelnen Rad-Segmente entstehen nach und nach Ideen, die im Verlauf der Befragung mehr und mehr zu einer Szene konkretisiert werden (siehe S. 331).

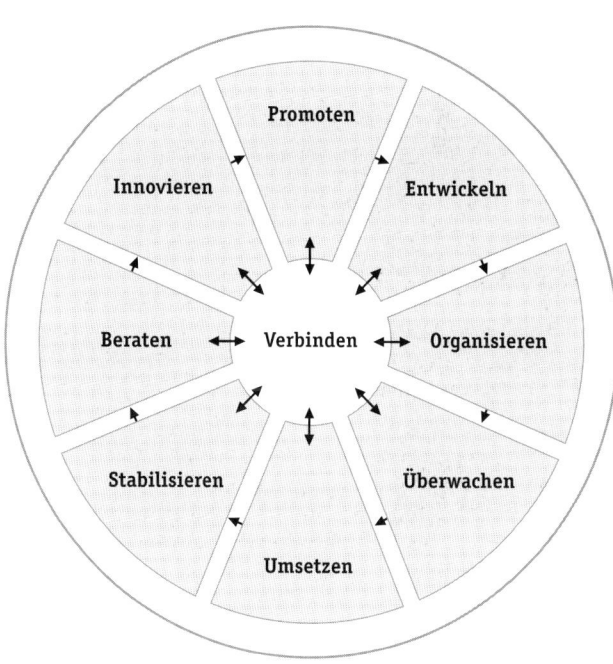

Anm.: Das Team-Management-Rad ist ein eingetragenes Warenzeichen.

Rund ums Rad

Variationen

Die Methode kann im Plenum oder in Kleingruppen angewendet werden.

Regie-Hinweise

Das Rad ist zentraler Bestandteil des TeamManagement-System (TMS), ein psychosoziologisches Modell für Personal-, Team- und Organisationsentwicklung, das von Margerison und McCann entwickelt wurde. Es kann jedoch für die Szenenentwicklung problemlos abgewandelt werden.

Das Rad sollte den Gruppen möglichst groß (und bunt) auch wirklich vorliegen. Es kann auf dem Boden ausgelegt werden, sodass sich die TN beim Denken um das Rad herum bewegen können. Das wirkt zusätzlich anregend. Hilfreich: Alle Ideen oder Schritte auf Karten aufschreiben und rund um das Rad auslegen.

Eine Moderation des Prozesses ist auf jeden Fall förderlich.

Auswertung

Eventuell Vorgehen auf seine Wirksamkeit hin und/oder Ergebnisqualität und Gruppenprozess reflektieren.

Einsatzmöglichkeiten

Beispiele:

▶ Erfahrungen beim Bauen einer Szene machen.

▶ Ein Thema aus dem Unternehmen verfremdend aufbereiten.

▶ Kreative Lösungsansätze zu einer Fragestellung (z.B. Kundengewinnung, Vertriebsstrategie für Produkt X) entwickeln.

Technische Hinweise

Gruppierung:	Plenum: eine bis 12 Personen Kleingruppen: bis 30 Personen
Material:	TMS-Rad, Moderationskarten, Stifte
Dauer:	30 bis 90 Minuten
Vorbereitung:	Rad vorbereiten

Rund ums Rad

Schritt 3:
► Welche der bisherigen Ideen macht an? Setzt Energien frei? Ist überzeugend?
► Welche würde das Publikum/die anderen am ehesten entzücken?
► ...

Schritt 2:
► Welche Ideen/Assoziationen fallen uns ein?
► Wie können wir übertreiben, verfremden, die Umgebung wechseln, ...?
► ...

Schritt 4:
► Auf welche Idee gehen wir zu?
► Wie entwickeln wir sie weiter? Wie konzipieren wir den Ablauf?
► Wie gestalten wir das ‚drumherum'?
► ...

Schritt 1:
► Was ist unser Thema?
► Welche Erlebnisse, Erfahrungen, Meinungen, welches Wissen gibt es dazu?
► Was denken die anderen dazu (unterschiedl. Abteilungen, die Chefetage, die Raumpflegerinnen, ...)?
► ...

Schritt 5:
► Was ist zu tun/zu organisieren?
► Wer macht was? Wer übernimmt welche Rolle?
► Was sind die nächsten Schritte?
► ...

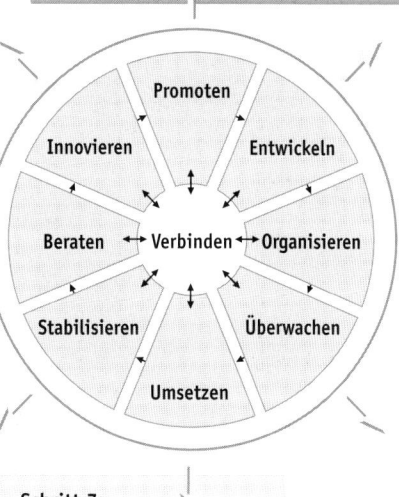

Schritt 8:
► Wie war die Zusammenarbeit?
► Was können wir für unser gutes Gruppen-Klima tun?
► Welche Rahmenbedingungen brauchen wir?
► ...

Schritt 7:
► Ist es das?
► Wo gibt es noch Dinge zu verbessern?
► ...

Schritt 6:
► Experimentieren, proben
► Aufgaben/Schritte erledigen
► ...

Fundus

Fundus

Liste unterschiedlicher Gangarten / Bewegungen von A-Z

- Alter Mann/alte Frau
- Auf eine bestimmte Person zugehen (Chef, Betrunkener in enger Gasse, bellender Hund, Leierkastenmann)
- Auf Zehenspitzen gehen
- Balancieren
- Eilen
- Galoppieren
- Gehen
- Gehen lernen
- Große Schritte
- Hinken

- Hoppeln
- Hüpfen
- Huschen
- In Gedanken versunken gehen
- Joggen
- Kleine Schritte
- Klitzekleine Schritte
- Kriechen
- Laufen
- Mannequin auf dem Laufsteg
- Marschieren
- Rasen

- Rennen
- Riesenschritte
- Schleichen
- Schlendern
- Schreiten
- Schwanken
- Schweben
- Sich schleppen
- Spazieren
- Springen
- Stapfen (durch Schnee)
- Stolpern

- Stolzieren
- Tänzeln
- Tierisch (Kamel, Storch, Giraffe,...)
- Torkeln
- Traben
- Trampeln
- Trippeln
- Trippelschritte
- Walken
- Waten (durch Wasser, Schlamm)

Fundus

Stimmungen / Gefühle / Eigenschaften von A-Z

▷ Ablehnend

▷ Adelig

▷ Ahnungsvoll

▷ Albern

▷ Anerkennend

▷ Angestrengt

▷ Ängstlich

▷ Ärgerlich

▷ Arrogant

▷ Aufgeregt

▷ Bedächtig

▷ Begeistert

▷ Belehrend

▷ Beleidigend

▷ Beleidigt

▷ Beruhigend

▷ Bescheiden

▷ Besorgt

▷ Bollerig

▷ Cholerisch

▷ Cool

▷ Deprimiert

▷ Draufgängerisch

▷ Dreist

▷ Dumm

▷ Eifrig

▷ Eitel

▷ Empört

▷ Enthusiastisch

▷ Entspannt

▷ Ergeben

▷ Erhaben

▷ Erschöpft

▷ Fahrig

▷ Forsch

▷ Fragend

▷ Freudig

▷ Freundlich

▷ Fröhlich

▷ Geizig

▷ Gelangweilt

▷ Gelassen

▷ Genervt

▷ Gereizt

▷ Geschmeichelt

▷ Geschwätzig

▷ Gewöhnlich

▷ Gierig

▷ Gleichgültig

▷ Großzügig

▷ Grübelnd

▷ Gütig

▷ Hasserfüllt

▷ Heiter

▷ Hektisch

▷ Hilfsbereit

▷ Hochnäsig

▷ Höflich

▷ Hoffnungsvoll

▷ Informierend

▷ Interessiert

▷ Ironisch

▷ Kauzig

▷ Kritisch

▷ Langsam

▷ Lauernd

▷ Leicht

▷ Liebevoll

▷ Locker

▷ Lustig

▷ Mitleidig

▷ Müde

▷ Matt

▷ Naiv

▷ Neidisch

▷ Nervös

▷ Neugierig

▷ neureich

▷ Nobel

▷ Offen

▷ Optimistisch

▷ Panisch

▷ Pedantisch

▷ Peinlich berührt

Fundus

Stimmungen / Gefühle / Eigenschaften von A-Z

- Rätselnd
- Rechthaberisch
- Resigniert
- Schadenfroh
- Schlau
- Schmeichelnd
- Schnell
- Schüchtern
- Schuldbewusst
- Schwer
- Selbstbewusst
- Selbstgefällig
- Selbstsicher
- Sich über jemanden mokieren
- Skeptisch
- Stolz
- Tadelnd
- Tapsig
- Trampelig
- Traurig
- Überheblich

- Übermütig
- Überrascht
- Ungeduldig
- Unhöflich
- Unnachgiebig
- Unsicher
- Unterdrückt albern
- Unzufrieden
- Verehrend
- Verlegen
- Verliebt
- Verkrampft
- Verschämt
- Verträumt
- Verzagt
- Verzweifelt
- Vornehm
- Wach
- Wehleidig
- Weinerlich
- Wichtig

- Wütend
- Zackig
- Zaghaft
- Zahnschmerzen
- Zärtlich
- Zerstreut
- Zögerlich
- Zufrieden
- Zurückhaltend
- Zustimmend
- Zuvorkommend

Fundus

Gegensätze

Schnell	–	Langsam		Geizig	–	Großzügig
Fleißig	–	Faul		Groß	–	Klein
Erfreut	–	Verärgert		Unsicher	–	Selbstsicher
Optimistisch	–	Pessimistisch		Ruhig	–	Nervös
Arrogant	–	Devot		Pedantisch	–	Unordentlich
Strukturiert	–	Zerstreut		Anerkennend	–	Abwertend
Ängstlich	–	Mutig		Besorgt	–	Unbesorgt
Belehrend	–	Fragend		Neugierig	–	Uninteressiert
Draufgängerisch	–	Schüchtern		Gewöhnlich	–	Nobel / vornehm
Traurig	–	Fröhlich		Hart	–	Weich
Still	–	Geschwätzig		Wach	–	Müde
Begeistert	–	Kritisch		Zufrieden	–	Unzufrieden
Zaghaft	–	Bollerig		Entspannt	–	Verkrampft
Leicht	–	Schwer		Dumm	–	Schlau
Bescheiden	–	Dreist		Höflich	–	Unhöflich
Forsch	–	Zurückhaltend				

Amelie Funcke: Vorstellbar

Eignungs-Index

Genre	Methode	in beliebigen Trainings	Fach- und/oder Fremdsprachen-training	Führung, Persönlichkeit	Kommunikation, Gesprächsführung, Verhandlung, Verkauf, Telefon	Moderation, Train-the-Trainer, Mediation	Konflikt-management	Kreativität, Veränderung	Rhetorik, Auftritt, (Selbst-)Präsentation	Selbst-, Zeit- und Stressmanagement	Team- und Projekt-entwicklung, Veränderungsprozesse	Seite
Genre 1 – Kennen lernen und Kontakt aufnehmen	Blind vorstellen		x		x		x		x			29
	Der Club der toten Dichter		x		x	x		x	x			31
	Fremde Vorstellung	x				x	x	x	x			33
	Holladrihiholladriho	x			x	x			x			35
	Name und Ausdruck			x	x	x	x		x		x	37
	Name und Bewegung	x							x		x	39
	Namenjonglage	x			x	x				x	x	41
	Namensduell	x									x	43
	Namensszenerie	x						x				45
Genre 2 – Aktivieren und bewegen	Abklopfen	x							x	x	x	49
	Aufdrehen	x							x		x	51
	Großer Meister			x	x	x			x		x	53
	Karriereleiter	x		x					x		x	55
	Marionette im Schrank	x							x			57

Eignungs-Index	Methode	in beliebigen Trainings	Fach- und/oder Fremdsprachen-training	Führung, Persönlichkeit	Kommunikation, Gesprächsführung, Verhandlung, Verkauf, Telefon	Moderation, Train-the-Trainer, Mediation	Konflikt-management	Kreativität, Veränderung	Rhetorik, Auftritt, (Selbst-)Präsentation	Selbst-, Zeit- und Stressmanagement	Team- und Projekt-entwicklung, Veränderungsprozesse	Seite
Genre 2 – Aktivieren und bewegen	Menschen-Memory	x	x	x	x	x		x	x		x	59
	Mitmach-Theater							x	x		x	61
	Stabil	x		x			x				x	65
	Steine durch den Körper schütteln	x						x	x		x	67
	Verjüngungskur	x		x	x	x			x		x	69
	Viererkanon	x						x	x		x	71
	Zug und Gegendruck	x							x		x	73
Genre 3 – Ausdruck trainieren	ABC-Aerobic	x			x	x			x			77
	Alle benehmen sich wie …			x	x			x	x			79
	Bücher balancieren								x	x		81
	Das Kind, der Held, der Bourgoise und die Alte								x			83
	Das Kreuz mit dem Kreis	x	x					x				85
	Die Entdeckung der Langsamkeit								x		x	87

	Methode	in beliebigen Trainings	Fach- und/oder Fremdsprachentraining	Führung, Persönlichkeit	Kommunikation, Gesprächsführung, Verhandlung, Verkauf, Telefon	Moderation, Train-the-Trainer, Mediation	Konflikt-management	Kreativität, Veränderung	Rhetorik, Auftritt, (Selbst-)Präsentation	Selbst-, Zeit- und Stressmanagement	Team- und Projektentwicklung, Veränderungsprozesse	Seite
Genre 3 – Ausdruck trainieren	Dirigieren			x	x	x			x			89
	Gefühle zeigen			x	x		x		x	x	x	91
	Haltung und Emotion			x					x	x		93
	Miene – Grimasse – Miene				x		x		x			95
	Tempowechsel oder: Der Weg zum Chef					x				x		97
	Vergrößerungskreis	x			x				x			99
	Vier Grundgefühle			x					x	x	x	101
Genre 4 – Auftreten, sich gekonnt präsentieren	Auftrittsvarianten			x	x	x			x			105
	Dastehen und ansehen			x		x			x			109
	Der Clown tritt auf			x		x			x			111
	Einfach dasitzen			x		x			x			113
	Erzähltheater		x	x		x			x			115
	Gänge tauschen			x	x	x			x			117

Eignungs-Index

Genre	Methode	in beliebigen Trainings	Fach- und/oder Fremdsprachen-training	Führung, Persönlichkeit	Kommunikation, Gesprächsführung, Verhandlung, Verkauf, Telefon	Moderation, Train-the-Trainer, Mediation	Konflikt-management	Kreativität, Veränderung	Rhetorik, Auftritt, (Selbst-)Präsentation	Selbst-, Zeit- und Stressmanagement	Team- und Projekt-entwicklung, Veränderungsprozesse	Seite
Genre 4 – Auftreten, sich gekonnt präsentiern	Laberkönig		x					x	x			119
	Lebendige Spiegel			x	x	x			x			121
	Spontan und genial							x	x			123
	Stolz auf …			x	x	x			x			125
	Texte rezitieren								x			127
	Was Sprache verrät								x			131
Genre 5 – Überzeugend klingen	Atmen im Stehen					x			x			135
	Aus der Zeitung lesen		x						x			137
	Der Ton macht die Musik		x		x	x	x		x		x	139
	Hast Du Töne					x			x			141
	Kerze ausblasen					x			x			143
	Kirschkern spucken							x	x			145
	Korkensprechen		x						x			147

Eignungs-Index

Genre	Methode	in beliebigen Trainings	Fach- und/oder Fremdsprachen-training	Führung, Persönlichkeit	Kommunikation, Gesprächsführung, Verhandlung, Verkauf, Telefon	Moderation, Train-the-Trainer, Mediation	Konflikt-management	Kreativität, Veränderung	Rhetorik, Auftritt, (Selbst-)Präsentation	Selbst-, Zeit- und Stressmanagement	Team- und Projekt-entwicklung, Veränderungsprozesse	Seite
Genre 5 – Überzeugend klingen	Lassoschwung			x	x	x			x			149
	Muoai								x		x	151
	Stimme und Position					x			x			153
	Zungenbrecher				x				x			155
Genre 6 – Spontan reden und handeln	Bewegung fortsetzen	x			x			x			x	159
	Filmmusik raten und spielen	x						x			x	161
	Improvisieren in der Schillerstraße				x	x		x	x	x	x	163
	Kopfsalat	x	x	x	x	x	x	x	x	x	x	165
	Menschen im Hotel		x	x	x		x				x	167
	Mimische Kette	x			x			x	x			169
	Regalspiel	x			x			x			x	171
	Simultantheater				x			x			x	173
	Unsinnsgespräch							x	x			175

Eignungs-Index	Methode	in beliebigen Trainings	Fach- und/oder Fremdsprachen-training	Führung, Persönlichkeit	Kommunikation, Gesprächsführung, Verhandlung, Verkauf, Telefon	Moderation, Train-the-Trainer, Mediation	Konflikt-management	Kreativität, Veränderung	Rhetorik, Auftritt, (Selbst-)Präsentation	Selbst-, Zeit- und Stressmanagement	Team- und Projekt-entwicklung, Veränderungsprozesse	Seite
Genre 6	Wettpantomime	x	x					x				177
	Zeit einschätzen	x			x	x				x	x	179
	Zuschauerpantomime	x	x		x	x		x	x			181
Genre 7 – Darstellen und beobachten	5-Stühle-Rotation			x	x	x	x					185
	Audienz beim Papst			x	x	x	x					187
	Briefe lesen			x	x	x	x			x	x	189
	Der vergessene Stuhl			x					x	x	x	191
	Die doppelte Botschaft			x	x	x				x	x	193
	Geflügelte Worte	x	x		x							197
	Körpersprache Listenspiel	x	x	x	x	x	x		x	x	x	199
	Körpersprachespiel		x	x	x	x	x		x	x	x	203
	Orte ohne Worte	x	x					x	x			205
	Von hinten durch die Brust ins Auge				x	x		x				207

	Methode	in beliebigen Trainings	Fach- und/oder Fremdsprachen-training	Führung, Persönlichkeit	Kommunikation, Gesprächsführung, Verhandlung, Verkauf, Telefon	Moderation, Train-the-Trainer, Mediation	Konflikt-management	Kreativität, Veränderung	Rhetorik, Auftritt, (Selbst-)Präsentation	Selbst-, Zeit- und Stressmanagement	Team- und Projekt-entwicklung, Veränderungsprozesse	Seite
Genre 7	Wörter darstellen	x	x					x				209
	Zeigen, was im Off ist		x	x					x			211
	Zwei Seelen			x	x		x		x	x	x	213
Genre 8 – Kreativität einüben	3 x Gedächtnis schärfen	x						x				217
	Erzählfaden	x	x	x	x	x		x	x	x	x	221
	Gemeinsamkeiten finden	x	x			x	x	x	x		x	223
	Schlagzeilen	x				x		x	x			225
	Stiftung Warentest	x	x			x		x			x	227
	Tabu	x	x			x		x			x	229
	Tempo 30		x		x	x	x	x	x	x	x	231
	„Umnutzen"		x	x	x	x	x	x	x	x	x	233
	Unsinnsätze	x						x				235
	Verrücktheiten		x					x	x		x	237

Eignungs-Index

Eignungs-Index — Methode	in beliebigen Trainings	Fach- und/oder Fremdsprachen-training	Führung, Persönlichkeit	Kommunikation, Gesprächsführung, Verhandlung, Verkauf, Telefon	Moderation, Train-the-Trainer, Mediation	Konflikt-management	Kreativität, Veränderung	Rhetorik, Auftritt, (Selbst-)Präsentation	Selbst-, Zeit- und Stressmanagement	Team- und Projekt-entwicklung, Veränderungsprozesse	Seite
Genre 8											
Walt-Disney-Rollenwechsel			x	x			x			x	239
Warum heißt das Pferd „Pferd"?							x	x			241
Wörterkette	x	x					x				243
Genre 9 – Vorstellungskraft anregen											
Augen zu und durch		x	x						x	x	247
Die andere Version			x	x	x			x			249
Die Kostümkiste							x	x		x	251
Focus Spiegel										x	253
Folge dem Ton			x	x						x	255
Geräusche-Szenerie	x						x				257
Haltungsecho			x	x							259
Ich mach' mit	x						x	x		x	261
Magische Bälle	x									x	263
Partner-Inspektion			x	x	x	x	x			x	265
Wo ist die Feder?	x	x							x		267

Eignungs-Index

Methode	in beliebigen Trainings	Fach- und/oder Fremdsprachen-training	Führung, Persönlichkeit	Kommunikation, Gesprächsführung, Verhandlung, Verkauf, Telefon	Moderation, Train-the-Trainer, Mediation	Konflikt-management	Kreativität, Veränderung	Rhetorik, Auftritt, (Selbst-)Präsentation	Selbst-, Zeit- und Stressmanagement	Team- und Projekt-entwicklung, Veränderungsprozesse	Seite
Der Film geht ab			x				x	x		x	271
Die Gruppe im Bilde			x		x					x	279
Die Ordensverleihung							x			x	281
Forumtheater			x	x	x			x		x	285
Frühstücksfernsehen	x	x	x	x	x	x	x	x	x	x	289
Ideensport			x	x		x	x	x	x	x	291
Schattenprojekt							x			x	293
Seminartheater			x	x	x	x	x	x	x	x	297
Standbilder			x	x	x	x			x	x	301
Statuentheater										x	305
Symbolisches Theater			x	x		x			x	x	309
TZT – Themenzentriertes Theater			x	x					x	x	313
Verändern und anpassen			x							x	315

Genre 10 – Inszenieren und bearbeiten

Eignungs-Index

Genre 11 – Szenisch experimentieren	Methode	in beliebigen Trainings	Fach- und/oder Fremdsprachen-training	Führung, Persönlichkeit	Kommunikation, Gesprächsführung, Verhandlung, Verkauf, Telefon	Moderation, Train-the-Trainer, Mediation	Konflikt-management	Kreativität, Veränderung	Rhetorik, Auftritt, (Selbst-)Präsentation	Selbst-, Zeit- und Stressmanagement	Team- und Projekt-entwicklung, Veränderungsprozesse	Seite
	Fernsehstars				x			x			x	319
	Filmriss				x			x			x	321
	Fotoalbum				x				x		x	323
	In fremden Mokassins			x	x						x	325
	Reizworttheater							x			x	327
	Rund ums Rad							x			x	329

Amelie Funcke, Maria Havermann-Feye
Training mit Theater
Wie Sie Theaterelemente erfolgreich
ins Training bringen
2004, kt., 320 S.,
ISBN 3-936075-17-4, 49,90 EUR
Bestell-Nr.: tb-5295
www.managerseminare.de/tb/tb-5295

Eva Neumann, Sabine Heß
sowie Trainernetzwerk study&train
Mit Rollen spielen
Rollenspielsammlung für Trainerinnen
und Trainer
2005, 368, kt.
ISBN 3-936075-35-2, 49,90 EUR
Bestell-Nr.: tb-5854
www.managerseminare.de/tb/tb-5854

Die ideale Ergänzung zu „Vorstellbar"

Inszenieren Sie Ihr Training mit Elementen aus dem
Theaterspiel. Von der einfachen Übung, die ein
Training unaufwendig würzt bis hin zum komplexen
Gestalten von Veränderungsprozessen mittels
Unternehmenstheater ist alles möglich. In diesem
Buch finden Sie das erforderliche Know-how von der
richtigen didaktischen Aufbereitung und Auswertung
von Theaterelementen bis hin zur wichtigen Frage,
wie Sie Teilnehmer und (!) Auftraggeber für diese
innovative Form des Trainings gewinnen. Hinzu
kommen unzählige Materialvorschläge und zündende
Ideen für eine lebendige Umsetzung.

Jenseits des Standard-Repertoires

Sammlung mit vierzig (!) Rollenspielbeschreibungen.
Alle für den Einsatz in Kommunikationstrainings
entwickelt. Und alle mit genauer Darstellung von Situation und Rollen, mit Auswertungsempfehlungen und
persönlichen Erfahrungshinweisen der Autoren. Neben
den Beschreibungen erhalten Sie ausführliche Trai-
ner-Hinweise, wie Sie skeptische Teilnehmer für die
Methode des Rollenspiels gewinnen, wie Sie Praxissi-
tuationen im Rollenspiel bearbeiten und „Echtheit" in
der Rolle erreichen.

Für Spielmacher

Axel Rachow (Hrsg.)
Spielbar
77 Top-Spiele von 51 Trainern
2000, kt., 232 S.
ISBN 3-931488-47-0, 46,00 EUR
Bestell-Nr.: tb-2784
www.managerseminare.de/tb/tb-2784

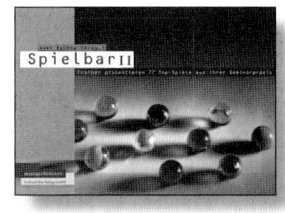

Axel Rachow (Hrsg.)
Spielbar II
88 neue Spiele von 66 Trainern
2002, kt., 266 S.
ISBN 3-931488-63-2, 46,00 EUR
Bestell-Nr.: tb-3345
www.managerseminare.de/tb/tb-3345

Schon über 10.000 Trainer arbeiten mit Spielbar

Eine bunte Sammlung von 77 Spielideen nicht vom Autor, sondern direkt vom Anwender. Erfahrene Trainer stellen Spiele und Übungen vor, die sich in der Seminarpraxis bewährt haben und die sie selber häufig anwenden.

... oder mit Spielbar II

88 weitere Spielideen, direkt vom Anwender. Hier können Sie sicher sein, dass die Spiele im Training funktionieren – sie alle sind dutzendfach ausprobiert und empfohlen.

... oder auch so ▶

Axel Rachow (Hrsg.): **Spielbar-Doppel**
Spielbar I und Spielbar II zusammen
Serienpreis: 82,00 EUR,
Sie sparen 10 Euro!
Bestell-Nr.: tb-4620